AN LADM-BASED CONCEPTUAL MODEL FOR

RURAL COLLECTIVE CONSTRUCTION LAND MANAGEMENT

IN CHINA

基于LADM农村集体建设用地
管理概念模型研究

徐忠国◎著

ZHEJIANG UNIVERSITY PRESS
浙江大学出版社
·杭州·

图书在版编目（CIP）数据

基于 LADM 农村集体建设用地管理概念模型研究 ／ 徐忠国著. — 杭州：浙江大学出版社，2025．5． — ISBN 978-7-308-25866-1

Ⅰ．F321.1

中国国家版本馆 CIP 数据核字第 2025J80Q29 号

基于 LADM 农村集体建设用地管理概念模型研究

徐忠国　著

责任编辑	曲　静
责任校对	朱梦琳
封面设计	雷建军
出版发行	浙江大学出版社
	（杭州市天目山路 148 号　邮政编码 310007）
	（网址：http://www.zjupress.com）
排　　版	大千时代（杭州）文化传媒有限公司
印　　刷	杭州钱江彩色印务有限公司
开　　本	710mm×1000mm　1/16
印　　张	24.25
字　　数	315 千
版 印 次	2025 年 5 月第 1 版　2025 年 5 月第 1 次印刷
书　　号	ISBN 978-7-308-25866-1
定　　价	98.00 元

　　本书受到国家自然科学基金面上一般项目(项目编号:42171254,项目名称:基于 LADM 自然资源统一登记系统模型研究)和浙江省哲学社会科学规划常规年度课题(项目编号:22NDJC070YB,项目名称:农房抵押金融联结的行为逻辑与经济绩效)的资助,特此致谢!

前　言

　　本书的研究目的是揭示农村集体建设用地管理制度的构成要素、组成结构和动态变化等动力学机理,在现有法律法规和技术规范的约束下,应用地理信息科学的系统论研究范式和面向对象设计方法,提出符合"土地管理领域模型"(The Land Administration Domain Model,LADM)规范要求,适合我国农村集体建设用地管理需求的概念模型。在第一层次,该模型包括了土地权属、土地用途和土地价值三个系统要素。在第二层次,该模型包括了"人—权—地—事"四个系统子要素,根据法律和技术约束,这些系统要素形成了稳定的系统结构和动态变化关系。该模型具备适应未来制度变革的韧性。其中,"土地权属"要素符合自然资源产权改革和土地管理法修订对土地权属的限制性要求。"土地用途"要素符合国土空间规划改革对村庄土地用途管制的限制性要求。"土地价值"要素符合土地税收改革调节农村集体建设用地增值收益的限制性要求。本书研究内容分为以下四个部分。

　　第一部分"识别问题",包括第一章"绪论"和第二章"文献综述"。第一章"绪论",引入国内外研究背景,准确识别研究不足,提出有科学价值的研究问题。根据研究问题,有针对性地设计研究路线和研究方法。基于研究路线,概述本书的研究内容和结构。第二章"文献综述",采用规范的文献检索和分析方法,追踪 LADM、农村集体建设用地和农村宅基地的研究进展,评述现有研究取得的成就和存在的不足。

第二部分"识别需求",包括第三章"理论框架"、第四章"概念模型的历史分析"、第五章"概念模型的法律分析"和第六章"概念模型的技术分析"。第三章"理论框架",在分析地籍历史演变、土地管理范式、西方土地管理理论模型的基础上,提出农村集体建设用地管理概念模型的分析框架。第四章"概念模型的历史分析",基于国家治理理论和制度变迁理论,构建了"中央—地方—个体"理论框架,对农村集体建设用地制度变迁开展了描述性研究和解释性研究。第五章"概念模型的法律分析",构建了"概念—价值—原则—规则"理论框架,以"人—权—地—事"为基本结构,对土地权属、土地用途、土地价值三个领域的法律要素进行结构化分析,提取概念模型的法律约束。第六章"概念模型的技术分析",对农村集体建设用地管理涉及的不动产登记数据库标准、村庄规划编制标准和土地估价技术标准展开详细分析,解析土地权属、土地用途、土地价值三个领域的技术要素,提取概念模型的技术约束。

第三部分"构造模型",涵盖第七章"概念模型的理论构建"。第七章"概念模型的理论构建"的任务是根据模型需求和外部约束,对LADM 的核心模块和外部模块进行深化设计,形成适应中国农村集体建设用地管理需求的概念模型。概念模型分静态模型和动态模型两部分。第一,静态模型主要表达土地权属、土地用途和土地价值管理中"人—权—地"的各个组成子要素。土地权属管理包含权利人包、行政包和空间单元包;土地用途管理包含空间规划包;土地价值管理包含税收评估包。第二,动态模型主要表达农村集体建设用地管理的法律程序。动态模型主要包括土地权属、土地用途和土地价值管理的行政管理程序。土地权属管理覆盖了依申请登记、依嘱托登记和依职权登记等行政管理程序;土地用途管理覆盖了土地利用规划、城乡规划和国土空间规划等规划许可(用地审批)行政管理程序;土地价值管理覆盖了税务登记、清算申报和缴纳税款等行政管理程序。

第四部分"研究结论",包括第八章"概念模型的原型检验"和第九章"研究结论与政策含义"。第八章"概念模型的原型检验",以 Java 8.X 和 Spring 4.X 为开发平台,快速实现模型原型,检验概念模型对法律约束、技术约束和系统需求的回应情况。第九章"研究结论与政策含义",对照检查研究问题和检验结果,得出全书研究结论,揭示研究成果的政策含义。

本书提出的概念模型符合国际统一的语义标准,是 LADM 领域在农村集体建设用地管理方面系统完整的经验研究,有利于国际同行更好地理解中国农村集体建设用地制度。本书提出的概念模型符合中国法律法规和技术规范的约束,可以用于指导中国农村集体建设用地管理系统的建设。本书对土地用途管理、土地价值管理和土地动态管理的概念建模研究做出了先行性探索,为这些领域的研究提供了重要参考。乡土中国长于道德文化而疏于法制技术,技术治理薄弱制约了现代化进程,本书可为实现工具理性导向的土地数目字管理提供可操作的政策工具,助推乡村实现全面的现代化振兴。

目　录

1. 绪   论

1.1 研究背景

1.1.1 问题的缘起

农村集体建设用地是指农村集体经济组织所有的建设用地。这个概念的内涵有两层含义：一是所有权的主体是农村集体经济组织；二是所有权的客体是建设用地。[①] 这个概念的外延包括农村集体经济组织所有的经营性建设用地、公益性建设用地和宅基地。农村集体建设用地是重要的土地资源，其开发利用对于我国资源利用、经济发展、社会调节和政治治理等方面有着长远而深刻的影响（吴次芳、靳相木，2009）。农村集体建设用地是农村集体经济组织和农户最重要的资产（张曙光，2007），也是农民生活起居和创新创业的承载空间（曲福田、田光明，2011），其合理利用关系到乡村振兴、精准扶贫和美丽乡村建设等国家战略的有效落实（陈美球等，2018）。第一，农村集体建设用地是城乡建设用地的主体，占城乡建设用地的比重高达 62％。[②] 因

---

① 《土地管理法(2019)》将建设用地定义为建造建筑物、构筑物的土地，包括城乡住宅和公共设施用地、工矿用地、交通水利设施用地、军事设施用地、旅游用地等。

② 根据自然资源部 2016 年土地利用变更调查结果，村庄用地 19200333 公顷，城乡建设用地 30992733 公顷，村庄用地占城乡建设用地比重为 61.95％。

此,农村集体建设用地的节约集约利用水平决定了城乡建设用地甚至是建设用地的节约集约利用水平。对于人多地少、土地资源稀缺的中国而言,农村集体建设用地是一块不容忽视、必须加以合理利用的重要资源(魏洪斌、廖和平,2011)。第二,农村集体建设用地是农村集体经济组织和农民最重要的财产,能否从中获得较丰富的财产性收入,关系到农村和农民的增产增收。赋予农村集体经济组织和农民更完整的土地财产权,对于保障农村和农民的可持续发展具有至关重要的作用(刘守英,2014;周其仁,2013;蒋省三、刘守英,2003)。第三,农村集体建设用地是农民生活起居和产业发展的空间载体,是农民不可出让的生存底线。当前,我国城乡二元体制尚未完全破除,农村集体建设用地是农民生存和发展的保障底线。科学合理地处理好农村集体建设用地问题,关系到近三亿城乡两地栖居农民的生存和发展(贺雪峰,2013;徐勇,2007)。第四,农村集体建设用地是农村基层组织公共财政资金的重要来源,是提供乡村公共产品的重要保障。实行"统分结合、双层经营"的农村经营体制以后,特别是实行农村税费改革之后,农村集体经济组织和村民委员会失去了重要的经济收入。由于财源匮乏,农村集体经济组织和村民委员会长期处于软弱的状态,难以有效回应农民对美好生活的追求所提出的公共服务需求,严重影响了农村基层组织的执政能力(杜春林、张新文,2015;桂华,2014;渠敬东,2012)。重新赋予农村基层组织从农村集体建设用地获取公共财政资金的权力,是建设农村基层组织执政能力的现实需求,也是实现土地善治的必要条件。

农村集体建设用地的这种复杂、重要且交叉的资源环境和经济社会效应,吸引了各个学科研究人员的目光。各个学科的学者,从各自的研究视角和范式出发(库恩,1980),切入农村集体建设用地问题,进行理论建构和实证研究。土地管理学的学者,主要从存量用地盘活利用和城乡建设用地增减挂钩的角度,研究农村集体建设用地的公共管理问题(顾汉龙等,2015;徐保根等,2011)。经济学的学者,围绕流转

权和退出权对农村集体建设用地资源配置效率的影响,各类经济社会
因素对农村集体建设用地流转和退出的影响机理,以及农村集体建设
用地制度变迁的演化动力等问题,开展相应的理论解释和实证检验
(刘守英,2014;华生,2013;蒋省三、刘守英,2003)。社会学的学者,
主要研究了农村集体建设用地流转和农村社会结构的相互影响(贺雪
峰,2013)。法学的学者,从解析法律文本和总结社会实践入手,从法
律逻辑的角度提出物权重构的法律方案(陈小君、蒋省三,2010)。政
治学的学者,主要研究农村集体建设用地流转和退出对农村基层组织
社会治理能力和提供公共服务能力的影响(桂华,2014;渠敬东,
2012)。地理学的学者,主要从空间分异和空间演化的动力机制角度,
研究农村集体建设用地的时空变化规律(杨忍等,2016;杨忍等,
2015;Long et al.,2012)。

　　这些研究产生了丰富的学术成果,大大增进了人们对农村集体建
设用地问题的认知。但经过系统规范的文献检索和分析之后,笔者发
现这些研究存在单学科视角和还原论范式研究居多等不足。到目前
为止,使用土地资源管理系统论研究范式对农村集体建设用地问题进
行研究的还比较欠缺。国际土地管理科学新近提出的土地管理范式
(Land Management Paradigm)和土地管理领域模型(LADM)提供了
一条新的理论进路(Lemmen et al.,2015;Williamson et al.,2010)。
这种新研究范式和模型注重以系统论的视角分析土地管理系统的构
成要素、组成结构和动态变化关系等动力学机理。基于这种研究范式
和模型,系统分析农村集体建设用地管理问题,可以在该领域获得较
大知识增量。

1.1.2　国外研究的理论进路

　　进入工业文明以来,全球人口和经济快速增长,社会和政治结构
发生深刻转型,科技活动变得日益复杂化和高级化。这种快速变化对

资源、环境和社会持续施加压力,可持续发展面临严峻挑战(Williamson et al.,2010;杨惠,2010)。欧美等工业化国家率先迎接了这些挑战,从制度和科技两个方面做出了变革。新挑战体现在以下四个方面:(1)随着人口密度和经济密度的增加,土地经济价值日益提高,这为土地产权界定的高级化和精细化创造了经济条件(North,1981;Demsetz,1967)。日益复杂的土地产权和不动产金融产品出现在土地市场和金融市场上,而且两个市场产生了复杂和紧密的联系,从而对管理复杂土地产权的制度设施提出了迫切的需求(Williamson et al.,2010)。(2)高性能计算机、宽带互联网、数字测绘和地理信息科技的爆炸式发展,为高效率、高精度和低成本地界定复杂土地产权提供了技术手段(Guo et al.,2013;Lemmen,2012)。为了回应高精度登记复杂财产的社会需求,欧美国家发展了三维土地产权管理的技术体系,代表性地体现在以 ICT(Information and Communication Technology,信息和通信技术)为基础的三维地籍(3D Cadastre)、三维激光点云测量(3D Laser Point Cloud Survey)和众筹三维测量(Crowdsourced 3D Survey)等科技体系(Gkeli et al.,2019;Guo et al.,2013;Stoter et al.,2013;Stoter,2004)。(3)人类的经济社会行为对资源环境的影响能力越来越显著,人类持续施加于资源环境的压力导致全球出现资源承载力超载和环境容量阈值突破等不利局面(Williamson et al.,2010)。为了资源环境的可持续利用,人类发展了约束人类行为的土地用途管制制度(杨惠,2010)。(4)土地的财富效益日益明显,土地作为地方政府获得财产税的优势日益显著(Dale 和 Mclaughlin,1999)。欧美工业化国家纷纷把土地税作为地方政府提供公共产品的主要财税来源,除了可以调节社会收入,还有利于地方政府提供等值化公共服务(Williamson et al.,2010)。

在国际测量师协会(International Federation of Surveyors,FIG)、世界银行(World Bank Group)和联合国(United Nations,UN)等国际组织的资助下,一系列国际援助项目有序开展。欧美工业化国家的土地问题研究专家持续前往非洲、拉丁美洲和亚洲等地区的发展中国家开展科技援助。这些学者把本国先进的科学技术带到发展中国家,希望以此提高这些国家的土地治理能力。但在开展国际援助的过程中,发达国家的学者发现,简单移植工业化国家的经验并不适用(Dale 和 Mclaughlin,1999;Larsson,1991)。首先,发展中国家的土地管理系统普遍比较薄弱。一般来说,城市地区沿用了殖民时代遗留下的土地管理系统。比如,英美法系的殖民地国家多采用契据登记或托伦斯登记,而大陆法系的殖民地国家多采用权利登记(Larsson,1991)。农村地区处于习俗权(Customary Rights)制度的覆盖范围,以族群占有和族员轮作的方式组织土地利用(Dale 和 Mclaughlin,1999;Larsson,1991)。在发展中国家的城市地区,农民由于过度城镇化在农村地区失去土地,被迫涌向城市的公有土地并实施长期非法占用,形成了产权管理混乱的贫民窟。发达国家常规的土地管理制度在这些贫民窟地区难以适用。农村地区的习俗权制度,符合当地的实际,强行按西方模式进行确权和登记,经济代价高昂,取得的实际效果却有限(Dale 和 Mclaughlin,1999;Larsson,1991)。其次,土地管理系统是昂贵的基础设施。发达国家经过长期的高强度投入才逐步建立起现代化土地管理系统。发展中国家的财政资源有限,难以照搬西方发达国家的模式组织土地管理(Larsson,1991)。面对发展中国家土地管理的实际,国际土地问题专家进行了专门研究,形成了"适用型土地管理"理论(Fit-for-Purpose Land Management),为解决发展中国家的土地管理问题提供了理论指引(Enemark et al.,2014)。

这些国际土地问题研究专家,基于发达国家的实践经验和对于发展中国家的科技援助经验,形成了"国际土地管理科学"这门学科和固定的学术群体(Williamson et al.,2010)。这个学术群体由具有研究国际性的土地登记、地籍、土地规划和土地税收等问题的地理信息科学、法学、经济学、社会学、人类学、政治学等学科背景的学者构成。他们以国际测量师协会作为学术活动的主要平台,讨论土地权属管理、土地用途管理和土地价值管理等方面的学术问题,形成了一种土地管理范式。目前,这些学者主要来自欧洲和澳大利亚的高等院校和研究机构,他们的研究成果经常发表在《计算机、环境与城市系统》《土地利用政策》等国际学术期刊上,或者以国际测量师协会会议论文的形式予以发表。他山之石,可以攻玉。他们对国际土地问题的研究为研究中国土地问题提供了宝贵的理论资源,其中,既包括发达国家土地管理的理论和经验,也包括发展中国家土地管理的理论和经验。他们研究发展中国家城市贫民窟用地和农村习俗权用地的土地正规化问题(Land Formalization)所取得的深刻洞见(Dale 和 Mclaughlin,1999),值得研究中国农村土地问题的学者认真借鉴。

国际土地管理科学紧紧抓住"人—权—地"这个核心问题,持续深入研究,取得了丰富的理论成果。Henssen(1995)率先提出了"人—权—地"理论,将世界各种各样的地籍系统总结为"权—地"关系,将土地登记总结为"人—地"关系,并进一步指出只有将两者综合起来,才能实现土地问题的整体治理。以 Lemmen 和 Van Oosterom 为代表的学者群,将"人—权—地"模型深化为 LADM 模型(Lemmen,2012;Van Oosterom et al.,2006)。经过集体努力,上升为国际标准(ISO,2012),成为国际土地管理科学学术交流的知识本体(Lemmen et al.,2015;Paulsson 和 Paasch,2015)。LADM 通过"权利人包"(Party Package)、"行政包"(Administrative Package)和"空间单元包"(Spatial Unit Package)分别刻画土地管理中的"人""权"和"地",然后通过这些软件包之间的关联、依赖和约束关系来刻画土地管理系统的系统结构(Lemmen et al.,2015)。该模型的开发实现了土地管理系统的现代化和规范化,提高了土地治理水平。我国郭仁忠和应申领衔的科研团队,已经在不动产统一登记、三维地籍和自然资源资产管理等领域广泛应用 LADM 框架构造模型,取得了丰富的研究成果(Ying et al.,2018;Guo et al.,2013)。但他们已有的研究没有对农村土地管理展开讨论,农村土地管理的概念建模目前在我国仍然属于薄弱环节。LADM 模型具有广泛的适用性,在大陆法系和英美法系国家进行的广泛试验已经验证了模型框架的鲁棒性。但 LADM 模型毕竟只是一个模型框架,不填入具体的"人—权—地"要素和结构,此模型没有任何实际意义。而且,LADM 还需要进一步扩展至土地用途管理、土地价值管理、土地动态管理等领域。本书通过分析农村集体建设用地管理的法律系统和土地信息系统的组成要素与结构关系,向 LADM 模型填入人地关系的具体内容,揭示农村集体建设用地管理系统的系统动力学机理。

1.1.3　国内研究的创新空间

我国农村集体建设用地长期沿用计划经济管理体制,实行无偿、无期限、限制流转的土地使用制度(刘守英,2014;吴次芳、靳相木,2009)。1998 年修订的《土地管理法》,将集体建设用地的取得和流转范围限定得很狭窄。集体建设用地使用权的取得范围限制在兴办乡镇企业、村民建设住宅、乡(镇)村公共设施和公益事业建设等情形;流转范围限制在企业因破产、兼并而致使土地使用权发生转移的情形。宅基地使用权的取得和流转范围限制在农村集体经济组织成员中。采用这种计划经济模式配置农村集体建设用地,产生了一些积极的经济社会作用。比如,有效解决了农民的住房保障问题和为乡镇企业的发展提供了建筑空间。但这种计划经济体制下的资源配置方式带来了一些严峻的问题:第一,土地资源低效利用。由于土地资源廉价取得,流转和退出渠道匮乏,宝贵的土地资源长期处于散乱和低效的利用状态(刘守英,2014)。第二,农村集体经济组织和农民的财产权益受到侵害。由于法律限制农村集体经济组织在土地上设立用益物权和限制农民流转宅基地使用权来获取用益的权利,农村集体经济组织和农民就损失了通过土地获取财产性收入的权利(蒋省三、刘守英,2003)。

　　农村集体建设用地的改革问题一直是中国"三农"问题中的焦点，长时间吸引着中央决策层和各个学科学术群体关注的目光（吴次芳、靳相木，2009）。2015 年开始，中央根据"精准扶贫"和"乡村振兴"等农村工作的需要，启动了包括农村集体建设用地在内的农村土地制度改革，通过全国人大常委会授权的形式，在试点地区停止土地管理法的实施，启动市场化导向的农村土地制度改革试点，正式开始了农村集体建设用地市场化配置的历史征程。2019 年，中央全面总结农村土地制度改革试点的经验，通过全国人大常委会修改《土地管理法》的形式，将试点中可复制、可推广的实践经验上升为国家法律规定。2019 年修订的《土地管理法》赋予了农村集体经济组织在农村集体经营性建设用地上设立用益物权并取得财产性收益的权利，农村集体经营性建设用地使用权可以自由地在土地市场上进行流转。但对待农村宅基地，中央采取了较为慎重的态度，没有修改相关法律条款，而是在第六十二条原则性地规定"国务院农业农村主管部门负责全国农村宅基地改革和管理有关工作"。这条法律规定可以被解读为农村宅基地使用权改革的实践经验仍不成熟，还需继续开展改革试点。此外，中央还根据农村土地改革试点经验，进行了农村集体建设用地使用制度的配套制度建设。比如，中共中央、国务院 2019 年下发《关于建立国土空间规划体系并监督实施的若干意见》，要求在农村地区开展村庄规划编制和审查报批工作，农村集体建设用地使用权的取得和流转要符合土地用途管制的要求。财政部 2019 年向社会公开发布《中华人民共和国土地增值税法（征求意见稿）》和《中华人民共和国契税法（征求意见稿）》，意图将《农村集体经营性建设用地土地增值收益调节金征收使用管理暂行办法》（财税〔2016〕41 号）中经过实践检验、具有现实可操作性的制度规则上升为国家法律规定。

　　从国际土地管理科学的研究范式来看，中国农村集体建设用地管理从计划经济体制转轨到市场经济体制，关系到"土地权属""土地用途"和"土地价值"三部分内容（Williamson et al.，2010）。其中，物权法和土地管理法的修改关系到"土地权属",国土空间规划体系的建设和改革关系到"土地用途",土地增值税法和契税法的修改关系到"土地价值"。可见,土地管理范式三大要素的法律制度已经形成或正在形成,但这些法律规定要真正落地实施,还将面临艰巨的挑战。一是农村土地权属管理薄弱,急需加强权属登记等基础建设。长期实施计划经济使得农村土地的权属界定模糊不清,农村地区微薄的财政投入使得权属调查覆盖率比较低,土地权利发证率也较低,土地产权保护的工作基础薄弱(钱忠好、马凯,2007;Ho,2005)。二是农村土地用途管理软弱,急需完善农村空间规划管制体系。长期的重城轻乡政策,使得农村地区缺少规划编制经费。规划编制成果要么质量低劣,要么干脆就没有。土地利用规划没有得到严格实施,乡村执法力量严重不足,农民违法占地建房量多面广,难以有效约束(祁巍锋,2011)。三是农村土地增值管理失序,急需建立土地增值调节机制(樊帆,2015;贺雪峰,2013)。城郊农民分享增值收益过多,远郊农民分享过少,农民社会分层日益明显,土地增值的社会调节不公平,为日后社会冲突埋下隐患(靳相木、陈阳,2017;王文等,2009)。这些问题复杂、急迫而且十分重要,但现有的研究没有对这些问题提供系统性的解决方案。

本书试图填补这些不足,在国际土地管理科学的基础上,全面分析农村集体建设用地管理系统的构成要素、组成结构和动态变化等系统性机理问题。本书的研究范围全面覆盖土地权属、土地用途和土地价值管理等领域,以求获得对于农村集体建设用地管理问题的系统性认识。本书认为,这些问题既具有重要的理论意义,又具有迫切的现实需求,值得投入时间和精力进行深入的研究。

1.2　研究目标与研究问题

1.2.1　研究目标

本书的研究目标是在现有法律法规和技术规范的约束下,应用土地信息科学的系统论研究范式和面向对象设计方法,提出符合国际地理信息标准(ISO 19152-2012)LADM 模型的规范要求、适应我国农村建设用地管理需求的土地管理概念模型,深入揭示农村集体建设用地管理系统的构成要素、组成结构和动态变化等动力学机理。在第一层次,该模型包括了土地权属、土地用途和土地价值三个系统要素。在第二层次,该模型包括了"人—权—地—事"四个系统子要素。其中,"人"表示法律关系主体,"权"表示法律关系内容(权利义务),"地"表示法律关系客体,"事"表示法律事实。根据法律和技术约束,这些系统要素形成了稳定的系统结构和动态变化关系。该模型还要具备适应未来制度变革的韧性。其中,"土地权属"要素要符合自然资源产权改革和《土地管理法》修订对土地权属的限制性要求;"土地用途"要素要符合国土空间规划改革对村庄空间用途管制的限制性要求;"土地价值"要素要符合土地税收改革调节农村集体建设用地增值收益的限制性要求。

1.2.2　研究问题

为了实现上述研究目标,提出以下三个研究问题。

(1)我国农村集体建设用地管理制度发生了什么历史变化? 为什么会发生这种变化?

通过对学术文献和法律法规的系统梳理,描述我国农村集体建设用地的"人—权—地—事"关系结构发生了什么历史变化。基于国家治理理论和制度变迁理论,对这种历史变化给出理论解释。

（2）我国农村集体建设用地管理有什么法律和技术约束？这些约束是如何构成的？

通过对法律法规和技术规范的系统梳理,调查现行法律法规和技术规范中的农村集体建设用地的"人—权—地—事"要素和结构有什么法律和技术约束。调查的内容应完整地包括法律主体的社会结构、权利义务的时空范围、法律客体的空间界定等。

（3）我国农村集体建设用地管理系统的组成要素是什么？组成要素是如何相互作用的？组成要素是如何动态变化的？

根据 LADM 国际标准的规范要求和管理我国农村"人—权—地—事"关系结构的社会需要,构建农村集体建设用地管理的概念模型,分析土地管理系统的构成要素、组成结构和动态变化,深入揭示农村集体建设用地管理系统的动力学原理。

1.3　研究思路与研究方法

1.3.1　研究思路

本书技术路线见图 1.1,共分为四个阶段。第一阶段,识别研究问题。通过文献检索和分析,追踪 LADM、农村集体建设用地和农村宅基地等领域的研究进展,识别研究不足,凝练研究问题。第二阶段,识别模型需求。采用结构化的法律法规、技术规范的文献调查和文本分析方法,开展制度变迁、法律约束和技术约束的系统分析,提取概念模型的社会需求和外部约束。第三阶段,构建概念模型。根据外部约束和社会需求,使用面向对象设计方法,分别对 LADM 的核心模块和外部模块进行概念建模。第四阶段,检验概念模型。根据概念模型,使用模型驱动开发方法快速实现实验原型,对管理人员和被管理人员开展问卷调查,分析概念模型对社会需求和外部约束的响应情况。最后,对照检查研究问题和检验结果,得出研究结论。

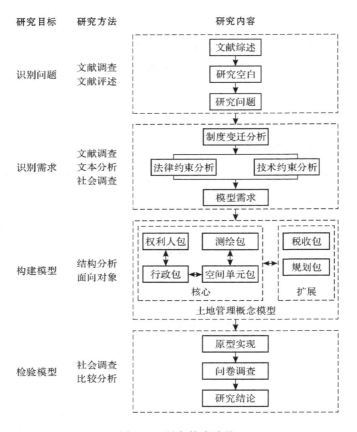

图 1.1 研究技术路线

1.3.2 研究方法

(1)文献调查分析

本书的文献调查采用三种方法进行。第一,在学术成果数据库中搜索期刊论文和会议论文。期刊论文反映本领域的系统研究,会议论文反映本领域的最新前沿,两方面的内容都需要密切追踪。搜索的数据库主要有科学引文索引和中国知网。第二,重点搜索重要的国际组织和知名大学开展的研究。搜索的对象包括国际测量师协会、世界银行、联合国、荷兰代尔夫特理工大学、特温特大学和澳大利亚墨尔本大学等国际组织或知名大学。使用的搜索工具主要有谷歌(Google)、研究之门(Research Gate)及百度等。第三,在图书馆查阅与本研究相关的书籍。使用频率最高的图书馆为浙江大学图书馆和浙江图书馆。此外,还通过谷歌和百度搜索相关的新闻报道作为补充研究信息。

(2)制度变迁分析

制度变迁分析是采用新制度经济学中的制度变迁理论,通过寻找影响制度交易费用的经济、社会、政治、文化等因素,来寻求对农村集体建设用地制度历史变迁的理论解释。开展制度变迁分析,需要寻找农村集体建设用地制度变迁的历史性档案资料及国内外学者对制度及其实施情况的描述性资料。本书利用浙江大学图书馆和浙江图书馆的档案资料来获取历史资料和数据,通过北大法律信息网来寻找历史法律和政策文件资料。

(3)法律要素分析

本书构造了一个"概念—价值—原则—规则"法律要素分析理论框架,对农村集体建设用地的管理制度展开结构分析。法律概念用于分析抽象社会事实的共同特征,从而为建构社会秩序提供分类工具。法律概念为纷繁复杂的社会现实提供区别和分类的工具,为适用法律原则和规则提供可能。法律价值提供社会秩序的理想图景,论证法律秩序的正当性基础。法律价值的讨论,在于论证法律目的价值有序性的逻辑基础。法律原则提供法律规则的本源性原理,是法律规则创制和适用的逻辑出发点,为法律规则的创制提供了重要的导向作用,保证了法律系统的有机统一。法律规则是法律的基本构造单元,为社会事实赋予具体的法律意义。法律规则为社会事实转换成法律事实提供法律依据。

（4）面向对象设计

本书采用面向对象的设计方法开发农村集体建设用地管理的领域模型。以 UML 2. X（Unified Modelling Language 2. X）为描述语言，通过"识别需求—总体设计—详细设计—原型实现—需求检验"的流程，开发和检验概念模型（Schmuller，2002）。本书在 Enterprise Architect 13 中实施模型设计。Enterprise Architect 13 提供了模型驱动架构（Model Driven Architecture，MDA）功能，可以提供 Java 源代码的正、反向工程。这为本书提供了快速的原型实现方法，节约了研究时间。

1.4　研究意义

1.4.1　理论研究

（1）深入揭示土地管理系统的动力学机理

对于人地关系治理问题，荷兰、澳大利亚等西方工业化国家和国际测量师协会、联合国、世界银行等国际组织积累了丰富的研究成果和实务经验。国际土地管理科学覆盖了土地权属、土地价值、土地用途管理等多项研究领域（Dale 和 Mclaughlin，1999）。土地治理机制，既包括对私人利益的调节，也包括对公共利益的调节（Paasch，2005）。本书一方面积极吸收西方工业化国家和国际组织所总结的科学理论和有益经验，另一方面根据中国农村社会的实际需要，构建具有中国特色的理论框架和概念模型。这些框架和模型深入揭示了我国农村土地管理系统的构成要素、组成结构和动态变化，有助于人们理解中国农村土地管理系统的运行机理，为建立科学合理的人地关系治理体系提供理论依据。

（2）建立接轨国际标准的土地管理术语体系

国际上，合同法的法律概念和法律理论越来越趋于相似，这主要得益于日益普及的经济全球化。但在物权法领域，由于路径依赖的原因，各国不同的历史传统、文化习俗和法律体系，造就了丰富多彩、个性鲜明的物权制度（Williamson et al.，2010）。物权制度差异显著的现实，给世界各国交流土地管理的学术研究成果造成了巨大障碍（徐忠国等，2019；Lemmen，2012；Paasch，2008）。LADM 是国际标准化组织为交流人地关系管理国际经验所设计的通用术语体系，迄今为止取得了显著的成效，减轻了学术概念的语义混乱。本书一方面消化吸收 LADM 的概念体系，另一方面详细考察中国农村社会的实际，努力构建既符合国际标准又符合中国农村实际的概念模型。这些模型的术语体系，方便国际同行理解我国的农村土地制度，有利于我国研究人员使用标准术语与国际同行进行学术交流。

1.4.2　管理实践

（1）为精准扶贫与乡村振兴提供治理工具

当前，我国经济社会发展的关键短板在农村，能否实现中国式现代化目标也主要取决于农村。党和国家提出精准扶贫和乡村振兴战略，就是要通过体制机制创新，实施以城带乡和以工补农的发展路径，实现农村社会加速发展的战略目标。土地是农村的关键资源和重要资产，通过农村土地制度的创新，撬动城市的资金、人才、技术和管理等先进生产要素与农村的土地等生产要素相结合，加速农村发展，已经成为当前社会各界的共识（徐忠国等，2018）。本书的研究成果提供了农村集体建设用地管理的理论框架和治理工具，为精准扶贫和乡村振兴提供了制度装置，有助于实现农村和农民的可持续发展。

（2）为生态文明建设与绿色发展提供治理工具

长期以来，我国城市和工业向农村和农业索取过多发展资源，导致农村和农业积贫积弱,保护资源环境的意愿和能力不足。农村和农业是我国生态文明建设的基底,是绿色发展的重要组成部分。加强农村地区生态文明建设,加快农业转向绿色发展模式,是实现可持续发展的必然要求。本书的研究成果提供了土地用途管制的理论框架和治理工具,有助于农村地区的资源节约和生态平衡。

1.4.3　工程技术

(1)为土地管理信息系统提供统一标准

基于 UML 2.X 标准进行应用软件的设计已是软件开发行业的通行规则,MDA 提供了将模型设计向模型开发的正向工程转换能力。目前,基于 UML 2.X 标准的概念模型设计软件都提供了向主流开发语言(比如 Java)和开发框架进行正向工程转换的功能。本书的研究成果是与国际标准接轨并基于 UML 2.X 标准的概念模型,无论是商业软件企业,还是公益软件组织,都可以基于本书研究成果迅速形成统一的软件基本架构。本书研究成果既可以节约全社会土地管理系统的总开发成本,也可以为行业交流提供统一的软件框架。

(2)为电子政务(商务)系统提供互联标准

农村集体建设用地制度改革是一项系统工程,涉及自然资源、农业农村、住房建设、财政、环境保护、公共资源交易中心等多家政府部门,也涉及农村社会的方方面面。在互联网应用日益普及的社会背景下,提供具有普适性的框架标准,对于政府各部门的网络互操作,社会公众及时了解农村集体建设用地的产权信息,引导社会资本等生产要素加速向农村地区流入,具有显著的助推作用。

1.5　全书结构与主要内容

1.5.1　全书结构

与研究方法相对应,本书分为四部分。第一部分是识别问题,包括第一章"绪论"和第二章"文献综述"。这部分的研究任务是引入国际和国内的研究背景,详细追踪研究动态,准确识别研究存在的不足,提出有科学价值的研究问题。第二部分是识别需求,包括第三章"理论框架"、第四章"概念模型的历史分析"、第五章"概念模型的法律分析"和第六章"概念模型的技术分析"。这部分的研究任务是识别模型需求,分析法律和技术约束。第三部分是构造模型,涵盖第七章"概念模型的理论构建"。这部分的研究任务是根据社会需求和外部约束,对 LADM 的核心模块和扩展模块进行深化设计,形成适应中国农村集体建设用地管理需要的概念模型。第四部分是研究结论,包括第八章"概念模型的原型检验"和第九章"研究结论和政策含义"。这部分的研究任务是实现原型和检验原型。对照检查研究问题和检验结果,分析概念模型响应社会需求和外部约束的情况。在整个研究过程中,前面的环节为后面的环节提供研究基础,最终完成研究的逻辑闭环(见图1.2)。

1.5.2　主要内容

本书各章的主要内容和拟回答的研究问题见图1.3。

第一章,绪论。引入国内外研究背景,准确识别研究空白,提出有科学价值的研究问题。紧紧围绕研究问题,有针对性地设计研究路线和研究方法。与研究思路相呼应,概述本书研究内容和论文结构,论

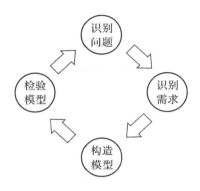

图 1.2　全书结构

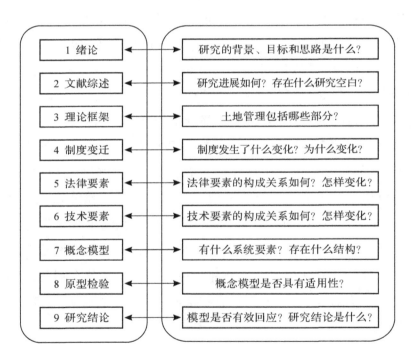

图 1.3　主要内容

述本书研究价值。

　　第二章,文献综述。采用规范的文献检索和分析方法,追踪 LADM、农村集体建设用地和农村宅基地等领域的研究进展,评述现有研究取得的成果和存在的不足。

　　第三章，理论框架。在分析地籍历史演变、土地管理范式、西方土地管理理论模型的基础上，提出农村集体建设用地管理概念模型的分析框架。

　　第四章，概念模型的历史分析。基于国家治理理论和制度变迁理论，对农村集体建设用地的制度变迁开展描述性研究和解释性研究。

　　第五章，概念模型的法律分析。以"人—权—地—事"为基本结构，对土地权属、土地用途、土地价值三个领域进行法律要素的结构化分析，提取概念模型的法律约束。

　　第六章，概念模型的技术分析。对农村集体建设用地涉及的不动产登记数据库标准、国土空间规划编制标准和土地估价技术标准展开详细分析，提取概念模型的技术约束。

　　第七章，概念模型的理论构建。根据社会需求和外部约束，对LADM 的核心模块和扩展模块进行深化研究，构建中国农村集体建设用地管理的概念模型。

　　第八章，概念模型的原型检验。以 Java 8. X 和 Spring 4. X 为开发平台和工具，快速实现模型原型，检验概念模型对于法律约束、技术约束和社会需求的回应性。

　　第九章，研究结论与政策含义。对照检查研究问题和检验结果，得出研究结论。基于研究结论，揭示研究成果的政策含义。

2. 文献综述

本章的任务是系统梳理国内外 LADM、农村集体建设用地、农村宅基地研究动态,评述三个领域的研究文献,找出现有研究存在的不足和有价值的研究方向。第 2.1 节着重讨论 LADM 的研究进展,包括应用方法论、国家建模、三维建模、交易过程建模和土地估价建模五个方面。第 2.2 节重点讨论农村集体建设用地的研究进展,包括基础研究和实务研究两个部分。第 2.3 节聚焦讨论农村宅基地的研究进展,包括综合研究和专项研究两个部分。第 2.4 节进行了综合评述,发现已有研究存在的不足是单学科研究居多,缺少综合性交叉研究。

2.1 LADM 研究进展

2.1.1 研究概况

LADM 研究的核心人员是 Christiaan Lemmen、Peter Van Oosterom 和 Jesper M. Paasch 等。具体而言,Lemmen 负责 LADM 的整体架构及与建筑信息模型(BIM)、室内空间信息模型(IndoorGML)、城市空间信息模型(CityGML)等其他国际标准的衔接,Van Oosterom 负责 LADM 的三维地籍及空间表达的研究,Paasch 负责 LADM 产权的法律模块的分析建模。中国方面的应用研究主要以郭仁忠和应申为首、以深圳大学和武汉大学为主的科学家团队对不动产统一登记和三维地籍研发进行科学研究。LADM 的研究成果主要集中在国际测量师协会出版的研究报告和会议论文，以及《计算机、环境和城市系统》《测绘评论》《土地利用政策》《国际地理信息科学杂志》《国际地理信息杂志》等国际学术刊物上。《计算机、环境和城市系统》和《土地利用政策》等国际学术期刊先后组织过三次专刊，探讨 LADM 研究的源起、国际标准的形成过程、全球的国家试验及未来研究重点。国际测量师协会是组织和推动 LADM 发展的核心国际组织，其学术论文数据库可以很方便地检索到 LADM 的研究论文。国际测量师协会持续性地组织 LADM 专题研讨会、国际测量师协会工作周研讨会和国际测量师协会三维地籍研讨会等例行性国际学术会议。这些国际会议是全球 LADM 研究人员交流学术思想的重要学术平台。国际测量师协会、联合国、世界银行和开放地理信息联盟（OGC）是传播和推广 LADM 的主要国际组织。

2.1.2　LADM 模型的发展过程

1994 年在墨尔本召开的国际测量师协会工作周会议上，第七委员会工作小组针对地籍系统未来 20 年的发展愿景，生成了"地籍 2014"报告。报告的第三项声明指出，"地籍制图将会逐渐消亡，取而代之的是地籍建模"（Kaufmann，2001）。基于该项声明，Lemmen 和 Van Oosterom 提出了针对土地管理领域的概念建模（Van Oosterom 和 Lemmen，2002，2001）。总体而言，LADM 的形成经历了以下三个阶段（见图 2.1）。

（1）酝酿准备阶段。2002 年 Lemmen 和 Van Oosterom 在美国华盛顿召开的国际测量师协会会议上提出了构建土地管理领域模型的提议（Van Oosterom 和 Lemmen，2002）。随后，9 月份在荷兰诺德韦克召开的 OGC 会议上，以及 11 月份在荷兰代尔夫特举行的 COST

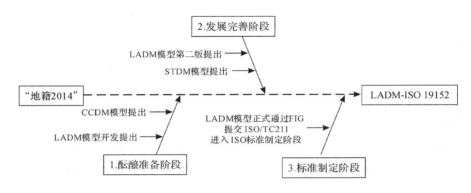

图 2.1　LADM 模型发展过程

（科学与技术研究欧洲联合行动计划）研讨会上，提出了 LADM 模型的第一个初始版本，即地籍核心领域模型（Core Cadastral Domain Model，简称 CCDM 模型）（Lemmen et al.，2003a；Lemmen 和 Van Oosterom，2003b）。

　　（2）发展完善阶段。经过各方专家的讨论，对初始版本的概念模型进行了一系列的完善和改进（Van Oosterom 和 Lemmen，2001），并于 2006 年慕尼黑召开的国际测量师大会上发布了 LADM 第二个相对成熟的版本。第二版的 LADM 模型，其核心模块大体上延续第一版的框架，依然是"人—权—地"的框架。不同的是，模型对各个模块的内涵作了进一步深入探讨（Lemmen 和 Van Oosterom，2006）。

　　（3）标准制定阶段。2008 年，Lemmen 和 Van Oosterom 正式通过国际测量师协会向国际标准化组织地理信息与地球信息科学专业委员会（ISO/TC 211）提交了制定 ISO 标准的提案（Lemmen et al.，2009；Van Oosterom et al.，2009）。最终，于 2012 年正式发布了关于 LADM 模型的 ISO 标准，即 ISO 19152 标准。在此过程中，模型经历了从 CCDM 到 LADM 的蜕变。同时，也形成了针对土地管理发展欠发达地区的 LADM 衍生模型——STDM 模型（Sylla et al.，2018）。

2.1.3　LADM 模型

2.1.3.1 核心模块

Lemmen(2012)在 Henssen(1995)"人—权—地"模型的基础上,着手构建结构化的概念模型。Lemmen 采用了工业界通用的 UML 2.X 标准分别对"人""权"和"地"进行系统架构(见图 2.2)。Lemmen(2012)用"权利人包"(Party Package)对应"人","行政包"(Administrative Package)对应"权","空间单元包"(Spatial Unit Package)及下含的"测绘子包"(Surveying and Presentation Sub Package)对应"地"。

在完成第一级的架构以后,Lemmen(2012)构造了第二级架构。

(1)"权利人包"(Party Package)。"权利人包"主要刻画法律主体及法律主体间的构成关系。在权利人包中,包含了"权利人"(LA_Party)基类,在此基础上构建"共有权利人"(LA_GroupParty)子类。"权利人"(LA_Party)在一般意义上是指个体性主体,"共有权利人"(LA_GroupParty)是指团体性主体。"分摊权利人"(LA_PartyMember)派生自"权利人"(LA_Party),并与"权利人"(LA_Party)形成组成关系。"分摊权利人"(LA_PartyMember)是"共有权利人"(LA_GroupParty)和"权利人"(LA_Party)之间的关联类,用于刻画"权利人"(LA_Party)组成"共有权利人"(LA_GroupParty)时的比例等关系。

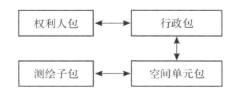

图 2.2　LADM 的一级架构

来源:Lemmen(2012)

(2)"行政包"(Administrative Package)。在行政包中,包含"权利

责任限制类"(LA_RRR)、"行政文件类"(LA_AdministrativeSource)和"基本行政单元类"(LA_BAUnit)三个基类。LA_RRR 是包中的重点,主要反映 Henssen 提出的"权"部分的内容。RRR 是 Right(权利)、Responsibility(责任)、Restriction(限制)的英文缩写,这个类名反映了 Williamson et al. (2010)基于土地可持续利用思想提出的产权社会化约束的思想。LA_RRR 进一步解构为"权利"(LA_Right)、"责任"(LA_Responsibility)和"限制"(LA_Restriction)等三个子类。根据 ISO 19152:2012 规范,"权利"(Right)是产权主体实施或利用一种相关联资源的行为自由;"责任"(Responsibility)是必须实施某些行为的正式或非正式的负担;"限制"(Restriction)是不能实施某些行为的正式或非正式的约束。LA_BAUnit 用于刻画"基本行政单元"(Basic Administrative Unit)。基本行政单元是土地管理的基本产权界定单元。在这个单元里,权利、责任和限制有着同质的法律约束。一个"基本行政单元"(BAUnit)可能与零个、一个或多个"空间单元"(Spatial Unit)相关联。"基本行政单元"(LA_BAUnit)这样设计,是为了与 UNECE(2004)标准相衔接。"行政文件类"(LA_AdministrativeSource)反映权利、责任和限制的权源信息,是"文件来源类"(LA_Source)的子类。"行政文件类"(LA_AdministrativeSource)用于刻画交易合同、行政许可、行政管制、法律仲裁或判决等信息。"基本行政单元约束关系类"(LA_RequiredRelationshipBAUnit)是一个关联类,用于刻画产权单元与产权单元的相邻叠置等拓扑约束关系。

(3)"空间单元包"(Spatial Unit Package)。"空间单元包"(Spatial Unit Package)用于表达土地的物理空间信息,刻画二维或三维的空间单元。包内有个重要的基类"空间单元"(LA_SpatialUnit)类,用于刻画一块(多块)土地(水面)和一个(多个)地理空间体。在这个基类的基础上,根据不动产登记的需要,组织空间单元的构成方式,派生各种空间子类。子类"法律空间建筑单元"(LA_LegalSpaceBuildingUnit)用于刻画三维建(构)筑物的空间单元;子类

"法律空间基础设施网络"(LA_LegalSpaceUtilityNetwork)用于刻画地下基础设施的空间单元。三维空间单元的刻画可以采用三维空间标签、混合模型或真三维模型的方式,这个领域的研究是近年来LADM 研究中的热点。"空间单元群组"(LA_SpatialUnitGroup)类是"空间单元"(LA_SpatialUnit)的子类,并和它形成组成关系。"空间单元约束关系"(LA_RequiredRelationshipSpatialUnit)用于刻画空间单元与空间单元的相邻、叠置等拓扑关系。

(4)"测绘子包"(Surveying and Presentation Sub Package)。"测绘子包"(Surveying and Presentation Sub Package)用于刻画空间单元的边界,包括零维边界"界址点"(LA_Point)、一维边界"界址线"(LA_BoundryFaceString)或二维边界"界址面"(LA_BoundryFace)。边界是构造二维和三维空间单元的基本几何要素。界址点、界址线和界址面之间构成复杂的几何空间关系。

2.1.3.2 税收与估价模块

在 ISO 19152:2012 标准的附录中预留了 LADM 扩展包(ISO,2012),包含了"扩展权利人类"(ExtParty)、"扩展地址类"(ExtAddress)、"扩展文件类"(ExArchive)、"扩展估价类"(ExtValuation)、"扩展税收类"(ExtTaxation)、"扩展土地利用类"(ExtLandUse)、"扩展土地覆盖类"(ExtLandCover)、"扩展实体基础设施管网类"(ExtPhysical UtilityNetwork)等扩展类。与本书紧密相关的是"扩展估价类"(ExtValuation)和"扩展税收类"(ExtTaxation)两个扩展类。"扩展估价类"(ExtValuation)简单地包含了"土地价值""估价时期"和"估价类型"等属性。"扩展税收类"(ExtTaxation)包含了"数量""征税时间"和"税收种类"等属性。"扩展估价类"(ExtValuation)和"扩展税收类"(ExtTaxation)包含的信息是比较少的,但为深化研究预留了接口。

为了互联互通土地管理系统与税收估价系统,Çagdas et al.(2016)根据 LADM 的框架结构相应地设计了"财税扩展模块"(Fiscal

Extension Module)的核心类。首先,将"估价"和"税收"扩展成"财税估价"(FM_Valuation)和"财税税收"(FM_Taxation),根据国际和欧洲估价规范的要求,增加了众多与估价和税收相关的属性和方法。与 LADM 中的核心类相对应,"财税扩展模块"(Fiscal Extension Module)增加了众多核心类。"价值单元"(FM_FisUnit)类是与"基本行政单元"(LA_BAUnit)类相对应的扩展类,用于记录"价值单元"(FisUnit)的外围环境信息。比如,"小区类型"(Neighborhood)和"基础设施服务"(UtilityServices)的信息。考虑现实的估价和税收实践中,有以片区或分级的形式进行的情况,所以构造"价值片区"(FM_FisUnitGroup)。

与"空间单元类"(LA_SpatialUnit)相对应,增加了"宗地"(FM_Parcel)、"抽象建筑"(FM_AbstractBuilding)和"公寓单元"(FM_CondominiumUnit)。"宗地"(FM_Parcel)记录地块的相关信息,比如现状用途和规划用途。"抽象建筑"(FM_AbstractBuilding)记录的主要是建筑物的信息。Çağdas et al.(2016)增加了丰富的属性信息,包括评估所需的建筑面积、建筑体积、建筑用途、楼层数、户数、建筑材料、立面材料、供热系统、供热来源和电力能效等。"抽象建筑"(FM_AbstractBuilding)派生出独立建筑物"建筑"(FM_Building)和"公寓建筑"(FM_CondominiumBuilding)两种实类。"公寓单元"(FM_CondominiumUnit)记录公寓单元的信息,包括面积、体积、用途、房数、卧室数、淋浴房数、附房和附属设施等信息。"公寓单元"(FM_CondominiumUnit)是与"法律空间建筑单元"(LA_LegalSpaceBuildingUnit)相对应的概念。

为增强对土地估价的技术支持,"财税扩展模块"(Fiscal Extension Module)中增加了一些辅助类。首先,"估价类"(FM_Valuation)派生出"单一估价"(FM_SinglePropertyValuation)和"片区估价"(FM_MassPropertyValuation)两个实类,分别用于支持对单一不动产和片区不动产的估价。为了支持估价,需要收集不动产交易的市场信息。"交易价格类"(FM_TransactionPrices)用于记录交易价的时点信息,"时间序列数据类"(FM_TimeSeriesData)用于记录交易的时间序列信息。这些信息将为估价提供充分的样本信息。

2.1.3.3 规划模块

地籍系统与空间规划系统一般是两个独立运行的系统,但由于土地产权与空间规划存在紧密的关联关系,国际测量师协会等国际组织试图将地籍与空间规划关联起来,构建两者关联的技术标准。国际测量师协会提交给 ISO/TC211 的 LADM 修订版工作计划提议(Lemmen et al. ,2019),特别提出了"空间规划扩展模块"(Spatial Planning Extension Module)。在空间规划扩展模块里,包括"规划单元"(SP_PlanningUnit)、"规划片区"(SP_PlanningBlock)、"规划群组"(SP _ PlanningGroup)等实体类和"规划单元约束关系"(SP _ RequiredRelationshipPlanningUnit)、"规划片区约束关系"(SP _ RequiredRelationshipPlanningBlock)等关系类。

"规划单元"(SP_PlanningUnit)用于表达空间规划当中的各种空间用途管制分区,比如农业用途、城市用途、自然风险防控用途、文化设施保护用途等分区。"规划片区"(SP_PlanningBlock)用于表达由"规划单元"(SP_PlanningUnit)组成的片区规划。"规划群组"(SP_PlanningGroup)用于表达各种尺度的空间规划,比如全国、省(州)、区域、城市等级别的空间规划,它由"规划片区"(SP_PlanningBlock)组成。"规划单元约束关系"(SP_RequiredRelationshipPlanningUnit)用于刻画"规划单元"(SP_PlanningUnit)间的相邻叠置等拓扑约束关系。"规划片区约束关系"(SP_RequiredRelationshipPlanningBlock)用于刻画"规划片区"(SP_PlanningBlock)间的相邻叠置等拓扑约束关系。"规划单元"(SP _ PlanningUnit)和"规划片区"(SP _ PlanningBlock)与"权利人"(LA _ Party)和"行政文件"(LA _ AdministrativeSource)相关联,可以为规划单元提供主体和权源信息。

"规划单元"(SP_PlanningUnit)与"权利责任限制"(LA_RRR)的关联,将地籍与规划系统连接起来。

"规划单元"(SP_PlanningUnit)复用核心模块的边界刻画类,如"界址点"(LA_Point)、"界址线"(LA_BoundaryFaceString)和"界址面"(LA_BoundaryFace)等。"规划单元"(SP_PlanningUnit)、"规划片区"(SP_PlanningBlock)、"规划群组"(SP_PlanningGroup)分别与"界址点"(LA_Point)、"界址线"(LA_BoundaryFaceString)和"界址面"(LA_BoundaryFace)关联,构成空间几何关系。

2.1.4　LADM 模型的相关应用进展

(1)LADM 应用方法论。Çağdas 和 Stubkjaer(2011)对地籍领域六篇博士学位论文进行总结分析以后,将地籍领域系统设计研究范式的研究步骤概括为五大步骤:(a)问题识别及研究动机;(b)解决方案的目标界定;(c)模型设计与开发;(d)案例示范;(e)方案评估与学术交流。此研究范式为 LADM 的应用研究提供了重要参考。Kalantari et al.(2015)将 LADM 的应用研究分为:组织动员、制度安排、信息解译、信息组织、治理与参与和能力建设等六个方面,为 LADM 的应用研究提供了方法论指导。Thompson(2015)提出从低精度数据到高精度数据的渐进式 LADM 数据建设的方法,以满足不同历史阶段、不同测量精度的土地管理数据的建设与转换的需要。Çağdas 和 Stubkjaer(2015)进而基于万维网联盟(The World Wide Web Consortium)的简单知识组织系统(Simple Knowledge Organization System,SKOS)标准提出了 LADM 领域的术语 SKOS 方法和术语标准化体系,为后续研究奠定了方法论基础。

(2)LADM 国家建模。LADM 模型成为 ISO 标准后,逐渐在国际社会产生重要影响。国际组织纷纷应用 LADM 作为土地治理的有效工具(Lemmen et al.,2015)。从现有国家开展的研究来看,研究焦点集中在了产权登记和空间表达等两个方面,而对 LADM 应用研究中的土地的法律规定及组织建设等方面的研究较为欠缺（Paulsson 和 Paasch，2015）。开展 LADM 模型研究的国家和地区包括：印度尼西亚（Guspriadi，2011；Ary Sucaya，2009）、葡萄牙（Hespanha，2012）、加勒比（Griffith-Charles et al.，2015；Griffith-Charles，2011）、塞浦路斯（Elia et al.，2013）、洪都拉斯（Lemmen，2012）、波兰（Bydlosz，2015）、加拿大和法国（Pouliot et al.，2013）、克罗地亚（Mader et al.，2015）、巴西（Paixao et al.，2015）、马来西亚（Zulkifli et al.，2015）、希腊（Gogolou 和 Dimopoulou，2015）、波兰（Gozdz 和 Van Oosterom，2016）、芬兰（Riekkinen et al.，2016）、捷克（Janecka 和 Soucek，2017）、肯尼亚（Siriba 和 Dalyot，2017）、土耳其（Alkan 和 Polat，2017；Aydinoglu 和 Bovkir，2017；Coruhlu 和 Yildiz，2017）、佛得角（Amado et al.，2018）和中国（Ying et al.，2018；Yu et al.，2017；Zhuo et al.，2015）等 19 个国家（地区）。中国方面的研究，卓跃飞等人以 LADM 模型为基础，对中国房地一体化管理系统进行了建模（Zhuo et al.，2015）。之后，中国相继有学者对中国不动产统一登记系统进行建模（Ying et al.，2018；Yu et al.，2017）。

（3）三维地籍建模。LADM 模型的提出，在三维地籍研究中发挥了重要的促进作用，相关的研究可以分为技术领域、法律领域和管理领域等三个方面（Tekavec et al.，2018）。就技术领域而言，一是开展数据模型的研究。Stoter（2004）的博士学位论文在这个领域开创了先河，做出了重要学术贡献。不少国家（地区）的学者运用 LADM 模型标准，结合三维地籍的建模方法，构建起了相应的国家三维地籍系统。已经开展相应研究的国家包括：荷兰（Stoter et al.，2017；Stoter et al.，2013）、韩国（Lee et al.，2015）、以色列（Felus et al.，2014）、马来西亚（Oyetayo et al.，2015）、塞尔维亚（Radulovic et al.，2017）、希腊（Kitsakis et al.，2018）、克罗地亚（Mader et al.，2018）等。二是对 LADM 模型标准在三维地籍数据融合和延伸上进行探讨，包括海洋地籍（Athanasiou et al.，2017）和地下空间登记（Kim 和 Heo，2017）

等。三是尝试与室内空间信息模型（IndoorGML）（Alattas et al.，2017）、城市空间信息模型（CityGML）（Li et al.，2016；Aien et al.，2015）和建筑信息模型（BIM）（Atazadeh et al.，2017）等国际标准进行融合研究。就法律领域而言，Paulsson（2007）率先在她的博士学位论文中，对三维财产的产权问题进行了系统研究，并对瑞士、德国和澳大利亚三个国家的三维财产的登记技术进行了详细考察，在该领域做出了重要贡献。继而，有学者在三维地籍 LADM 中对 RRR 进行拓展（Dimopoulou 和 Elia，2013），在与城市空间信息模型（CityGML）标准进行产权融合（Alattas et al.，2018；Li et al.，2016；Aien et al.，2015）等方面展开研究。

（4）土地交易程序。在制定 LADM 1.0 标准时，设计者将模型关注点聚焦在土地的"人—权—地"产权关系的静态描述和法律保护上，认为土地交易等动态过程具有各个国家特殊的国情，而以外部拓展模块的形式进行了设计留白（Van Oosterom 和 Lemmen，2015；Lemmen et al.，2011）。在对 LADM 1.0 版进行改进时，许多学者认为把土地交易动态过程统一纳入标准已经具备现实需求（Lemmen et al.，2018）。在对土地交易过程建模时，存在三个方面的需求：一是建立土地交易的工作流模型（Vranig et al.，2018）。二是建立网络服务（Web Services）和区块链（BlockChain）的交易模型（Lemmen et al.，2018）。三是建立全球定位系统（GPS）和遥感（RS）支持的 SDI 动态数据更新模型（Lemmen et al.，2018）。Polat 和 Alkan（2018）根据土耳其的国情和国际会议提出的标准草稿，对 LADM 1.0 的外部模块进行了拓展，并基于网络服务（Web Services）标准开发了实验原型。Oldfield et al.（2018）从产权生命周期和三维地籍标准设计的角度，使用用例图（Use Case）和扩展标识语言（XML）的形式对 LADM 1.0 的外部模块进行拓展。

（5）土地估价建模。Lemmen 和 Van Oosterom 等学者在设计国际标准 LADM 时，以附录的形式预留了土地估价和土地税收的外部拓展模型,但该外部拓展模型比较粗略,仅做了一些框架性的设计(Lemmen et al.,2015)。2013 年,Çağdaş(2013)在系统梳理土耳其土地税收涉及的地方政府各个管理主体的信息供应和需求的基础上,基于城市空间数据模型(CityGML)标准设计和开发了土地财务拓展模块,对城市空间数据模型标准增加了适合税收和估价所需的类和属性,并讨论类之间的关联和约束关系。虽然这个研究不是基于 LADM 标准,但在该领域具有里程碑式的开创意义。2016 年,Çağdaş et al.(2016)开始基于 LADM 标准设计土地估价和土地税收扩展信息模型。他们对土地估价的国际标准和欧洲标准进行了全面系统的梳理,对土地估价涉及的地理信息国际标准也进行了详尽的讨论。基于这些研究,他们在 LADM 模型的基础上,详细设计了具有国际普适性的土地估价和土地税收的信息模型。从这个意义上讲,Çağdaş 的研究工作具有奠基性的作用。

在后续研究中,Kara 发挥了主力军的作用。2017 年,Kara et al.(2017)在对国际土地估价技术标准、技术方法以及对 LADM、土地与基础设施模型(LandInfra)等国际主流地理信息技术标准的整理和讨论的基础上,深化了具有国际普适性的土地估价和土地税收的信息模型。后续,Kara 领衔基于国际模型和土耳其、荷兰的税收和估价法律规定,进行了土耳其和荷兰的国别研究,提出土耳其的估价与税收模型(Kara et al.,2019;Kara et al.,2018a)。Kara 等人基于欧洲 INTERLIS 标准,进行了土地估价和土地税收的信息模型的实现(Kara et al.,2018b),并在土耳其进行了土地估价与税收标准的数据库实现(Kara et al.,2018)。Polat 和 Alkan(2018)在对土耳其市政管理的信息需求分析的基础上,对包括土地估价等 LADM 的主要拓展模型进行了设计。Kobasa et al.(2018)对土地估价和土地税收模型的作用进行了详尽讨论。Tomig et al.(2018)在对克罗地亚各类登记机构与登记信息整理的基础上,对 LADM 的土地估价和土地税收模型在克罗地亚的适用性进行了结构性评价,得出了模型中哪些属性数据

在克罗地亚具有获得性，哪些属性数据不具有获得性的判断。Van
Oosterrom 和 Lemmen 等学者总结了上述研究，提出了在 LADM 修
订版中改进土地估价和土地税收信息模型的学术建议（ Van
Oosterom et al. ,2019；Lemmen et al. ,2018）。

2.1.5　研究小结

LADM 模型的研究开发经历了酝酿准备、发展完善和标准制定
等三个阶段，分别完成了概念提出、模型设计和模型改进的阶段性任
务。目前，模块已经进入试验应用阶段，分别在应用方法论
（Application Methodology）、国别模型（Country Profile）、三维地籍
（3D Cadastre）、土地交易（Land Transaction）、土地估价与税收（Land
Valuation and Land Taxation）等领域开展了深化研究。后续，在国际
测量师协会（FIG）、开放地理信息联盟（OGC）和国际标准化组织
（ISO）等国际组织的推动下，LADM 一方面将与建筑信息系统
（BIM）、室内空间信息模型（IndoorGML）、城市空间信息模型
（CityGML）等国际标准做好对接；另一方面将研究扩展至土地交易
（Land Transaction）、土地估价与税收（Land Valuation and Land
Taxation）、空间规划（Spatial Planning）、土地利用与土地覆盖（Land
Use and Land Coverage）等领域，将相关研究结果纳入 ISO-19152 标
准中。

2.2　农村集体建设用地研究进展

2.2.1　研究概况

对关键词和摘要进行监督分类，结果发现可将农村集体建设用地

研究划分为两大领域(见图 2.3)。

(1)基础研究。该领域是对农村集体建设用地的经济和社会作用机理进行的理论性思考和分析,可进一步细分为市场作用机理和增值收益分配两个子领域。市场作用机理重点从土地资源配置的效率视角,讨论市场的博弈结构及制度的演化动力,关注土地收益的一次分配问题。增值收益分配着眼于土地增值收益的性质和来源,及土地增值收益分配的价值导向,重点讨论土地收益的二次分配问题。综合地看,效率和公平是农村集体建设用地可持续利用不可或缺的视角,制度改革需要均衡考虑这两个方面。

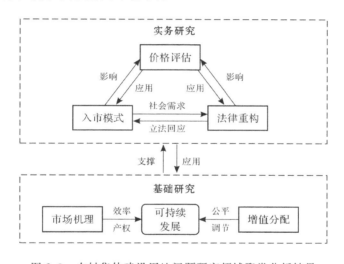

图 2.3　农村集体建设用地问题研究领域聚类分析结果

(2)实务研究。它关注的是地方经验总结及应用解决方案,可分为入市模式、法律重构和价格评估三个模块。入市模式研究,关注的是地方的实践经验,属于实证研究,提供政策实证检验。法律重构研究,通过分析法律文本和总结地方法律实践,提出法律修改意见。价格评估研究是土地管理实务研究,为市场价格管理提供技术支持,解决实际操作业务问题。入市模式研究侧重于诱致性制度变迁的分析,为法律规则重构提供社会需求。法律重构研究侧重于强制性制度变迁的分析,为入市模式提供立法回应。入市模式研究和法律重构研究共同为价格评估提供理论基础。价格评估研究应用入市模式和法律重构的研究成果。

2.2.2 理论研究

2.2.2.1 市场机理

市场机理研究可以分为两个部分。第一部分是应用博弈论分析市场运行机制。现有研究均为完全信息模型,不涉及不完全信息模型。根据参与主体的区别,可划分为双方、三方和多方博弈模型。

(1)双方博弈模型。多位学者构造了以地方政府与农村集体经济组织为主体的双方博弈模型。顾湘(2013)在非合作、完全信息的假设下,通过双方动态博弈模型分析发现,均衡结果受农村集体建设用地流转预期收益、中央政府政治压力、社会舆论压力、补偿成本、阻挠成本、惩罚成本、监督成本、交易成本等影响,市场博弈的最优选择是农村集体组织进入隐形土地市场,地方政府默认。孙阿凡、杨遂全(2016)在非合作完全信息的假设下,通过动态博弈模型分析发现,集体经营性建设用地入市受到地方政府阻碍;要达到政策预期,须改革税费制度,提高征地成本。

(2)三方博弈模型。三方博弈模型大致可以分为二类:一类是以地方政府、农村集体、用地企业为博弈主体,另一类是以农村集体、地方政府、中央政府为博弈主体。第一类的代表性研究包括:第一,袁枫朝、燕新程(2009)对地方政府、农村集体、用地企业等三类主体进行两阶段博弈分析,研究结论为风险成本、交易成本、收益分成比例等参数影响博弈的均衡。土地收益的合理分配是集体建设用地流转的核心,降低交易成本是流转的重点。第二,陈爱雪(2016)构造了地方政府、农村集体、用地企业等三方动态博弈模型,研究发现用地企业、地方政府和农村集体等参与主体试图通过集体行动来实现土地集约利用并达到各自收益最大化的目的,但只有三方都积极参与流转才能实现纳什均衡最优策略。第三,曹昭煜、洪开荣(2015)构造了地方政府、农村集体、用地企业等三方联盟博弈模型,在考虑三方相关利益主体对集体建设用地入市的增值收益贡献及投入的基础上,分析集体建设用地入市增值收益的分配要素及权重,确定各联盟成员的增值收益分配的比例和金额,基于公平合理的价值导向完善集体建设用地入市联盟利益分配机制,以达到各方利益主体之间的利益均衡。第二类的代表性研究为郑威等(2017)构造的农村集体、地方政府、中央政府三方动态博弈模型,研究结果表明农村集体在入市流转中获益越多越倾向于参与市场分配,地方政府的损失收益与拒绝变革的惩罚成本影响其对中央政策的态度,中央政府的监督成本与入市流转收益影响其是否实施政策。

(3)多方博弈模型。赵振宇等(2017)分别对中央政府与地方政府、地方政府与农村集体、农村集体与农户的不同利益关系进行博弈分析,以博弈矩阵的形式建构了四方博弈模型。研究发现下述规律:中央政府与地方政府之间的博弈,收益分配逐步向地方政府倾斜;地方政府与农村集体之间的博弈,收益分配逐步向农村集体倾斜;农村集体与农户之间的博弈,收益分配逐步向农户倾斜。

第二部分运用新制度经济学理论研究市场运行机理。这个领域的研究是从制度演化的动力和阻力因素解释地方制度的多样性。陈利根等(2002)从诱致性制度变迁的视角分析集体建设用地流转的动力机制,一是制度创新增加了潜在收益;二是制度环境的变化增加了分割潜在收入的可能性;三是制度安排的成本被降低。高艳梅等(2008)认为,巨大的潜在外部利润是集体建设用地流转的驱动力,集体建设用地流转是自下而上的诱致性制度变迁,遵循由需求引致型向供给主导型转变的过程。胡峰(2008)通过分析国家征收和集体流转两种模式,发现集体土地流转具有国家征收(征用)驱动力、农村集体组织转用流转驱动力、农户自发流转驱动力等三种驱动力。杨少垒(2010)通过比较国家征收和集体流转两种模式的内生交易费用与外生交易费用的替代关系,对集体建设用地自发流转的现象给出了理论解释。所以,制度变迁、经济社会发展是集体建设用地流转的主要驱动力。集体建设用地入市流转受到多方面因素的制约,学者的研究主要集中在以下方面:一是法律法规的制约。吕萍、支晓娟(2008)从权利界定、市场建设和利益分配等方面分析,认为制约集体建设用地流转因素有以下几个方面:可否流转的规定、可否抵押的规定和流转用途的限定等。王菊英(2008)通过立法论和解释论的分析认为,集体建设用地流转存在立法上的顾虑和现有宪法及法律的限制。二是产权制度的制约。农村集体土地产权不清、权能残缺、产权制度存在重要缺陷是束缚集体建设用地流转的根本原因(吴明场,2014;金晓霞等,2006;张雪琴、田萌,2006)。三是社会保障的障碍。现阶段,农村社会保障体系建设滞后,城乡社会保障差距较大,农民对土地依赖性很强,阻碍了集体建设用地流转(崔欣,2011;陈希勇,2008)。

2.2.2.2 收益分配

土地增值收益分配问题的研究,主要基于四条理论发展路线展开(靳相木、陈阳,2017;樊帆,2015)。这些研究讨论了土地增值的源泉,并根据增值源泉的性质提出了收益分配的原则。

(1)基于增值贡献的研究路线。其理论逻辑是谁贡献增值,谁获得增值收益。周诚(1994)将土地增值形态分为投资性增值(包括宗地直接投资性增值、外部投资辐射性增值)、供求性增值(土地物质的稀缺性增值)和用途性增值(土地规划对地块用途的变化带来的价值增值)。周诚认为土地直接投资性增值应该归投资者所有,而其他的自然增值应归国家所有。但在 21 世纪初,周诚(2006)认为自然增值全部归国家所有不利于调动个体积极性,提出了公私兼顾的论点。后续研究者对非直接投资增值的自然增值(包括用途增值、辐射增值、供求增值等)的分配,展开了广泛的讨论。邓宏乾(2007)和底亚玲等(2006)认为农村集体可以获得部分土地自然增值,国家可以通过征收税(费)收取剩余的土地增值收益。王小映(2014)认为用途性增值应该归国家所有。对于稀缺性增值,张鹏、张安录(2008)认为土地所有者应参与分享来自土地的稀缺性、独占性和供求关系的部分增值。

(2)基于地租的研究路线。其理论逻辑是,在马克思地租理论的基础上,根据绝对地租、级差地租Ⅰ、级差地租Ⅱ等不同地租形态的性质,提出土地增值收益不同的分配模式。朱道林(1992)认为,改善周围基础设施引起的土地增值属于级差地租Ⅰ,土地经营者投资引起的土地增值属于级差地租Ⅱ,人口增加和经济社会发展引起的土地增值属于绝对地租,土地利用类型的变化引起的土地增值属于绝对地租和级差地租。土地增值的收益分配应以地租的性质为依据,使产生级差地租的主体能获得相应的增值收益。有部分学者认为,土地收益的根本来源在于地租,集体应获取绝对地租、部分的级差地租Ⅰ和土地资本,而国家应转向通过税收参与级差地租Ⅰ的分配(杨雅婷,2015;杨继瑞、帅晓林,2009)。与此相对,另有一部分学者认为农民获得绝对地租和级差地租Ⅰ,开发商获得级差地租Ⅱ,政府则应退出土地经营,转向以土地税收的形式在二次分配中获取土地增值(朱一中等,2013)。

(3)基于产权归属的研究路线。其理论逻辑是,地权归谁增值归谁。周其仁(2004)认为分享土地增值收益的依据是土地的所有权、使用权,土地产权归谁增值收益就归谁。有一部分学者认同这个观点,认为土地增值收益权或土地发展权是财产权不可分割的组成部分,增值收益应当归于财产所有者(程雪阳,2014;刘英博,2014;李慧中、李明,2011)。

(4)基于公平正义的研究路线。其理论逻辑是,土地增值是整体经济社会进步的结果,强调土地增值收益分配的公平正义原则。华生(2015)指出,集体建设用地流转制度改革只会使少数城郊农民一夜暴富,广大农民并不能从中受益,致使农民贫富分化,其实质是财富的社会再分配,不符合公平正义原则。鲍海君(2009)认为,如果推行激进的农村集体建设用地制度改革,可能只会让小部分有区位优势的农民暴富,大部分农民得不到土地的增值收益。地方政府也会因此得不到充足的财政收入,削弱其建设城市基础设施的能力。

2.2.3 实务研究

2.2.3.1 入市模式

集体建设用地的入市模式可以有多种不同的分类方法。

(1)按照博弈结构划分入市模式。学者基于对入市主体博弈结构的分析,从理论上归纳了不同类型的入市模式。典型的分类包括:牛海鹏等(2005)根据土地所有权是否改变,将入市模式划分为间接入市的双轨制和直接入市的三方制①。与此类似,高迎春等(2007)根据入市土地是否改变所有权性质,将入市模式划分为让权模式和保权模式。陈会广等(2009)根据政府与市场的替代关系,将入市模式划分为政府主导型、市场主导型和政府与市场并重型等多样化的入市模式。诸培新等(2009)从发展权实施委托代理的视角,将间接入市定性为单一委托代理入市模式,将直接入市定性为双重委托代理入市模式,通过理论分析得出双重委托代理模式比单一委托代理模式具有更高的经济绩效的研究结论。张洪松(2010)根据集体经济组织与其成员的关系,划分了集体组织主导和集体成员主导两种模式。他提出集体组织主导模式具有高代理成本、低流转成本的特点,而集体成员主导模式具有高流转成本、低代理成本的特点。前一种通常在城市近郊区占据主导地位,后一种通常在城市远郊区比较常见,两种模式的优劣性由外在环境条件决定。张梦琳(2013)基于政府与农民不同的关系,提出政府主导型与农民自主型两种流转模式,流转模式的选择是由外部环境、内部治理结构和集体土地产权结构所决定。曹笑辉(2016)对流

---

① 双轨制是指集体建设用地通过先征后让的形式进入土地市场。三方制是指地方政府、农村集体和用地主体通过签订三方协议的形式让集体建设用地进入土地市场。

转模式做了一个理论上的总结,提出"同权市场""借征入市""规划主导"和"地票交易"等四种典型模式①。并进一步从入市主体、政府职能、入市客体、规划范围、入市用途、法律形式、收益分配和主导机制等八个方面对这四种入市模式进行了系统比较②。

　　(2)根据地方实践的典型经验提炼出地方模式。集体建设用地入市属于典型的诱致性制度变迁。在中央默许,地方摸着石头过河的探索性实验方式下,涌现了多样性的制度创新。典型的地方经验研究,将为制度的顶层设计提供经验基础,提高制度设计的有效性和可行性。蒋省三、刘守英(2003)率先开展集体建设用地入市的地方模式研究,他们将研究的地方经验提炼成南海模式。南海模式的意义在于其破冰性质,是在政府垄断土地一级市场的背景下,探索了一条农民通过土地参与工业化的途径,农民由此获得了分享工业化带来的级差地租的机会。高圣平、刘守英(2007a)开展了延伸性研究,进一步详细而广泛地考察了湖州模式、南海模式、芜湖模式和昆山模式。通过深入的调研发现,湖州模式为土地管理法框架下的转权让利模式。南海模式、芜湖模式和昆山模式为突破土地管理法框架的保权让利模式。南海模式的特点是基于成员权的社区股份制,芜湖模式的特点是明确规

---

　　①　同权市场模式是集体建设用地以出让、投资入股、出租和抵押等方式进入市场,享有与国有建设用地同等的权利。借征入市模式是指以借征地的形式,使集体建设用地进入市场,通过返还土地出让金或者免收地租,将征地出让后的利益部分返回给集体和乡镇财政,从而合法地将集体建设用地纳入市场。规划主导模式是在符合土地利用总体规划和城乡建设规划的情况下,地方政府统筹安排工业、居住、公共用地与农业区,按土地用途分区并行实施集体建设用地入市和城乡建设用地增减挂钩政策。地票交易模式是农村集体委托土地整治机构,将宅基地、产业用地、公益用地整体复垦为耕地后,经有关行政部门验收合格后形成可在土地交易所竞价交易的建设用地指标。地票持有人可以向政府申请将城市规划区范围内、年度用地指标外的地块纳入新增建设用地的征地出让程序中,再通过"招拍挂"的程序竞得该地块的使用权,最后以地票价款来冲抵新增建设用地有偿使用费。如果持票人没有竞得该地块,就可以足额收回地票价款。

　　②　在入市主体方面,有"政府为主"和"集体为主"两种情形。在政府职能定位上,存在交易者和监管者的角色混同。在客体方面,存在增量用地与存量用地的区别。在规划范围方面,存在"圈内"与"圈外"的差异。在土地用途方面,"经营性"的解释具有多种方式。在法律形式上,存在平等交易和强制征收两种方式。在收益分配方面,政府"分成"还是收税,各地规定不同。在主导机制方面,存在着政府主导和市场主导两种选择。

定各主体间增益分配比例,昆山模式的特点是基于资产投资的社区股份制。陈会广(2009)广泛地考察了集体建设用地入市的典型模式,包括南海、古田、苏州、湖州、安阳、芜湖、顺德、成都等地的典型做法,并从政府职能与政策工具、市场化改革措施、土地收益分配和农民权益保障等四个方面进行了比较分析。

2.2.3.2 法律重构

众多法学学者对宪法、物权法、土地管理法和担保法等与入市相关的法律条款进行了法律文本分析,得出了一般性研究结论。虽然现有法律规定严格限制了集体建设用地入市,但仍为入市留下了法律空间(温世扬,2015;朱列玉,2009;韩松,2008)。宪法和物权法对入市的限制较小,土地管理法和担保法对入市的限制较为严格(温世扬,2015;韩松,2008;王权典,2008)。法学学者还对众多地方行政规章或规范性文件进行了文本分析,并分别采用了案例法或社会调查法等方式对这些地方制度的实施绩效进行了综合评价(陆剑,2015;温世扬,2015;高圣平、刘守英,2007a)。重点关注的区域包括广东省、湖北省、河北省、重庆市等省级区域和芜湖市、湖州市、苏州市、南海区等县市区域(温世扬,2015;高圣平、刘守英,2007a)。地方制度文本分析与实务评价聚焦在入市客体、入市方式、入市程序、收益分配等方面(温世扬,2015)。研究得出的一般结论是:这些丰富的地方性试点经验为国家建章立制提供了扎实的经验基础,但法律规则因地域特点过于鲜明而欠缺普适性,需要在宪法和立法法的指导下进行制度的顶层设计,以回应市场经济进一步发展的要求(温世扬,2015;高圣平、刘守英,2007a)。学者们在逻辑分析和实务总结的基础上,对重构集体建设用地入市的法律规则提出了较为一致的修改意见:一是通过宪法"城市国有"原则的司法解释或对此原则增补"既有集体所有土地除外"等规则,为入市扩宽法律空间(韩松,2008)。二是通过在物权法中将建设用地使用权的客体范围延伸至集体建设用地,为入市提供私法保护(温世扬,2015)。三是通过修改土地管理法中的相关条款,将集体建设用地流转的主体扩宽至民事主体,将土地用途扩宽至经营性用途(房地产业除外),为入市扫清障碍(高圣平、刘守英,2007a)。四是通过取消担保法对集体建设用地使用权提供担保的限制,从而为金融资本进入集体建设用地市场提供渠道(韩松,2008)。五是通过国务院出台农村集体建设用地使用权出让和转让条例的方式,为入市提供框架性的制度建设(韩松,2008)。法学学者在上述研究的基础上,对集体建设用地使用权市场良性运转的配套制度建设提出了意见建议:一是建设集体建设用地使用权的有形和无形市场,保障交易的公平性和权威性;二是完善集体建设用地使用权市场的价格形成机制,提高资源的配置效率;三是完善集体建设用地的收益分配机制,明确收益使用范围;四是完善农村集体经济组织的治理结构,保障成员的知情权和决策权;五是严格实施土地用途管制制度,保障入市的公平和公正(汪晓华,2016;温世扬,2015;韩松,2012)。

2.2.3.3 价格评估

集体建设用地的价格评估是市场体系建设的重要组成部分,研究适合其特点的评估方法有迫切的现实需求。既有研究重点围绕定级与估价影响因素体系和估价方法的测算公式开展试点性研究。揣小伟等(2012)根据试点需要开展集体建设用地基准地价测算研究。经过测算发现,与城镇建设用地相比,集体建设用地流转价格受到交易产权性质的显著影响。他们根据私下流转和政府引导流转等流转方式的不同,在城镇价格评估方法的基础上,提出了适合农村特点的修正性的定级因素体系和收益还原法等估价方法的测算公式,经过试验发现其基本适合农村需要。崔宇(2013)比较了城镇和农村建设用地流转在权属性质、区位条件、市场建设、政策法规、开发强度的差别,并根据这些差别构建了定级的因素体系、地价内涵和估价参数体系。王文(2015)以城镇用地为比较基准,分析了划拨、出让、租赁、作价入股等不同取得方式和商业、工业等不同土地用途对流转价格产生的影响，提出要根据集体建设用地不同的土地使用权性质和不同的土地用途确定不同的价格的结论。杨果、陈乙萍(2016)通过理论分析，构造了农民个体及生产生活状况、区位特征、流转方式和产权特征等变量影响集体建设用地流转价格的计量经济模型，并开展了实证检验。研究结果发现，产权特征是影响集体建设用地流转价格最主要的因素，区位因素和流转方式对流转价格产生显著性影响，农户特征对流转价格的影响不显著。

2.2.4　研究小结

该领域研究形成了以经济学和法学为主的多学科视角，取得了包括理论研究和应用研究组成的体系化成果，为后续研究奠定了扎实基础，但还存在不少研究空白有待深化。(1)博弈分析。现有研究基于博弈理论和完全信息的假设下，对多方和多阶段的动态模型进行了丰富的讨论。但现实情景中的博弈，更为常见的是不完全信息的情景，所以模型构造宜放松假设条件，以给出更贴近实际的解释。(2)制度演化。既有研究已对外部条件和内部博弈的互动关系发展出了体系性的解释框架，但在外部驱动力的细化分类和内部集体行动的力量均衡方面研究还欠深入，有待后续深化。(3)收益分配。目前的研究已从理论方面深刻地揭示了增值收益的源泉、性质及分配规则，但实证研究方面仍属薄弱环节，不利于实务部门将理论成果转化为实际应用。(4)入市模式。这方面的研究提供了丰富的地方经验，为检验理论的适用性提供了经验证据，但对入市模式的可重复性和适用条件的讨论还不够充分，不利于将地方经验上升为国家政策和法律。(5)法律重构。现有研究对土地管理法等相关法律条款的修改提供了丰富扎实的方案，但对入市配套制度(比如对价格形成机制、收益分配机制)建设的研究仍偏薄弱。(6)价格评估。现有研究对城镇和农村建设用地的价格评估进行了丰富的比较研究,但在实际应用上还处于探索阶段,理论和方法不够成熟,还需进一步检验。从目前的研究趋势看,地方诱致性制度变迁与国家强制性制度变迁的互动性正在增强,理论研究者和实务工作者应在理论的解释力和应用的可重复性上加强投入,以促使更多更好的研究成果涌现出来。

2.3　农村宅基地研究进展

2.3.1　研究概况

对关键词和摘要进行监督分类,发现可将宅基地研究划分为两大领域(见图 2.4)。第一大研究领域为综合性研究,是对宅基地利用问题进行整体思考和分析,可再细分为制度演化和产权制度两个子领域。制度演化研究通过分析宅基地的源起,在经济社会背景影响下的制度演化,及引发的经济社会效应,为产权建构提供了深刻的历史基础。产权制度研究通过解释产权界定的经济学机理和构造法学的物权逻辑,提供制度设计的解决方案。制度演化与产权构造形成土地制度的大循环。第二大研究领域为专项性研究,根据产权的生命周期,可进一步划分为取得、流转、抵押、退出、置换等五个子领域。取得、流转和退出构成了产权的生命循环。抵押问题与流转问题密切相关,流转权利是抵押的前提条件,抵押可视为某种土地流转。置换问题与退出问题密切相关,置换也可视为某种形式的退出。

2.3.2　综合研究

2.3.2.1 制度变迁

制度变迁的研究分为三类。

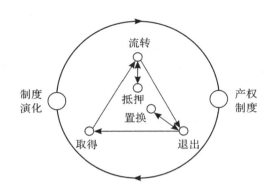

图 2.4　农村宅基地问题研究领域聚类分析结果

　　(1)结合经济社会背景描述制度变迁的历史过程。丁关良(2008)把 1949 年以来宅基地制度的历史演变划分为四个历史阶段,系统地梳理和分析了每个阶段的里程碑法律或政策文件,剖析了宅基地所有权从私有变为公有、使用权从无到有的演变过程和使用权主体及权能扩大和缩小的历史变化,提供了一份翔实的描述性研究。喻文莉、陈利根(2009)延伸了丁关良的研究,在四个阶段划分的基础上,从宅基地制度与经济社会互动的角度,详细刻画了政治因素、经济因素、社会因素作用于宅基地制度的历史过程,提出改革开放前政治因素为主,改革开放后经济因素为主的观点。曾芳芳等(2014)开展了补充性研究,提出了改革开放以前是以政治因素为主的强制性制度变迁,改革开放以后是以经济因素为主的诱致性制度变迁的观点。

　　(2)结合经济社会的变化描述宅基地社会功能的变迁。林超、谭峻(2013)通过文献回顾和历史回顾的方式,总结出宅基地具有政治稳定、社会保障和经济财产的功能,政治稳定和社会保障是宅基地制度变迁的不变基底,经济财产显化是制度变迁的历史方向。罗江龙、赵平飞(2016)总结历史变化得出结论:宅基地具有居住保障、政治稳定和经济财产的功能。张克俊、付宗平(2017)结合历史变迁分析,提出宅基地的功能由基本居住保障性向资产性转变,保障功能逐步削弱,财产功能逐步增强的判断。

(3)结合经济社会环境解释宅基地制度历史变迁的动力机制。罗瑞芳(2011)将改革开放以来的宅基地制度变迁区分为农民推动的诱致性制度变迁和政府推动的强制性制度变迁,并进一步讨论了制度变迁应坚持公平正义的政治原则和效率开放的经济规律。朱新华等(2012;2009)从历史发展的角度提出,土地要素相对价格的变化作为外生性变量是宅基地制度变迁的根本动力,利益集团的博弈结构作为内生性变量决定了制度的有效供给,对制度变迁给出了严谨的理论解释。张义博(2017)开展了延伸研究,构建了一个路径依赖与制度变迁的分析框架,并应用该框架对各个阶段的制度变迁进行了理论解释,提出农民作为社会弱势群体,社会博弈的结果不利于有效制度的形成,建议开展中央政府推动的强制性制度建构。

2.3.2.2 产权制度

对现行宅基地产权制度合理性的分析,存在着两种截然对立的观点。

(1)大部分学者认为现行宅基地制度导致了农村土地粗放利用和财产权益的损失(刘守英、熊雪锋,2018;张振勇,2013;诸培新等,2009),不利于乡村的可持续发展(李文谦、董祚继,2009;赵树枫,2009)。陈小君、蒋省三(2010)通过对宅基地使用权取得、行使、转让、消灭和登记五个方面系统的法律文本解析和社会实践评价,认为现行宅基地制度滞后于社会发展需求,不符合农民对财产完整权能诉求的需要,规则相互冲突导致法律实践混乱等问题。制度改革需要在尊重农民创造的基础上进行国家法律建构,包括充实经营性用益物权、明晰取得条件和程序、细化因财产继承和户口转出的转让规定、建构有前提的收回制度和完善便民的登记确权制度等。李宁等(2014)提出了一个不完全产权分析框架,通过分析发现农民、集体、国家等行为主体围绕宅基地产权中非专有性价值利益开展的行为选择,导致了宅基地资源在资源配置、资源利用和非生产性用途三个层面的租值耗散。

市场主体通过各自的行为在不同的方向上探索着减少租值耗散的有效措施,但由于国家的过度产权管制和农民、集体自身行为能力的不足,未能实现有效的制度变革。

(2)另有一小部分学者认为现行宅基地制度总体合理,只需要局部改良。孟勤国(2005)认为现行宅基地制度有效维系了亿万农民基本生存权利,开禁农村宅基地交易的主张不过是强势群体的利益诉求,不具有正当性和公平性。陈柏峰(2007)通过田野调查发现,宅基地对于农民而言是一种社会保障福利,允许其自由交易,农民是最终的受损者,各种社会强势群体才会成为真正的受益者。桂华(2015)认为现行制度是一套相对完善的制度体系,实现了地利共享、保护耕地与地尽其利三项目标。吕军书(2015)指出宅基地使用权具有鲜明的社会保障属性,物权立法的价值取向是平等、安全而非效率,表现在土地立法上就是重视土地的社会保障作用。

2.3.3 专项研究

2.3.3.1 宅基地取得

大多数学者认为,现行宅基地取得制度存在所有权人主体虚位、权能缺失、程序不合理、取得方式相互矛盾等问题(刘震宇、张丽洋,2011),造成宅基地使用权的取得比较混乱,一户多宅等现象比较突出(周洪亮,2007),土地资源粗放利用(唐俐,2009),引发"分男不分女"、不认可分户等社会纠纷(孙永军、付坚强,2012)。改革宅基地取得制度需要从权利的主体、客体、内容和程序上进行系统性完善(汤文平,2015;谭峻、涂宁静,2013)。(1)权利主体。在宅基地取得主体的设定上,初始取得以户为主体的管理方式造成诸多社会纠纷(高圣平、刘守英,2007b),因此,应以"人"为主体配给相应数量的宅基地用地指标,以"户"为单位申请以获得实际的占有与使用,保护老人、妇女、儿童等社会弱势群体的合法权益(谭峻、涂宁静,2013)。在继受取得主体上,为保障房产所有权的完整性,遗产继承的继受取得主体不应限于集体组织成员,但非集体成员的继受取得要采取有偿取得的方式(陈小君、蒋省三,2010)。(2)权利客体。在取得客体的设置上,现行政策规定粗疏,导致各种社会纠纷(孙永军、付坚强,2012),应出台政策规定和技术标准予以明确。(3)权利内容。在宅基地取得的权利义务内容上,"一户一宅"的规定和无偿无限期的规定考虑了节约用地的要求和社会性福利安排,具有社会正当性(孙永军、付坚强,2012;陈小君、蒋省三,2010)。谭峻和涂宁静(2013)通过问卷调查发现,经济发达地区农民有强烈的通过有偿有期限的方式取得权能完整的使用权的意愿,而欠发达地区农民的意愿不是很强烈。所以,可以参照国有土地使用权的办法,不同地区采用不同的取得方式来获得不同权能的使用权(高圣平、刘守英,2007b)。继受取得的主体不是集体组织成员时,可以通过有偿使用的方式取得较为完整的使用权(陈小君、蒋省三,2010)。(4)法律程序。在取得程序的设计上,现有规定行政程序繁琐,且公法干预私法过多,不利于居住权益的实现(唐俐,2009)。改革应简化行政审批程序,并按私法的"合意＋公示"的方式规范使用权取得程序(王崇敏,2012)。农民与农村集体经济组织签订使用合同并在登记系统登记公示后产生法律效力(蔡立东,2007;高圣平、刘守英,2007b)。

2.3.3.2 宅基地流转

宅基地流转研究包括流转方式、流转风险、流转模式和流转意愿等四个方面的内容。

(1)流转方式。是否应当限制宅基地的流转?学术界产生了激烈争鸣,大致形成三种观点。第一种观点认为应该自由流转。限制宅基地流转会造成土地闲置和粗放利用,不利于土地要素的有效配置,也限制了农民财产权的实现,不利于"三农"问题的解决(陈小君、蒋省三,2010;李文谦、董祚继,2009)。第二种观点认为应该限制流转。

宅基地是基于身份取得的居住保障,具有福利性质,不应当上市交易。宅基地流转,有可能造成社会强势群体剥夺弱势群体,农民流离失所,埋下社会隐患(桂华、贺雪峰,2014;陈柏峰,2007;孟勤国,2005)。第三种观点认为应该实施有限流转。在当前农村社会保障不健全的条件下,以许可继受取得的方式尝试转让,再逐步在具备条件的地区推行流转(吕军书、张文赟,2013)。

(2)流转风险。宅基地流转可能带来的风险引起了学术界的关注。吕军书、张文赟(2013)将流转可能的风险划分为宅基地抵押风险、农民利益受损风险、耕地流失风险、乡村伦理破坏风险和流转失误社会稳定破坏风险等五类风险。林超等将流转风险源划分为农村社会可能受到的风险、粮食安全的风险、农民权益受侵害的风险、宏观调控被削弱的风险、政府管理效益受损的风险等五个方面,并基于 Borda 序值数法开展了实证研究(林超、陈泓冰,2014;林超、谭峻,2013)。

(3)流转模式。宅基地流转的地方实践涌现了多种模式,陈利根和成程(2012)通过案例研究发现,存在着政府主导模式、集体推动模式与农民自发模式等三种流转模式,集体推动模式最有利于增加农民福利,其他模式由于存在政府垄断和隐性流转致使农民损失较多福利。张梦琳(2017a)通过基于比较制度分析和经验归纳等方法发现,农村宅基地形成了一条从农民自发流转到政府探索主导流转,从实物流转到指标(发展权)流转的演进路径。

(4)流转意愿。宅基地流转意愿的影响因素研究成为研究热点,学者广泛使用多元分类回归模型(黄忠华、杜雪君,2011)、分位数回归模型(张梦琳,2017b)、结构方程模型等方法(杨应杰,2014),探查和检验个人因素(黄忠华、杜雪君,2011)、住房因素(张振勇、杨立忠,2014)、区位因素(赵国玲、杨钢桥,2009)、社会因素(杨应杰,2014)、政策因素(周文等,2017;胡方芳等,2014)对流转意愿的影响。

2.3.3.3 宅基地抵押

宅基地使用权抵押受到法律制度、担保市场体系、价值评估体系、风险缓释机制等问题限制,在实施中面临种种困境,需要进行综合改革(何承斌,2014;陈霄、鲍家伟,2010)。总体上来看,大多数经济学家和法学家赞成逐步有条件放开宅基地使用权抵押市场,并通过产权理论或物权理论的逻辑演绎论证了市场开放的必要性和合理性(高圣平,2016;马国辉,2016)。实证研究也得到了有效开展,陈霄、鲍家伟(2010)通过问卷调查发现宅基地抵押符合社会需要,但还需要建立风险缓释机制。邹伟等(2017)通过有序 Probit 模型计量分析后发现,职业分化、经济分化等农户分化特征对抵押意愿产生显著影响。惠献波(2017)通过结构方程模型的计量分析发现,农户个体特征、信贷政策了解情况、社会保障是否完善等变量对抵押意愿产生显著影响。

在制度建构的具体主张上,学者们纷纷提出自己的见解,基本达成了以下共识:(1)抵押人。抵押人可以是集体组织成员,也可以不是集体组织成员,这要根据使用权是初始取得还是继受取得而定(胡建,2015)。(2)抵押权人。抵押权人目前限定在金融机构比较稳妥(房绍坤,2015)。(3)抵押程序。抵押权的设定采取"合意＋登记"的方式,不需要本集体经济组织同意,抵押贷款用途亦不受期限限制(孟光辉,2016)。(4)抵押范围。抵押期限、反担保主债权数额、超额抵押等问题属于民事意思自治,行政权不应越界干涉(孟光辉,2016)。(5)抵押权实现。抵押权的实现,可以采取折价、拍卖、变卖和强制管理多种实现方式(高圣平,2016;房绍坤,2015)。(6)优先购买权。农民住房抵押物处置时的受让人不限于本集体经济组织成员,但其在同等条件下享有优先购买权(高圣平,2016;房绍坤,2015)。

2.3.3.4 宅基地退出

宅基地退出研究包括动力机制、价格形成机制、退出模式和退出意愿等四个方面的内容。

(1)动力机制。张勇、包婷婷(2017)基于人口迁移推拉理论,提出宅基地退出的推拉机制。推力包括土地高效利用、空间整合、宅基地功能变迁、宅基地财产权价值实现和宅基地制度演变等因素。拉力包括建设用地需求、人口转移、居住需求、城乡体制改革和宅基地退出政策实施等因素。欧阳安蛟等（2009）提出了"引力—压力—推力"三力机制模型。引力包括宅基地退出收回补偿制度和农村住房保障体系。压力包括违法取得、面积超标存量宅基地的有偿使用制度。推力包括宅基地整理、置换、复垦等制度与措施。将进城农民市民化与宅基地退出挂钩起来，是实现新型城镇的一条可行之路（张勇、汪应宏，2016），可以为农民市民化提供资本支持，也可以为宅基地退出提供动力，有效化解进城农民购房能力不足的问题（刘灵辉，2017）。

（2）价格形成机制。宅基地退出的价格形成机制是退出制度的核心（邹伟等，2017）。庄开明、黄敏（2017）通过宅基地退出要价博弈模型发现，贝叶斯纳什均衡的要价博弈策略并不能使参与者的福利状况达到最大化，农村宅基地自愿退出制度还存在帕累托改进的空间。刘庆乐（2017）通过对部分公益、部分经营、完全公益、完全经营等四种宅基地退出理想类型的分析发现，与耕地产值标准相比较，基准地价标准显示出良好的适用性与可行性。在不同退出情形中，兼顾了宅基地土地资源的稀缺性与产权转让的公平性，区分了公益性用地与经营性用地的差异。

（3）退出模式。由于制度匮乏，地方在实践中形成了丰富多样的退出模式。魏后凯、刘同山（2016）通过比较研究发现，现行宅基地退出模式主要有宅基地换房、宅基地收储和市场化交易三种。比较而言，市场化交易能够发现宅基地价值，实现供需平衡。刁其怀（2015）在成都的案例研究中发现，成都宅基地退出有"双放弃"、土地综合整治、地票交易、货币化补偿及宅基地收储等五种模式。卢艳霞等（2011）在浙江调研时发现，农民拆除原有宅基地，可以按统一规划在原址重建、异地重建新房，也可以选择入住统一建设的公寓房，到县或镇购买经济适用房，或者直接获得现金补偿，存在丰富多样的退出方式。

（4）退出意愿。宅基地退出意愿影响因素研究是这个领域的研究热点，众多学者应用多元离散变量回归模型（王兆林、杨庆媛，2014；许恒周，2012），探查和检验个人因素（梁发超，2017）、房产因素（陈霄，2012）、区位因素（杨玉珍，2013；彭长生、范子英，2012）、心理因素（杨玉珍，2015；彭长生，2013）、政策因素（朱新华，2014）、社会因素（魏凤、于丽卫，2012）等对农户意愿的影响。

2.3.3.5 宅基地置换

宅基地置换研究包括动力机制、置换模式和置换意愿等三个方面的内容。

（1）动力机制。在宅基地置换经济机制方面，胡芬、何象章（2015）和蒲方合（2009）分别通过建构地方政府与农民的博弈模型以及开展利益平衡机制分析，共同得出提高补偿标准有助于提高农户置换意愿的论断。现有利益分享机制的研究表明，宅基地置换中需要加强对地方政府行为偏差的约束（吴远来、梅雨，2014）、对集体经济组织的不定期抽查（思维等，2014）和维护农户的合法权益（冯双生、张桂文，2013）等措施，以形成利益更为平衡的博弈结构。

（2）置换模式。地方丰富的实践涌现了许多置换模式，带来了学术界积极的思考。天津的宅基地换房是一个典型代表，现有研究证明宅基地换房模式是发达地区解决"三农"问题、统筹城乡发展的一条可行之路（杨成林，2013），但该模式的推广受到经济发展水平、区位条件和用地指标的制约（杨成林，2013；何邕健等，2011；王瑞雪、赵秀红，2009；吴苓，2007）。上海在郊区实行了宅基地置换和村庄归并两种模式，案例研究表明宅基地置换适用于城郊地区，由政府主导推进，村庄归并适用于农村地区，由集体组织推进（张正峰等，2012）。江苏在实践中，出现了置换商品房、置换小产权房以及置换宅基地三种模式，从发达地区到欠发达地区适宜选择不同的置换模式，以节约治理结构的交易费用（上官彩霞等，2014）。从宅基地置换效应的研究来看，宅基地置换有利于改善居住环境、促进用地集聚集中和改善对外交通条件(张正峰等,2015),也有利于提高生活满意度(胡小芳等,2014)和促进生活消费(张恩碧、徐杰,2008),但也降低了农村地区景观的多样性(张正峰等,2015)。在提高农户收入方面目前还具有不确定性,不能给出确定性结论(易小燕等,2017;龙开胜,2015)。

(3)置换意愿。众多学者开展了影响置换意愿的经济机理与实证检验的研究。离散回归模型(刘裕等,2017;周小平等,2015;魏凤、于丽卫,2013;张正峰等,2013)和结构方程模型(魏凤、于丽卫,2011)是检验研究假设的常用计量方法。经过实证计量检验发现,个人及家庭特征、安置房特征、生活条件特征(周小平等,2015),农户的行为态度、主观规范、感知行为控制(魏凤、于丽卫,2011),政策相关特征、政策认知状况以及对生活成本的接受程度(张正峰等,2013),土地登记确权情况(范建双、虞晓芬,2016)等因素,对宅基地置换意愿产生显著影响。

2.3.4　研究小结

综观农村宅基地研究,已形成了综合研究(制度演变和产权制度)和专项研究(取得、流转、抵押、退出和置换)体系化的成果,具备了经济学、法学为主的多学科视角,理论性的逻辑建构和实证性的计量检验得到了丰富的发展,为后续开展宅基地问题提供了扎实基础。为实现宅基地有效配置,宅基地产权制度、流转、退出、置换等研究领域围绕宅基地转让处分权和意愿影响因素等焦点问题展开充分讨论,形成了丰富的研究成果。但也应该看到,在近期研究中过多的研究资源涌入这些领域,产生知识生产边际报酬递减效应,特别是在宅基地流转、退出、置换的地方模式和意愿影响因素的研究中,近期研究的知识增量显著下降。宅基地的制度演化、使用权取得及抵押研究,虽取得了较丰富的研究成果,但还存在着较多具有潜在价值的科学问题,有待进一步发掘。比如说,进一步深入研究宅基地取得的主体、客体、权利、义务和程序的实践需求,宅基地抵押权实现的有效渠道和方式等,这些问题应成为后续宅基地研究的重点。

从近期宅基地研究的发现趋势来看,研究的焦点已经从宅基地是更多地保留社会保障功能,还是更多地实现产权财产功能,转向如何通过理论创新和制度创新为统筹协调好宅基地的这两项功能提供新方案和新路径。比如说,2018 年"中央一号文件"《中共中央、国务院关于实施乡村振兴战略的意见》提出的宅基地"三权分置"的新政策,就是在地方实践和理论研究的基础上提出统筹保障功能(资格权)和财产功能(使用权)的重大理论创新。自意见下发以来,地方政府已经开始了"三权分置"试点探索,学术界也给予了高度关注,对"三权分置"的逻辑建构和实践总结正在积极开展。根据对 CNKI 数据库的检索,宅基地"三权分置"问题的研究成果正在大量涌现(徐忠国等,2018),成为宅基地问题研究的新热点和新风向。可以预见,后期会有更多的研究成果就协调宅基地的保障功能和财产功能进行理论解释和实证检验。

2.4　研究评述

经过国际学术界持续多年的努力,特别是 Lemmen 和 Van Oosterom 的引领和推动,LADM 模型逐步走向成熟,为调节"人—权—地"关系提供了可持续治理框架,也为支撑以土地权属、土地价值、土地用途、土地开发为核心的"土地管理范式"(Land Administration Paradigm)提供了实施机制。这个模型,可适用于发达国家,也可适用于发展中国家和转型经济国家。目前,这个模型既在大陆法系地区进行了实证研究,也在英美法系地区进行了实证研究。研究结果表明模型具有可重复性和可推广性,可以有效促进土地改革和土地产权正规化,提高土地产权的稳定性和可信度。目前这个模型正在向三维地籍、土地交易、土地估价、土地税收等方向进一步深化,LADM 2.0 有望纳入这些新内容。从中国应用研究来看,郭仁忠和应申领衔的中国科学家在不动产统一登记和三维地籍方面进行了深入的研究,但目前的研究主要集中在城市方面,农村方面的研究还比较薄弱。本书试图从农村土地管理的角度弥补这些研究不足。

从中国农村集体建设用地领域的研究来看,已经形成了内容十分丰富的研究成果,包括农村集体建设用地制度变迁的描述性研究和解释性研究,农村集体建设用地产权界定机理的经济学解释、社会学解释和法学解释,农村集体建设用地产权生命周期循环的地方模式的归纳探讨,以及农村集体建设用地产权生命循环的影响因素的实证分析等。应当说,这些研究显著地深化了人们对农村集体建设用地问题的认识,有助于更好地治理农村集体建设用地问题。但这些研究,一般以经济学、社会学、法学或地理学等单学科视角的居多,从系统论的视角探究农村集体建设用地管理系统的动力学机理的较少。本书试图使用国际土地管理科学(Land Administration Science)提出的土地管理范式,基于 LADM 模型,从"人—权—地—事"系统要素和结构视角,研究农村集体建设用地的土地权属、土地用途和土地价值问题,从而为全面理解农村集体建设用地问题提供一个基于系统论范式的理论解释和治理框架(Williamson et al. ,2010;库恩,1980)。

3.　理论框架

　　本章的任务是构建农村集体建设用地管理概念模型的理论框架，从宽度和深度两个维度把握概念模型的研究内容。第 3.1 节"地籍的历史演化"简要地回顾了税收地籍、产权地籍、多用途地籍的历史演变过程，比较了权利登记、契据登记和托伦斯登记的主要特征，便于理解国际土地管理科学形成的历史背景。第 3.2 节"土地管理范式"从土地管理的术语演化的角度分析了土地管理学科的研究范围，从宽度上界定了概念模型的研究范围。第 3.3 节"已有的土地管理理论模型"简要地回顾了"人—权—地"模型和"蘑菇"模型，为理解现代土地管理系统的组成要素、关系结构和动态变化提供了理论基石，从深度的角度界定了概念模型的研究内容。第 3.4 节"架构概念模型"结合研究范围和研究内容两个维度，提出农村集体建设用地管理的矩阵式理论框架。

3.1　地籍的历史演化

　　Simpson(1976)将地籍定义为记录土地的数量、价值和所有权等信息的档案资料，这些档案资料汇编好以后可作为征收财税的法律依据。Henssen(1995)将地籍定义为以土地边界调查为基础的关于土地财产信息的公共数据基础设施。在地籍中，土地财产的边界和识别号标识在大比例尺地图上，与此相关联，有一份登记簿显示该块土地的数量、价值和所有权状况等信息。土地登记是通过契据或权利的形式记载土地权利的行政或法律过程,它表明对于某块特定土地,官方具有土地权利或契约法律变化过程的正式记载。契据登记是一种记载摘编的或复印的土地权利的档案资料的登记方法。权利登记是一种记载某个(些)人当前对某块特定的土地拥有的权利和受到的限制的官方资料的登记方法。历史地看,地籍是欧洲大陆国家特有的法律概念和社会实践,它的出现和发展响应了农业经济国家征收土地财税的需要,通过大比例尺的土地测绘详查记载土地的面积、价值和所有权的状况(林增杰等,2006;Larsson,1991)。这种地籍的概念可以称之为传统地籍的概念。

　　土地登记是英美法国家特有的法律概念和社会实践,它的出现和发展是响应商品经济背景下降低交易风险和交易成本的实际需要,通过记载土地交易的法律文书以适应商品经济发展的实际需要(Larsson,1991)。传统地籍与土地登记的历史汇合,创造了近代地籍概念(Henssen,1995;Larsson,1991)。即,既为土地征税服务,也为产权保护服务的地籍系统。地籍是适应经济社会发展实际需要的管理工具,在不同的历史时代承载着不同的历史功能(Williamson et al.,2010)。在农业文明时期,地籍主要承载着征税的功能。在工业文明时期,地籍主要承载着保护产权的功能。而二战后的重建时期,地籍增加了保护资源和环境的土地用途管理功能。从 1980 年起,地籍形成了多用途的管理功能(Williamson et al.,2010)。

3.1.1　地籍作为财政管理工具

　　农业经济时代,土地产出是维持家计的主要依靠,土地税收是维持国家运转的主要财税来源。各个国家为了国家机器的正常运转,尝试使用地图来记载土地的位置、面积、价值和权利人(Larsson,1991)。最早关于土地权利的记录要追溯到古埃及王国的登记,它发生在公元前3000年左右(Williamson et al.,2010),土地测绘师出现在古埃及的坟墓壁画里(见图3.1)。

图3.1　古埃及门纳坟墓壁画里的土地测绘师

来源:Williamson et al.(2010)

中国古代,以粮食产量和土地调查记录作为税收的依据(叶公强,2009;林增杰等,2006;林增杰等,2001)。宋代开始,鱼鳞图册是中国地籍调查的主要表现形式(葛吉琦,2001)。鱼鳞图上标有土地的位置、地块编号和所有权人姓名;鱼鳞册上详细记载地块编号、所有权人姓名、土地面积和土地等级(林增杰等,2006),见图3.2。据历史学者的考据,鱼鳞图册是对于土地权属状态的静态记载,推送册是对土地权属交易的动态记载,黄册是根据鱼鳞图册转录用于征税的权属记录(高海燕等,2016)。在农业文明时代,中国建立了先进发达的地籍系统。这个系统既可以用于征收赋税,又可以用于产权保护,既有静态的产权登记,又有动态的交易登记。

罗马人在公元300年开展了一次大规模土地测量,对他们控制的土地进行登记,将这些记录作为土地征税的基础(Williamson et al.,2010)。17世纪早期,瑞典依靠地图开展土地调查。18世纪,在意大利北部和奥匈帝国的部分地区,统治者通过绘制地图向贵族和平民征税。从1807年开始,通过地图来征税变得很普遍(Larsson,1991),主要的原因是拿破仑在法国创建的地籍为欧洲提供了样本。拿破仑在欧洲的四处征战及在占领区的大力推广,也为应用地籍征税成为欧洲

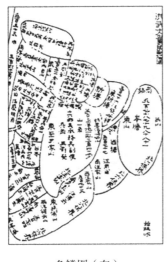 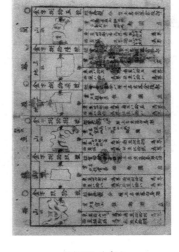

鱼鳞图（左）　　　　　　　　　鱼鳞册（右）

图 3.2　中国古代的鱼鳞图册

来源：高海燕等（2016）

流行方式做出了重要贡献（林增杰等，2006）。拿破仑领导下的法国地籍，采用了具有数学基础的测量方法，系统地标识了每个地块，并用图表对应的方法表达了这种调查结果（Williamson et al.，2010）。这种土地记录实质上是对土地转移过程和所有权契约进行登记（Larsson，1991）。它像钟表一样，精准地记录了地块的实际位置、地块编号、面积、用途、价值和权属，为现代地籍系统的形成打下了坚实的基础（Williamson et al.，2010）。

3.1.2　地籍作为市场管理工具

进入工业文明以后，发达的商品经济使得地籍保护土地产权和促进土地交易的作用日益凸现，地籍的功能逐步转变为市场管理的工具。Larsson（1991）考据了土地交易证明方式的历史演变。土地交易的方式逐步地由口头方式转变到书面和登记方式（见表 3.1）。Zevenbergen（2002）考据了土地契据交易时，由于契据链传递过程中

契据遗失(自然灾害或失误丢失)和契据伪造(一产多卖或刻意伪造)
等情形对土地交易产生的交易风险和交易障碍。这些交易风险和交
易障碍引起了昂贵的交易成本。地籍作为中立的第三方,提供了权威
客观的法律证据,在保护土地产权方面,具有明显的节约交易费用和
降低交易风险的作用。地籍作为市场管理工具在欧洲和澳洲等工业
化国家流行开来(Zevenbergen,2002)。

表 3.1　土地交易发生证明方式的演变

交易方式	证明方式
口头交易	见证人
私人交易	没登记的书面契据
契据登记	无权利保障的登记
权利登记	有权利保障的登记

来源:译自 Larsson(1991)

　　在从税收地籍转变为法律地籍的历史过程中,各个国家根据自己
的国情,选择不同的变迁路径。对于欧洲大陆国家,由于产生了具有
测绘基础的地籍图册,所以在传统地籍基础上,延伸或扩张了土地登
记的功能。即以地籍上统一的地块识别号为基础,将地籍图册与土地
交易的契据关联起来。这种关联方式形成的地籍系统,可能是以地籍
和土地登记一体化的方式运行,也可能是以地籍与土地登记分立的方
式运行,各个国家都不相同(Williamson et al.,2010;黄伟,2004;
Larsson,1991)。在欧洲传统地籍向近代地籍转变的过程中,形成了
两个分支。一个分支是以法国为代表的契据登记的方式,土地交易的
合法性由交易合同来保障,土地登记本身不提供产权保障。契据登记
依据的是签约自由的法律理论(黄伟,2004;Larsson,1991)。另一个
分支是以德国为代表的权利登记方式。这种登记方式不仅形式性审
查交易合同的完备性,还进一步实质性审查交易合同的合法性,从而
为土地交易提供权利保障。这种登记方式依据的是物权行为的法律

理论(黄伟,2004;Larsson,1991)。德国地籍管理代表了当今世界地籍管理的最高水平。

在英联邦地区,形成了另一条制度变迁路径。由于英国和其他英联邦国家没有地籍测绘的历史基础,土地登记主要是保存土地交易的契据,为土地交易提供公示手段(黄伟,2004;Dale 和 Mclaughlin,1999;Simpson,1976)。在登记过程中,对土地位置的描述主要是依据大比例尺的地形图上的地物和登记机构在地面埋设的界桩。这种登记系统对土地位置的描述是比较模糊的,更侧重对土地权利的界定。在后期的发展中,也形成了两个分支。一种是以英美为代表的国家,仍然坚持契据的土地登记方式(林增杰等,2006;葛吉琦,2001),在20世纪后期逐步加强了土地的测绘调查(Larsson,1991)。另一种是以澳大利亚和加拿大为代表的国家,在吸收德国权利登记的优点的基础上,创造出了托伦斯登记方式(林增杰等,2006;葛吉琦,2001)。托伦斯登记方式既开展契据的登记,也开展地籍调查,并且向权利人颁发权状以保障产权(Larsson,1991)。

在殖民地国家,由于受宗主国的影响,采用了与宗主国相类似的地籍系统的建设方式。一般而言,是在城市地区采用与宗主国相类似的地籍系统,而在农村地区保留原有的习俗权的土地制度(Deininger,2003;Larsson,1991)。中国从清末民初以来,物权法、地籍系统和土地登记均以德国为主要学习目标,计划经济时期虽遭废弃,但在改革开放以后,逐步得到了恢复(高海燕等,2016)。我国长期以来限制农村地区的土地使用权交易,农村地区的地籍建设一直处于薄弱状态,人员、经费、场所和数据长期得不到有效保障,这种状况不利于农村土地的科学管理和可持续利用。

3.1.3 地籍作为规划管理工具

工业文明提高了人类生存所需的物质保障,全球人口和经济均呈现爆炸式增长，但对基础设施和资源环境形成了巨大的压力（Williamson et al.，2010）。就城市地区而言，人口和产业的聚集，在这些地区形成了史所未见的人口密度和经济密度，对基础设施提供公共产品造成了巨大的压力（Guo et al.，2013；Bennett，2007；Stoter，2004）。地籍系统存储了翔实的土地、建筑物、人口和权属数据，为城市规划和城市管理提供了有效的技术支撑手段（Williamson et al.，2010；Dale 和 Mclaughlin，1999）。在农村地区，工业文明对资源环境的过度索取和排放，远超资源承载力和环境容量的阈值，对可持续发展形成了巨大威胁。构建在权属基础上的空间用途管制规划是实现资源环境可持续发展的有效治理手段（Williamson et al.，2010；Bennett，2007）。由于这些空间管制限制了土地权利人的利益（见图3.3），所以应当向利益相关者（潜在的购买人、金融机构）完整地公示这些管制信息，以防止利益相关者因信息不对称而遭受不应有的利益损失（Williamson et al.，2010；Bennett，2007）。

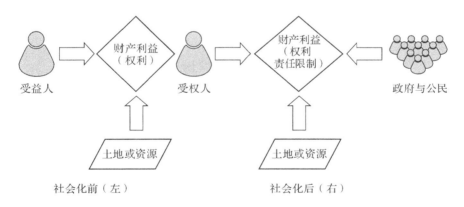

图 3.3　社会化后的土地权利

来源：译自 Williamson et al.（2010）

3.1.4　地籍作为综合性的土地管理工具

20 世纪 80 年代，信息和通信技术（ICT）开始出现，逐渐对经济社会产生深远影响。ICT 同样对地籍管理产生了深刻的影响。原有的地籍主要采用孤岛式的管理方式,地籍系统成为一种封闭型社会基础设施。ICT 技术的出现,为地籍数据的自动化生产以及与其他公共服务设施的互联共享创造了条件(Lemmen,2012)。地籍系统广泛地与土地登记、财税、金融、规划等系统基于不动产的唯一标识码进行互联互通,从而构建更为综合的土地管理系统(Williamson et al.,2010)。国际测量师协会经过广泛的调查和专家组会议研究,发布"地籍愿景 2014"研究报告(Kaufmann,2001)。这份报告明确指出,未来的地籍将由图件和手工测绘模式转向模型和互联信息化模式。Dale 和 Mclaughlin (1999)明确指出地籍已经进入多用途综合管理时代,包括土地权属、土地价值、土地用途和土地信息管理等四个部分。

3.2 土地管理范式

3.2.1 《关于地籍的声明》对地籍功能的表述

《关于地籍的声明》把地籍定义为记录土地信息的系统(FIG, 1995)。即,地籍是基于地块并持续更新的记录土地利益(权利、责任和限制)的信息系统。这个信息系统通常包含记录地块的几何形态描述的信息和与之紧密关联的描述土地相关利益的信息。几何形态描述信息通常由地籍测绘等技术手段来实施。土地利益信息通常由行政或法律规定等管理手段来实施。这些土地利益信息包括土地所有权、土地使用限制,以及地块和附着物的市场价值等土地信息。建立这些信息的目的是:(1)实施公共财税(比如财产估价及公平征税),(2)实施法律管理(不动产交易),(3)辅助管制土地使用(空间规划实施管理),(4)促进可持续发展和环境保护等。这样的系统通常由一个或多个政府部门运营和维护。在这份声明里,地籍需要记录的土地信息是十分广泛的,除了土地权属信息外,还包括土地用途和土地价值的信息。虽然在该定义中没有提出土地权属、土地用途和土地价值三个明确的学术概念,但已明确覆盖了上述三个领域。实际上,《关于地籍的声明》提出的地籍的概念,是现代版多用途地籍的概念。这个概念的覆盖范围已经比较宽泛,基本接近土地管理(Land Administration)的范围(FIG,1995)。

3.2.2　《土地管理指南》对土地管理功能的表述

20世纪90年代,为了中东欧的计划经济转轨到市场经济体系,联合国欧洲经济委员会(UNECE)形成专家组并任命 Peter Dale 为组长,提出了《土地管理指南——提供给转轨国家的专用参考》,帮助中东欧国家重建土地产权和土地市场(UNECE,1996)。新的土地管理既包括传统的地籍覆盖的产权管理的内容,也包括土地用途和土地价值的管理。UNECE 没有使用地籍这个学术术语,而是使用了土地管理这个学术术语,从而更好地区分法律地籍和多用途地籍。UNECE 在《土地管理指南》中,将土地管理定义为记录和传播土地及其附属物的权属、用途和价值等信息的行政或法律过程。这份指南明确地提出了土地权属、土地用途和土地价值的概念。因此,这份指南标志着土地管理学术概念的正式确立和土地管理科学的正式成立。

3.2.3　《土地管理》对土地管理功能的表述

Dale 和 Mclaughlin(1999)在《土地管理指南》的基础上,进一步著述了《土地管理》(*Land Administration*)这本学术经典。该书将土地管理定义为对土地进行开发、利用和保护的行政过程,还包括对土地交易征收财税和处理土地产权冲突的行政过程。这本书明确地提出了土地管理包括的业务范围,并指出土地信息在土地管理中的中心地位(见图 3.4)。"土地权属"通过土地登记从而有利于促进法律和公平正义的实施。"土地用途"通过规划基础设施和保护生态用地从而有利于空间管制和环境保护的实施。"土地价值"是地方政府为了提供公共服务而征收的土地财税。《土地管理》在土地管理科学学术群体中产生了深远影响。该书提出的土地管理范围,得到了土地管理科学学者的广泛认同。

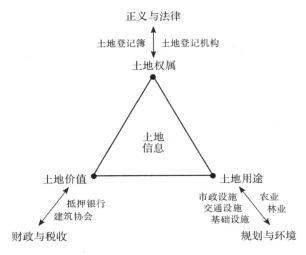

图 3.4　土地管理的职能

来源:译自 Dale 和 Mclaughlin(1999)

3.2.4　《土地管理与可持续发展》对土地管理功能的表述

Williamson et al.(2010)进一步深化了土地管理功能的研究,在土地管理科学学术圈首次明确提出"土地管理范式"的学术概念,并进一步指出土地管理范式是土地管理的内核,是不可分割、密切联系和相辅相成的整体。Williamson et al.(2010)对土地管理职能进行了扩展,将之分为土地权属、土地价值、土地用途和土地开发四个部分(见图 3.5)。各个部分详细的内容如下所述。

(1)土地权属。有关保障土地取得,创造土地商品和对土地使用权和土地商品进行分配、记录和保护的流程和制度;对宗地边界开展的地籍调查和权属调查;新设或变更土地资产,采用买卖、出租或抵押的方式实现土地权属的转移;对事关土地权利和边界的争议的管理和确权。(2)土地价值。构建土地及附着物的市场价值评估的流程和制度;核算土地价值并据此实施征税而取得财政收入;对土地估价和征税过程的争议进行管理和调处。(3)土地用途。在国家、区域和地方等不同的层次,通过采用空间规划政策和空间控制措施,建立土地用途管制的流程和制度;土地用途管制措施的实施;土地用途冲突的管理和调处。(4)土地开发。构建基础设施开发的流程和制度;建设计划的实施;土地的征收和征用;通过颁发规划许可证、建筑许可证和土地使用许可证来改变土地用途;土地开发成本的分摊。

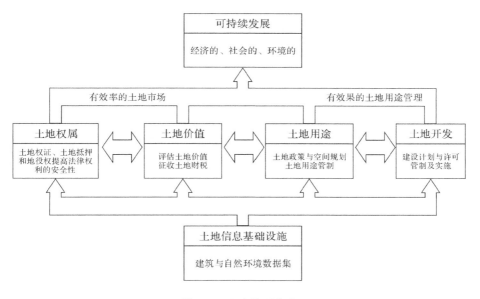

图 3.5　土地管理范式

来源:译自 Williamson et al.(2010)

Williamson et al.(2010)进一步指出,土地管理范式的四个要素是紧密关联的整体,不能将它拆分或孤立地管理。否则,可持续土地利用的潜在收益将难以获得。这四个要素功能的实施应建立在对可持续发展的有效评估框架的基础上,并且实施过程产生的数据和结果应该彼此共享。土地管理系统是一个互联系统,四个要素可以集中在一个政府部门实施,也可以分散在多个政府部门实施。这四个要素功能的运行建立在地籍系统核心知识的基础上。借鉴 Zevenbergen (2002)对土地登记经济功能的分析,本书对土地管理范式的功能做了一个圈层分析(见图 3.6)。

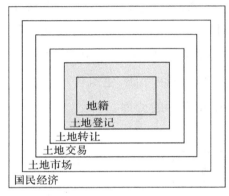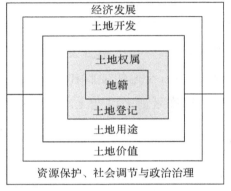

Zevenbergen 绘制的土地登记　　　　社会化后地籍对经济社会的影响（右）
对国民经济的影响（左）

图 3.6　土地管理范式的圈层分布及对经济社会的影响

来源:左图译自 Zevenbergen(2002)

Zevenbergen(2002)在分析土地登记对经济发展带来的影响时,采用了地籍、土地登记、土地转让、土地交易、土地市场和国民经济等由里向外的圈层状分析。本书借鉴这个研究思路,对土地管理范式的四个核心功能也进行了圈层式分析。地籍和土地登记构成土地权属的核心。土地用途、土地价值和土地开发由里向外扩展,增加土地管理的功能。对土地管理研究范式的这种圈层状解释,为后续土地管理模型的架构提供了一个理论支撑。需要说明的是,本书研究时,根据中国农村土地管理的实际需要,将研究范式的范围收缩至土地权属、土地用途和土地价值等三个部件,即 Dale 和 Mclaughlin(1999)提出的土地管理功能的范围。

3.3　已有的土地管理理论模型

3.3.1　"人—权—地"模型

3.3.1.1 总体结构

Henssen(1995)在对全球地籍系统和土地登记进行全面考察后，提出了"人—权—地"模型(见图 3.7)。这个模型是对包括契约登记、权利登记和托伦斯登记等方式，以及对发展中国家的习俗权登记进行

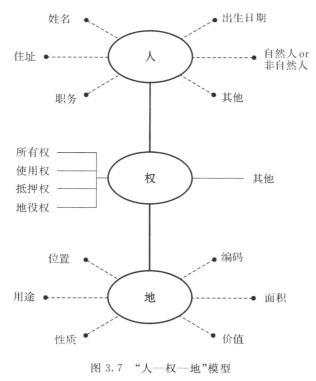

图 3.7　"人—权—地"模型

来源：译自 Henssen(1995)

全面考察后，提出的十分简洁的模型。"人"对应于现实世界的个人、

团体或组织。"权"对应于土地上的利益。"地"对应于地表和附着物。按世界各地土地管理的演化历史,传统地籍着重于"权—地"部分,土地登记着重于"人—权"部分,地籍和土地登记是相互补充的系统,只有将地籍和土地登记组合起来才能完整地刻画"人—权—地"关系。Henssen 模型尽管十分简洁,但对后续土地管理模型的建构产生了深远影响,是后续研究工作的重要理论基石。

Kaufmann 和 Steudler(1998)强调了 Henssen(1995)的"人—权—地"模型的重要意义。他们进一步指出,契约登记制的"人—权—地"模型,是以人为中心的模型,即"人之编成主义"模型(见图 3.8 左图)。登记簿的编排方式是按照人名或身份识别码。然后,根据人名或身份识别码查询土地权利和土地空间位置信息。权利登记制的"地—权—人"模型,是以"地"为中心的模型,即"地之编成主义"模型(见图 3.8 右图)。登记簿的编排方式是按照统一的宗地号或地块识别码。然后,根据宗地号或识别码查询土地权利和权利持有人的信息。Kaufmann 和 Steudler(1998)指出两种编成方式的差别是在纸质登记簿的情况下的差别。实际上,在电子化的登记簿中,既可以按人名编排登记簿,也可以按宗地号编制宗地簿。在现实使用过程中,地之编成主义具有更好的适用性。

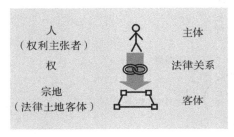 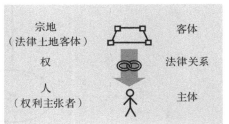

图 3.8　契约登记的"人—权—地"模型(左)　权利登记的"地—权—人"模型(右)

来源:译自 Kaufmann 和 Steudler(1998)

Van der Molen(2003)对 Henssen(1995)模型做了补充。他认为,在发展中国家的农村地区,土地产权主要实行习俗权制度,西方传统

的地籍或土地登记模式是不能有效对这些地区进行地籍调查和土地
登记的。因此,更为务实的做法是尊重当地的习俗权制度,根据当地
的观念和仪式把土地所有权登记予以社群,把社群成员的占用登记为
占有权。因此,可以对"人—权—地"模型进行扩充,人可以是团体性
的族群或非个体化的组织,权可以是正式产权或非正式产权,土地单
元的划分可以采用清晰或模糊的方法(见图 3.9)。

图 3.9 泛"人—权—地"模型

来源:译自 Van der Molen(2003)

3.3.1.2 "人"的解构

Larsson(1991)系统考察了欧美发达国家、亚非拉发展中国家的
土地产权主体的情况,发现欧美发达国家的土地产权主体主要是个人
或企业,亚非拉发展中国家的土地产权主体主要是族群。从人类学对
土地产权主体的考察来看,一般是一个人类族群通过暴力对抗来宣示
对一片土地的领地占有。这片领地为族群共同所有和使用。在族群
内部形成惯例,通过族群认可的宗教仪式将土地确定给族群成员在一
定期限内占有和使用。这种占有和使用的方式一般为轮流游牧或轮
流耕种。在族群成员对土地长期占有和开发后,族群逐步承认或默认
了成员个体对土地的占有权,直至最终形成个体对土地的所有权。

国家形成以后,国家代替族群成为土地产权界定的暴力机构。国
家界定土地产权具有暴力规模效应,节约社会界定产权的总成本
(North,1990)。

Deininger(2003)总结世界银行在全球土地改革项目的实施经验,
认为发展中国家将土地所有权确定给个人取得的效果非常有限。尊
重习俗权的社会力量,对族群所有权进行确权登记,可以取得更显著

的土地管理绩效(Deininger et al.,2010)。Williamson et al.(2010)对长时间序列的国际组织的土地援助项目的实施效果进行了回顾,认为土地管理系统的管理流程和规则与当地居民的土地产权认可的吻合情况,是决定土地管理系统促进经济社会发展的关键。所以,在建设或重建土地管理系统时,应将当地土地产权认知作为系统需求识别和框架设计的核心内容。他建议,在个体文化明显的社会,采用个体化的产权主体识别方式,而在团体文化明显的社会,采用团体化的产权主体识别方式(见图 3.10)。产权主体识别,要将土地管理范式与当地社会的实际情况结合起来。

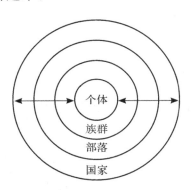

图 3.10 土地产权主体的历史变动

3.3.1.3 "权"的解构

关于土地产权,Simpson(1976)曾把它比作一束棍子,或者权利束。这束权利棒,有的多有的少(表示产权种类的多少),有的密有的稀(表示产权权能的量子性),有的长有的短(表示产权的期限长短)。这束权利棒,可以被一个人、一群人或一个公司所持有。但经常出现的情景是这束权利棒被分离,从而被不同的人所持有。虽然权利棒以各种可能的方式或长短不同的时期被分离出去,但所有权本身不是权利棒而只能作为权利棒的容器存在。所有者有权将部分权利棒分离出去。转让所有权就意味转让这些权利棒的容器,转让者现在或将来不再保有最终控制权。

一般土地产权的研究,都把产权限制在私法领域,认为产权是法律赋予某个人排除社会成员而排他性享受的权利(杨惠,2010)。一般的理论表述把产权表述为产权主体绝对性自由处置的权利。在工业文明之后,资源环境问题日益严重,产权绝对性的观念受到了挑战。土地产权应当受到空间管制等公权约束的思想逐渐被学界和社会所接受(杨惠,2010)。Ting et al.(1998)率先提出了土地产权结构中不应只是私权,还应包括公权,以适应可持续发展的需求。他们提出土地的产权结构应该包括"权利(Right)—责任(Responsibility)—限制(Restriction)"等三部分内容。权利是指对土地排他性从事某项行为的自由;责任是指对土地必须从事某项行为的负担;限制是指对土地不能从事某项行为的约束。Lyons et al.(2004;2002)从事了类似的研究,他们把产权结构解构成"权利(Right)—义务(Obligation)—限制(Restriction)"。他们的研究,揭示了义务和限制的必要性。而这些公权对私权的限制,减损了私权的利益,且公权分散在政府不同的公共部门手中,引起了较高的交易费用和交易风险。Williamson et al.(2010)进一步指出,在工业化国家,政府提出的限制和责任无论数量上还是复杂性上都增加得十分显著。比如,税收、污染控制、环境保护和土地使用控制等引起的限制和责任有显著增加。但这些限制和责任分散在不同的政府部门,呈现出杂乱无章的状态。管制信息的缺失加剧了土地管理问题的严峻性,需要一种管理机制集中管理这些信息,以统一的方式向社会公布,避免给买受方带来不应有的财产损失。

Paasch(2012)以所有权为原点,把从所有权中分解出的权利或者义务进行分类,构建了法律地籍领域模型(见图3.11)。首先根据土地是否涉及事物的公共性或外部性,区分公共(Public)领域和私人(Private)领域,公共领域行为由公法(Public Law)调节,私人领域行为由私法(Private Law)调节。进而根据权利还是负担,区分用益(Benefit)或者限制(Limitation)领域。用益权(Beneficial Right)和限制权(Limiting Right)属于私法领域,公共收益(Public Advantage)和公共限制（Public Regulation）属于公权领域。用益权（Beneficial Right）和公共收益（Public Advantage）属于权利领域，限制权（Limiting Right）和公共限制（Public Regulation）属于负担领域。将私人用益或限制，划分为共用权（Common Right）、物对物权（Property to Property Right）、人对物权（Person to Property Right）、潜用权（Latent Right）和资金担保权（Monetary Liability Right）等五类；将公共用益或义务划分为通用或专用两类。

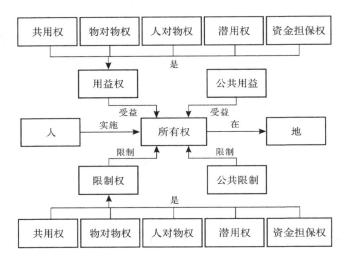

图 3.11　法律地籍领域模型

来源：译自 Paasch(2011)

在私权领域，根据 Paasch(2008)的定义，共用权（Common Right）是指有两个或更多的产权界定在一块共同的土地上，产权主体在同一块土地上共享或共担土地权益或负担。比如，中国的建筑物共有分共同共有和共同管理权。物对物权（Property to Property Right）是产权主体通过对一块土地所拥有的财产权形成对另一块土地间接拥有的权益或负担。比如，中国的地役权。人对物权（Person to Property Right）是产权主体对一块土地的直接的权益或负担。比如，中国的国有建设用地使用权。潜用权（Latent Right）是一种尚未实施但未来可以实施的权益或负担。比如,中国的先买权或预告登记。资金担保权(Monetary Liability Right)是一种以土地为担保获得资金的权益或负担。比如,中国国有建设用地抵押权。在公权领域,通用权益或者负担是指被法律所普遍赋予的用益或者限制,专用权益或者负担是指特殊的行政命令或批准所赋予专属的用益或限制。Paasch 提出的产权结构分类框架的学术贡献在于,在综合考虑国际上各个地区施行的大陆法和英美法的各种土地产权的共同点和异常点之后,提出具有国际普适性的产权结构分类方法,并在大陆法和英美法的代表性国家进行了适用性检验(徐忠国等,2019)。这个分类框架,为国际土地管理科学的学术交流提供了统一概念和语言,具有重要的理论价值。

3.3.1.4 "地"的解构

Dale 和 McLaughlin(1988)系统总结了全球土地产权单元编码可能的实现方式:出让方/受让方索引编码,权利证书编码,立体空间和开间编码,分割命名和地块编码,区—块编码,邮政地址编码,街道—地块编码,格网或地理编码,等等。全球宗地编码可能的实现方式异常丰富多样。需要说明的是,其中一些编码方式是以人为中心进行编码,一些方式是以地块为中心进行编码。UNECE(2004)对欧洲各个国家的土地产权单元编码方式进行了系统考察。地块(Plot)是最小的编码单元,一般表示一个农业经营单元或一幢建(构)筑物的基底。一个或若干个地块构成一个宗地(Parcel)。一个或若干个宗地构成一个基本财产单元(Basic Property Unit)。一个或若干个基本权属单元构成一个财产单元(Proprietary Unit)。一个或若干个财产单元(基本财产单元)构成一个财产群组(Portfolio of Ownership)。一般地籍调查和确权中最经常使用的是宗地这种层次的土地单元。UNECE 根据考察的情况,对土地单元的划分及土地单元识别码的编制设计国际标准,以供世界各国参照使用(见图 3.12)。

城市的规模经济效应驱动着城市地区人口密度和经济密度不断

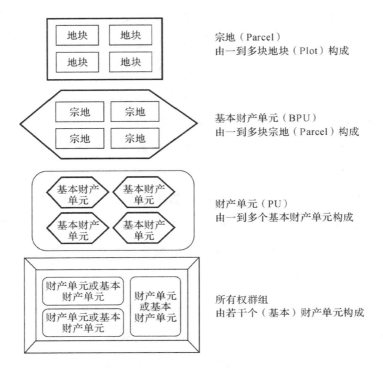

图 3.12 土地产权单元的嵌套建构逻辑

来源：译自 UNECE(2004)

提高,土地的地上和地下空间利用日益复杂,而且城市不动产日益显著的财产价值,为这些复杂的不动产进行精细的产权界定逐渐成为一种较为强烈的社会需求。与产权界定获得财富收益相比,立体化产权界定的较高交易费用逐渐变得可以接受,三维地籍逐渐成为学术研究的热点(Stoter,2004)。三维地籍突破了传统地籍在二维空间上进行土地的划分,将土地空间的划分引入纵向三维空间。在 Van Oosterom 的指导下,Stoter 率先开拓了这个领域,她的博士论文对地籍的三维建模进行了探索(Stoter,2004)。Stoter 将三维地籍模型划分为三种类型。(1)三维标签模型。在二维空间的基础上,对三维产权单元进行三维识别码编码,以识别码来标识产权体。(2)混合模型。在二维空间的基础上,进行纵向拉伸,通过面片组合划分三维产权体。

(3)真三维模型。通过复杂的三维面构造三维产权体。这三类模型都有一定的适用范围,需要根据现实世界可以承受的产权界定费用来选择。Van Oosterom(2013)引领了三维地籍的研究,目前三维地籍在复杂建筑物、地下基础设施和海洋管理方面开展了有效研究。

中国不动产单元划分及标识的规程,参考了 UNECE 编制的土地单元的划分及土地单元识别码的国际标准,并根据中国由分散到集中的不动产登记的实际情况进行了调整。按照《不动产单元设定与代码编制规则》规定,中国土地登记单元按照"县级行政区划—地籍区—地籍分区—宗地编号"进行划分和编号(国家标准委,2019)。从《不动产单元设定与代码编制规则》规定来看,中国定着物单元的标识方法采用了 Stoter(2004)所说的三维标签模型。我国郭仁忠和应申等探索了以面片和复杂曲面构造的三维产权体的三维地的混合模型和真三维模型的构造方法(应申等,2019,2018;郭仁忠、应申,2010)。

3.3.2　"蘑菇"模型

3.3.2.1 理论模型

Harsono(1996)在联合国组织的国际会议上,把土地登记的动态过程分为三类:(1)土地确权(Land Adjudication);(2)土地转让(Land Rransfer);(3)土地调整(Land Mutation)。土地确权是通过土地首次登记将一块具体土地的明确的经济利益界定给某个(些)具体的个人的法律(行政)过程。土地转让是通过土地交易过程更换土地权利的持有者。土地调整是通过土地分割(Land Subdivision)或土地整理(Land Consolidation)等过程调整土地的空间位置。通常土地调整是为了更加经济地利用土地。土地确权一般是一次性行为,而土地转让和土地调整是连续的变更过程。在变更环节,土地转让更为常见,土地调整则较为罕见,但这不意味着土地调整不重要,土地调整通常具有重要的经济或社会意义。

Zevenbergen(2002)将 Harsono(1996)的土地登记的过程分类与
Henssen(1995)的"人—权—地"模型结合起来,构造了"蘑菇"模型
(Mushroom Model)(见图 3.13)。土地确权发生在第一阶段,通常也
只进行一次。Zevenbergen(2002)把"人"比作蘑菇的"冠"部,把"权"
比作蘑菇的"茎"部,把"地"比作蘑菇的"根"部。土地确权就是把土
地登记的"人""权""地"等要素组装成完整的"蘑菇"的过程。土地转
让和土地调整发生在第二阶段,是持续变更的过程。土地转让是土地
权利人的变更过程,即蘑菇的冠部进行变更的过程。土地调整是土地
位置的变更过程,即蘑菇的根部进行变更的过程。

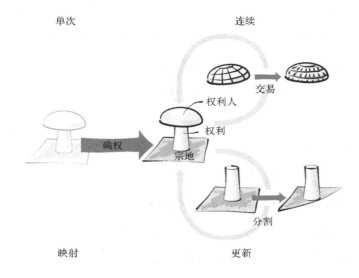

图 3.13　土地登记的蘑菇模型

来源:译自 Zevenbergen(2002)

土地转让是土地交易的买方和卖方就土地交易达成一致意见,形
成土地交易契约,并在土地登记机构进行登记公示的法律(行政)过
程。土地登记在土地转让的过程中是一种节约交易费用的机制,可以
保障土地交易的安全和效率(祝国瑞,黄伟,2004)。从交易费用经济
学的视角来看,由于土地交易双方的有限理性和机会主义等行为倾
向,在不确定性的制度环境下,土地交易存在高昂的信息费用和监督

费用。Zevenbergen(2002)充分揭示了在缺乏第三方监督的情景下,买方证明手中权利和卖方查验买方权利的高昂交易费用和风险。所以土地登记机构的出现就是理性市场主体为节约交易费用形成的第三方治理结构。为更充分地发挥土地登记的作用,应保障土地登记机构向社会公开透明地提供权利信息和简化交易法律过程的机制。

土地调整是土地权利人为了更加经济地利用土地而对土地边界进行的调整,包括土地分割和土地整治等管理过程。土地调整一般会涉及土地用途管制的行政审查过程,所以其实施过程一般较为复杂,除涉及土地登记机构以外,还会涉及实施土地用途管制的政府机构。土地用途管制机构对宗地的地块大小、形状和退让关系等进行一系列的空间管制,这将导致土地调整需要多家行政机构协调,从而产生高昂的交易费用。为了提高土地调整的行政效率,降低交易费用,需要用法律规范土地调整的行政过程,保障权利人的程序性权利。国内对于土地调整的研究主要集中在如何应用时空地理信息模型提出支撑土地调整的技术方法(李铭等,2013;龚磊、张新长,2008;李军等,2008;徐志红,2005),而对土地调整的法律(行政)过程关注不多(祝国瑞、黄伟,2004)。

3.3.2.2 经验研究

1999—2000 年,欧洲一些地籍测量、信息科学、经济学和法学等学者共同发起了一项针对欧洲不动产交易过程的跨国比较研究计划。这项研究计划得到了 COST(European Cooperation in Science and Technology,欧洲科学技术合作)的资助,研究计划被命名为"Modelling Real Property Transactions"(不动产交易过程模型研究)。研究计划的领衔学者包括 Jaap Zevenbergen、Andrew Frank 和 Erik Stubkjær。这个研究计划从 2001 年一直持续到 2005 年,2005 年形成最终研究报告(Zevenbergen et al.,2007)。为了克服跨国研究中概念语义的不清和法律文化的差异,研究小组进行多次讨论,统一了研究计划中的概念语义和交易过程的一级分级。研究小组统一规范了地籍、土地登记、土地转让、土地分割等基础概念,将交易过程分为土地买卖、土地分割和土地分割买卖等三种类型。基于统一的概念语义和过程分类,研究人员分别开展了比较研究。研究人员详细调查和分析了斯洛文尼亚、瑞典和拉脱维亚的土地买卖、土地分割和土地分割买卖的利益相关方、交易工作流程以及交易时间耗费情况。土地交易的工作流程用工作流程图进行了详尽的展示。这些比较研究是想从微观上展现土地登记是如何在土地交易中对产权安全和交易效率产生影响的。研究人员基于诺斯的交易费用理论,对芬兰和丹麦在土地交易中涉及的各类交易费用进行了详细测度,比较土地交易的交易费用对经济的影响,以及比较各国土地治理的水平。这项研究是目前国际上最为系统的不动产交易过程研究,对本书具有重要的启示意义。基于土地转让在土地交易动态模型中占据频率最高的地位,本书将着重研究土地转让的法律(行政)过程。

3.4　架构概念模型

3.4.1　理论内核

从国际土地管理科学的形成过程来看,传统的土地登记学与地籍学在完成历史汇流之后,形成了现代地籍学,直至最后形成土地管理学(Williamson et al.,2010;Larsson,1991)。传统土地登记的业务核心是保管和记录土地产权及交易的法律证据,提高产权的安全性和交易的便捷性。因此,土地登记学有着深厚的法学传统,研究人员多为土地法学方面的学者,实务人员多为法官、书记员、公证员或律师。Henssen(1995)将传统土地登记学的研究对象概括为"人—权"关系结构。传统地籍的业务核心是测量土地和评估价值,为政府征收土地税费提供法律依据。因此,地籍学有着深厚的测量学传统,研究人员多为测量学、地图学方面的学者,实务人员多为测量学方面的工程师。

这些测量学的学者后来大多发展成为地理信息科学的学者。Henssen (1995)将传统地籍学的研究对象概括为"权—地"关系结构。土地登记簿与地籍登记簿基于"宗地"的统一编码进行连接后,实现了土地登记与地籍的历史汇流,形成了现代地籍。

现代地籍以产权保护为中心,为土地市场提供基础设施,即所谓的法律地籍。Henssen(1995)将现代地籍的研究对象概括为"人—权—地"关系结构,既包括传统土地登记的"人—权"关系结构,也包括传统地籍的"权—地"关系结构。因此,现代地籍学的研究人员主要由两部分构成,一部分是法学学者,另一部分是测量学学者。现代地籍学的理论基础是由法学和测量学共同构成的。工业化之后,资源环境问题日益突出,土地用途管制理论逐渐融入现代地籍学,现代地籍学也由此转变为土地管理学(Williamson et al.,2010;Dale 和 Mclaughlin,1999)。土地管理学的研究范围扩展至土地权属、土地用途和土地价值管理等多个领域。土地管理学的研究人员主要由法学和测量学(地理信息学)研究土地问题的学者构成。国际土地管理学实质上是以法学和测量学(地理信息学)为基础形成的一门交叉学科(见图 3.14)。单独的土地法学研究,不能解决产权单元和空间单元的划分、定位和确权问题。单独的地理信息学研究,也不能解决土地的产权界定和法律纠纷调处问题。因此,单独的法学或测绘学(地理信息学)都不足以解决土地管理问题,两者的结合才能形成这门新的学科[①]。

---

① 中国土地科学走过一条与国际土地管理科学不同的学术发展道路。20 世纪初以来,中国土地科学经历了土地经济学的萌芽期、土地经济学与地政学的创建期、土地科学创建准备期、土地科学发展期的历史过程。1987 年中国土地学会和《中国土地科学》杂志的正式成立,标识着中国土地科学的正式形成。由于受过美国土地经济学和苏联土地整理(规划)学的深刻影响,中国土地科学的早期研究多以土地经济学、土地规划学和土地资源学的问题为主。随着学科的逐渐发展,学科体系逐渐发育,形成了包括土地利用规划学、土地资源学、土地经济学、土地法学、地籍管理学、土地生态学、土地社会学、土地政治学等丰富的子学科。中国土地科学学术社群对于什么是学科的理论内核充满了争议,学科内部还没有形成统一的研究范式。近年来,在学科建设的讨论中,冯广京、詹长根等学者主张以"人—权—地"为核心的权籍理论作为中国土地科学的理论内核,得到了部分学者的认同,但远没有在学科内部形成广泛共识。冯广京等学者关于学科理论内核的主张具有向国际土地管理科学的研究传统靠近的倾向。

本书的理论架构充分尊重国际土地管理学形成的历史传统,把土地法学和地理信息学(测量学)的理论作为研究农村集体建设用地问题的基本理论依据。对于法学部分,主要分析土地管理的法律要素和组成结构,从系统论的视角提取土地管理的法律约束。对于地理信息学部分,主要研究产权单元和空间单元的地理要素和组成关系,从系统论的视角提取土地管理的技术约束。另外,西方工业化国家具有成熟稳定的法律制度,而我国法律法规和技术规范仍处于快速变化的过程中。为适应我国国情,在架构理论时引入制度变迁理论,既为理解历史变化和预见未来变化提供理论基础,也有助于提高概念模型应对未来变化的韧性。因此,本书研究的理论内核由土地法学、地理信息学和制度变迁理论共同构成(见图 3.14)。本书力图从系统论的视角,揭示由法律和空间共同构成的自然社会混合系统的组成要素、系统结构和动态变化的动力学机理。

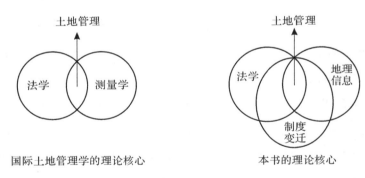

图 3.14　农村集体建设用地管理的理论内核

与现有研究相比,本书的理论内核具有以下两方面特征:一是多学科交叉研究。本书可以被认为是软科学与硬科学交叉形成的边缘科学研究,既有法学等软科学的社会机理研究,也有地理信息学(测量学)等硬科学的自然机理研究。二是系统论研究范式。本书基于系统论视角全面分析农村集体建设用地管理系统的组成要素、系统结构和动态变化关系。既全面解析农村集体建设用地管理法律体系的组成要素、系统结构和动态变化关系,又全面解析农村集体建设用地管理技术体系的组成要素、系统结构和动态变化关系。本书认为,这种多学科交叉的系统论视角,有助于人们全面认知农村集体建设用地管理系统的动态变化机理,既能避免单学科的"盲人摸象"研究误区,又能克服原子论研究范式的"合成谬误"研究误区。

3.4.2　静态模型

本书试图从法律关系和土地功能两个维度分析农村集体建设用地管理的内容,构成二维矩阵分析框架(见图 3.15)。土地功能为横轴,包括土地权属(Tenure)、土地用途(Use)和土地价值(Value)等三个方面。法律关系为纵轴,包括人(Man)、权(Right)和地(Land)等三个方面。法律关系和土地功能两个维度的两两组合,形成 TM、UM、VM、TR、UR、VR、TL、UL 和 VL 等九个方面研究模块。其中土地权属的研究是后续构建模型中核心模块的理论基础,土地用途和价值研究是模型扩展模块的理论基础。

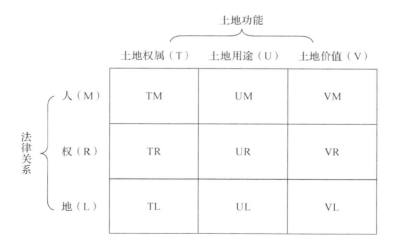

图 3.15　农村集体建设用地管理概念模型的矩阵框架

3.4.2.1 模型框架

本书根据农村集体建设用地管理的法律和技术约束对 LADM 模型进行延伸和深化。总体架构上分为基础模块（Basic Module）、核心模块（Core Module）和扩展模块（Extension Module）三个部分（见图 3.16）。基础模块是为核心模块和扩展模块的运行提供基础的类。核心模块对应的是土地权属管理。扩展模块对应的是土地用途和土地价值管理，包含响应土地用途管理需要的"空间规划包"（Spatial Planning Package）以及响应土地价值管理需要的"税收估价包"（Taxation and Valuation Package）。

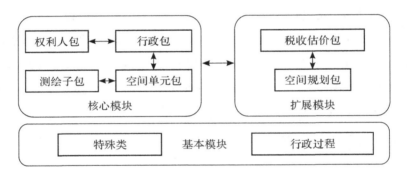

图 3.16 农村集体建设用地管理模型的总体架构

3.4.2.2 基础模块

基础模块包括"特殊类包"（Special Classes Package）和"行政过程包"（Administrative Process Package）。（1）"特殊类包"是提供核心模块和扩展模块的顶层抽象类。（2）"行政过程包"是提供核心模块和扩展模块的行政管理过程的实体类。

3.4.2.3 核心模块

核心模块包括"权利人包"（Party Package）、"行政包"（Administrative Package）、"空间单元包"（Spatial Unit Package）等三个封装包和下属"测绘子包"（Surveying and Presentation Sub Package）。各个包中的关键类及其关联关系见图 3.17。（1）拓展"权

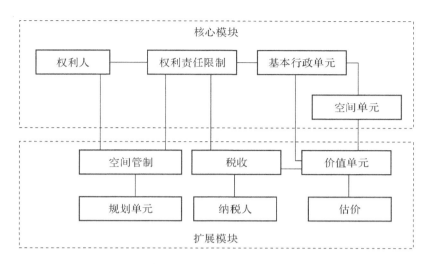

图 3.17   农村集体建设用地管理模型的关键类及关联关系

利人包"。为了推进乡村振兴而有选择性地向城乡社会成员有序开放集体建设用地,将"权利人"(LA_Party)根据社会成员的性质,进行"类代码"(List Code)的编码。(2)深化"行政包"。将物权法、土地管理法、城乡规划法等法律约束的研究成果作为输入项,导入行政包,对"权利责任限制类"(LA_RRR)进行细化拓展,完成土地产权的概念建模。(3)细化"空间单元包"。根据不动产登记的数据库标准和不动产单元统一编码方式等技术约束来组织"空间单元类"(LA_SpatialUnit)中的字段内容。

3.4.2.4 扩展模块

(1)深化"空间规划包"(Spatial Planning Package)的设计。根据中央改革文件、土地管理法和城乡规划法等规定,深化对"空间管制"(CN_SpatialRegulation)和"规划单元"(SP_PlanningUnit)的详细设计。(2)深化"税收估价包"(Taxation and Valuation Package)的设计。根据《土地增值税暂行条例》和《契税暂行条例》等法律约束、土地(不动产)估价规程等技术约束,深化对"税收"(VM_Taxation)、"估价"(VM_Valuation)和"价值单元"(VM_FisUnit)的详细设计。

　　"土地权属—土地用途—土地价值"与"人—权—地"的对应关系见表 3.2。本书根据法律约束和技术约束的研究成果,构造关键类字段内容。本书力图使农村集体建设用地管理的概念模型符合农村集体建设用地管理的法律约束和技术约束,从而取得现实的可操作性。

表 3.2 分析模块与模型核心类的对应关系

土地功能	法律关系	分析模块	核心类
土地权属(T)	人(M)	TM	权利人 (LA_Party)
	权(R)	TR	权利责任限制 (LA_RRR)
	地(L)	TL	空间单元 (LA_SpatialUnit)
土地用途(U)	人(M)	UM	权利人 (LA_Party)
	权(R)	UR	空间管制 (CN_SpatialRegulation)
	地(L)	UL	规划单元 (CN_PlanningUnit)
土地价值(V)	人(M)	VM	纳税人 (CN_TaxParty)
	权(R)	VR	税收 (VM_Taxation)
	地(L)	VL	价值单元 (VM_FisUnit)

3.4.3 动态模型

　　虽然 Zevenbergen(2002)提出的蘑菇模型主要讨论的是土地私权的动态过程,但也可以将其扩展至土地公权领域,是进行动态建模的重要理论参考。本书关注"人—权—地—事"的分类动态组合变化过程。其中,"人"代表法律关系主体,"权"代表法律关系内容(权利义务),"地"代表法律关系客体,"事"代表法律事实。"人"(权利主体)、"权"(权利义务)和"地"(权利客体)构成完整的法律关系。社会事实

经过"法律概念－法律价值－法律原则－法律规则"法律要素体系的
转化后,形成法律事实(见图3.18)。社会事实可以进一步区分为不受
主观意愿影响的社会事件和受主观意愿影响的社会行为。相应地,法
律事实也进一步区分为不受主观意愿影响的法律事件和受主观意愿
影响的法律行为。法律事实中,法律行为占主要地位。法律事实具有
法律效力,可以形成、变更和消灭法律关系(见图3.18)。即,法律事实
可以形成、变更和消灭法律关系主体、法律关系内容和法律关系客体。

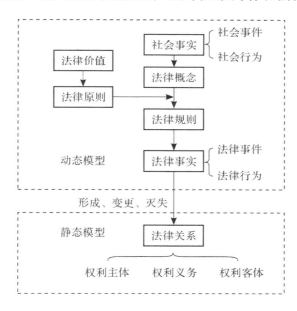

图 3.18　农村集体建设用地动态模型的基本架构

　　在土地权属领域,《物权法》和《不动产登记暂行条例》规定不动产
登记的类型可分为首次登记、变更登记、转移登记、注销登记、更正登
记、异议登记、预告登记和查封登记等。在土地用途领域,《土地管理
法》和《城乡规划法》规定了建设用地审批和乡村规划许可等一般法律
过程。在土地价值领域,《税收征管法》《土地增值税暂行条例》和《契
税暂行条例》规定了土地增值税和契税征收的一般法律过程。本书在
后续章节将会分别采用流程图和活动图来展示这些土地管理活动的
动态过程。土地管理动态模型的关注点在于通过法律(行政)过程,向

当事人输出产权安全和交易效率。动态模型建模需要关注的要素详见表 3.3。

表 3.3　农村集体建设用地管理过程与法律关系的对应关系

管理领域	法律行为	法律关系主体	法律关系内容	法律关系客体
土地权属管理	首次登记	√	√	√
	变更登记	√	√	√
	转移登记	√	×	×
	注销登记	×	√	×
	更正登记	√	√	√
	异议登记	√	×	√
	预告登记	√	√	√
	查封登记	×	√	×
土地用途管理	土地规划	√	√	√
	城乡规划	√	√	√
土地价值管理	税务登记	√	×	×
	清算申报	√	√	√
	缴纳税款	√	√	×

注:"√"表示有关,"×"表示无关,下文同。

4. 概念模型的历史分析

本章的任务是从历史的视角分析农村集体建设用地的制度变迁过程,为理解现行的农村集体建设用地管理制度提供历史基础。第 4.1 节介绍了制度变迁分析的基础概念和理论假设,包括交易费用、不完全契约、制度和制度变迁等基本概念和行为假定等理论假设。第 4.2 节在上述基本概念和理论假设的基础上,吸收国家"控制权"和"制度变迁"理论的有益养分(周雪光、练宏,2012;North,1990,1981),构建了"中央一地方一个体"制度变迁分析的理论框架。第 4.3 节分析了不同时期的制度变迁过程,详细讨论了各个时期国家治理结构及制度变迁的特点和影响机理。第 4.4 节对上述讨论进行总结,提出政策建议。

4.1 交易费用与制度变迁

4.1.1 行为假定与交易费用

(1)行为假定

社会科学理论直接或间接基于人类行为的假定(North,1990)。本书理论构建的行为假定沿用新制度经济学的"有限理性人"假定,包括以下三个方面含义。

一是人类经济动机的双重性。一方面人具有追求财富价值最大化的行为动机,另一方面人具有追求非财富价值最大化的行为动机(North,1990)。Becker(1976)在解释家庭、犯罪等人类行为的时候发现,应把利他主义纳入效用函数才能对人类行为作出合理解释。行为经济学和实验经济学研究表明,尽管行为人可以忍受有失公平的经济损失,但显失公平的交易仍会遭到人们的拒绝。纳尔逊和西尔伯格的研究发现,当个体表达自己的价值和偏好成本越低时,这种非财富价值在决策时就越重要(卢现祥、朱巧玲,2012)。诺斯进一步强调,制度是影响人们为偏好付出代价的重要变量,在让理想和意识形态进入效用函数中起着关键作用。North(1990)在解释制度的功能和变迁时,把利他主义和意识形态纳入效用函数。因此,本书假定行为人具有追求财富价值最大化和非财富价值最大化的双重动机。

二是行为人辨识环境的有限理性。现实生活中的人面临的现实交易环境是十分复杂且不确定的(Knight,1921)。由于信息是昂贵的稀缺资源,行为人在认知现实世界时处于信息不充分和信息不对称的困境。除此以外,行为人的神经生理结构也决定了处理信息的有限能力。因此,行为人在交易过程中只能表现出有意识的有限理性(Simon,1986)。

三是具有机会主义行为的倾向。面临契约承诺和义务的约束,行为人主观上具有逃避责任的倾向,从而表现出损人利己的行为(Williamson,1985;Alchian 和 Demsetz,1972)。制度的实施机制是约束机会主义行为的关键措施。

(2)交易费用

Coase(1937)在解释企业为什么存在时发现了交易费用,他把交易费用定义为为获取市场信息付出的费用以及谈判和签订契约的费用。企业存在的原因是对市场交易费用的节约。随后,Coase(1960)对交易费用的概念进行了一般化处理,将交易费用定义为界定、度量和保障排他性权利的费用,发现交易对象和交易价格的费用,讨价还价和签订交易合同的费用,监督契约条款履行的费用,等等。Coase 提

出的交易费用是一个重要的概念革命,由此开创了经济学的交易费用
研究范式,促成了新制度经济学的产生。Williamson(1985)认为,交
易费用分为两部分:一是事先的交易费用,即为签订契约,规定交易的
权利、义务等方面所花费的费用;二是签订契约后,为解决契约本身存
在的模糊条款和漏洞,从修改合同条款到退出契约等所花费的费用。
Arrow(1969)对交易费用进行了更一般化的处理,将交易费用定义为
制度运行的费用,即建立、维持或改变制度的费用。弗鲁博顿和芮切
特对交易费用进行了一个分类,即市场型交易费用、管理型交易费用
和政治型交易费用,分别对应市场、组织和政治等制度运行所需耗费
的经济资源(弗鲁博顿、芮切特,2005)。交易费用的概念让人们认识
到制度需要耗费稀缺的经济资源,所以制度是影响经济绩效的重要
变量。

4.1.2　不完全契约与剩余控制权

契约理论是经济学的新兴分支,是对新古典经济学理论的修正和
突破(费方域,2009;杨瑞龙、杨其静,2005)。埃奇沃斯是新古典经济
学中第一个提出契约理论的人,他用无差异曲线盒构造了契约曲线,
提出了契约的不确定性思想。但埃奇沃斯的契约理论构建在完全理
性、完全信息的理论假设之上。希克斯、阿罗、德布鲁和萨缪尔森利用
不动点定理等当时最先进的数学工具,证明了在完全理性和完全信息
条件下的一般均衡(杨瑞龙、杨其静,2005)。

新古典经济学理论受到两个经济学理论学派的挑战。第一个学
派是信息经济学的完全契约理论。1970年,阿克洛夫的二手车市场
模型,打开了信息不对称条件下信息经济学的研究进路。此后,信息
经济学在信息不对称但合同完全的假设下发展出了事前信息不对称
的逆向选择模型和事后信息不对称的道德风险模型(费方域,2009)。
第二个学派是新制度经济学的不完全契约理论(费方域,2009;杨瑞

龙、杨其静,2005)。Coase(1937)在《企业的性质》中提出交易合同的不完全性和交易信息的不完全性导致市场交易费用不为零的观点。Williamson(1985)在 Coase(1937)研究的基础上,建立了不完全契约理论。这个不完全契约理论建立在有限理性、不完全信息和不完全契约的基础之上。根据交易的频率、资产专用性和不确定性等属性采用不同形式的契约来治理机会主义行为。Williamson 提出解决合同不完备问题的契约方法主要是组织机构纵向一体化,这种研究进路可以概括为交易费用经济学。

阿尔钦和德姆塞茨从信息不对称和不完全出发,提出团队生产理论。他们认为团队生产存在偷懒、搭便车等行为,为了治理这个问题,需要在团队中形成委托人或监督人,由此人衡量和监督团队成员的生产活动。为激励委托人努力工作,需要将团队生产的剩余索取权配置给委托人(Alchian 和 Demsetz,1972)。格罗斯曼、哈特和莫尔建构了著名 GHM 模型,提出由于信息的不对称、合同的不完备,合同执行出现的争议无法由第三方裁定,所以合同规定外的事项应交由资产所有权决定,即契约的剩余控制权问题(Hart,1995;Hart 和 Moore,1988;Gross 和 Hart,1986)。只有把剩余控制权交给财产比重最大的所有权人,才能保证企业运行的效率(费方域,2009;杨瑞龙、杨其静,2005;Gross 和 Hart,1986)。哈特等的观点与阿尔钦的观点的差别在于委托人不仅要取得剩余索取权,还要取得剩余控制权(费方域,2009)。委托人承担团队生产的不确定性,取得团队生产的剩余收益(剩余索取权),也对团队生产的合同之外的不确定事项具有最终决定权(剩余控制权)。

4.1.3 制度

新制度经济学提出了交易费用这个核心概念,从而把制度作为研究对象正式纳入经济学的研究范围,揭示制度对经济效率的重要影响,为制定经济政策提供了理论依据。Schultz(1968)是较早运用边际分析的方法来研究制度的学者,他将制度定义为人们的社会、政治和经济行为规则。人们创造制度的目的有安全和经济两个方面的考虑。舒尔茨关于制度的观点为后续的新制度经济学的研究人员所接受。拉坦将制度定义为人与人之间的行为规则,它们被用于约束特定的行为模式和相互关系(拉坦,2014)。North(1990)对制度进行了广泛的考察,他将制度定义为社会的博弈规则,或者说,是人为设计的、形塑人们互动关系的外部约束。这些外部约束构造了人和人在经济、社会和政治领域里交换利益的激励机制。诺斯的制度定义可以将新古典范式的个人选择论和交易费用范式的选择集合约束论结合起来,是整合新古典研究范式和交易费用研究范式的重要一步。North(1990)认为制度的作用在于为人们的相互作用提供稳定的结构,通过一系列规则限定行为人的选择空间,减少交易过程的不确定性,从而有效地稳定人们的行为预期。

North(1990)认为制度由社会一致同意的非正式制度、法律或政治程序确定的正式制度及相应的实施机制构成。非正式制度,又称非正式约束,是指人们在长期社会交往过程中逐渐形成,得到社群的一致认可并共同遵守的行为规范,包括风俗习惯、价值信念、文化传统、道德伦理、意识形态等。非正式制度通过社会舆论和道德评判在社会成员之中产生社会心理压力从而得以实施。人类学的研究为理解非正式制度的作用提供了理论基础。人类学研究表明,在没有国家约束的条件下,族内保险和族群成员连带责任的族群行为规则将有效约束族群成员行为。非正式制度还是一种知识传承手段,是节约族群知识学习成本的一种有效机制(韦森,2001)。族群将一些有益的生活和生产知识通过非正式制度的方式在族群内部传播并世代传承。在非正式制度中,意识形态通常处于核心地位。因为意识形态不仅可以蕴含价值观念、道德观念、伦理规范和风俗习性,而且由于意识形态提供对社会正义的共识从而在形式上构成正式制度安排的"先验"模式(卢现祥、朱巧玲,2012)。对于一个善于创新的民族或国家来说,意识形态通常以"指导思想"的形式构成正式制度安排的理论基础和最高准则。费孝通在《乡土中国》中揭示了中国传统乡村熟人社会的差序格局等非正式规则对人们行为的影响（费孝通，2016）。

正式制度是指一些成文的规定，包括宪法、法律、法规、政策、成文合同，以及私营或公益部门的成文规定等。正式制度总是与国家权力或某个组织相关联，通过共同认可的政治和法律的程序确定下来，并且由行为人所在的组织进行监督和用强制力保证实施（North，1990）。正式制度反映统治者的意识形态，统治者根据一个社会的政治力量的情况向社会提供有偏的产权保护和公共服务。在我国，社会主义核心价值观规定了正式制度创建的方向和范围，决策层更倾向于向城市地区和工业地区提供正式制度，在乡村地区保留了更多的非正式制度。

4.1.4   制度变迁

制度通过提供稳定的结构来稳定人们的预期（North，1990），但制度本身作为人造物会随着社会环境的变化而变化（Lin，1989）。多数情况下，制度的变化是渐进的，这种变化只有放到一个比较长的时间尺度才能看到较显著的变化（North，1990）。North 认为推动制度变迁的最主要外生因素是相对价格或偏好的变化，这些因素的变化产生了潜在的外部利润。推动制度变迁的最主要内生因素是企业组织或企业家。企业组织或企业家观察感知到潜在的外部利润，为了捕获潜在的外部利润，企业组织或企业家付出经济资源去推动制度的变迁。企业组织或企业家首先支付的制度变迁交易费用是为捕获外部利润而重新签订的各类契约，包括组织内部的契约和组织外部的契约（拉坦，2014）。如果外部利润足够显著，企业组织或企业家愿意进一步付出经济资源参与政治市场，从而进一步推动法律和政策的变化。法律和政策的变化，除了考虑企业经济方面的因素外，还要进一步考虑统治者的意识形态及政治市场的综合影响。因此，制度变迁可以分为诱致性制度变迁和强制性制度变迁两种类型(Lin,1989)。诱致性制度变迁是指由个别人或一群人,在响应外部获利机会时实现自发组织和行动,变更或替代现行的制度规定。诱致性制度变迁一般是由某种在原有制度安排下无法得到的获利机会引起。强制性制度变迁是指由政府引入新的法律或政策。政治市场上不同选民集团对利益格局的重新调整催生了强制性制度变迁,强势选民集团(利益集团)对于正式制度变迁具有显著作用(North,1990;Lin,1989)。

4.2　理论框架:"中央—地方—个体"制度变迁模型

4.2.1　已有模型回顾

基于诺斯的制度变迁理论,已有不少中国学者对农村土地制度展开历史分析。大部分的研究聚焦于集体农用地的制度变迁,但也有少部分研究关注农村集体建设用地的制度变迁。这些少量的研究集中在经营性建设用地和宅基地的制度变迁上。

姜开宏构建了"中央—地方—农民"三元主体的集体建设用地制度变迁模型,强调了中央政府和农民在制度创新过程中的认知和行动方面的困难,以及地方政府在制度供给过程中认知和行动方面的优势(姜开宏,2004)。他认为地方政府是制度变迁的第一行动集团,农民和中央政府成为制度创新的第二行动集团(姜开宏等,2005)。姜开宏构建的理论框架实质上是以地方政府为主要供给主体的制度变迁分析框架。朱木斌构建了"外部利润—交易费用—利益集团博弈"的集体建设用地制度变迁分析框架,详细地分析了城镇化和工业化引起集体建设用地升值等外部潜在利润,集体建设用地流转的交易费用(搜寻、谈判、签约、履约监督、寻求补偿、查处惩罚和制度运行等各方面),

以及中央政府、地方政府、农民集体、用地主体和农民的行为目标和利益博弈(朱木斌,2008)。朱木斌构建的理论框架实质上是一个五方制度动态博弈的分析框架。与朱木斌相类似,朱新华构建了"外部利润—利益博弈——致同意"的宅基地制度变迁分析框架,分析了城镇化、工业化和人口流动等外部环境变化引起的外部利润,中央政府、地方政府、基层组织的目标函数及策略行动,以及四方互动条件下达成一致同意的制度变迁(朱新华,2011)。张振勇构建了"外部利润—利益博弈—自组织演化"的制度变迁分析框架,与前两个研究相区别的在于该研究构造了一个自组织演化的分析模型(张振勇,2013)。

正如诺斯所言,国家规定着产权结构,而产权结构的效率导致经济增长、停滞或衰退,所以国家最终要对产权结构的效率负责。分析制度变迁的关键需要有一个富有解释力的国家理论。现有的制度变迁研究,套用了西方的政府行为模型,难以深刻揭示我国政府的行为逻辑,对我国制度变迁的解释缺少力度和深度。本书试图通过引入我国国家治理的理论逻辑来弥补这个方面的不足。

近年来,社会科学研究人员对国家治理的行为逻辑展开了富有成效的研究。Qian 和 Weingast(1996)借鉴企业组织结构的 U 型和 M 型理论,较早地提出了中国 M 型国家治理结构的假说。该假说认为苏联的经济结构更接近集权的 U 型结构,而改革开放前的中国更接近一种分权的 M 型结构。Qian 和 Weingast(1997)提出了"中国特色的财政联邦主义"理论,其基本论点是:虽然中国在政治上相对集权,但在财政和行政上的分权让利使中国在财政方面成为事实上的联邦主义,地方政府具有强烈的财政和行政激励。

周黎安(2007)根据中国政治上的集中统一领导的事实,提出了"政治锦标赛"理论,从人事晋升竞争的角度来理解地方官员政治激励的性质和影响。此后,周黎安(2014)结合"政治锦标赛"理论,进一步提出了"行政发包制"理论,从横向晋升竞争和纵向行政发包两个方面来总结中国政府治理结构的基本特征,并以此为基础分析"中央—地

方"关系和其他重要的政府行为现象。行政发包制是对中央和地方的
行政关系的抽象,包括以下三个方面:行政权分配、经济激励和考核控
制。行政权分配的特征是,中央政府向地方政府下达任务和指标,将
行政事务层层发包;经济激励的特征是,中央和地方实行财政分成,鼓
励地方政府努力增加财政收入;考核控制的特征是,以实际结果为导
向对地方政府实行严格考核。

曹正汉(2011)构建了"中央治官、地方治民"的国家治理结构理论,
基本论点是:在一个威权国家,民众的不满、反对或抗争对政权稳定构成
威胁,即"民众统治风险"。为降低统治风险,中央政府要把那些容易引
发民众强烈不满的行政事务尽可能交给地方政府,把管治民众的权力
和责任委托给地方政府。中央政府主要做好选拔、考核和监督地方官
员的事务。由此,形成了"中央治官、地方治民"的国家治理结构。

周雪光、练宏(2012)受到周黎安"行政发包"和曹正汉"上下分治"
理论的启发,构造了一个解释力更强的国家治理控制权理论。这个理
论通过引入不完全契约理论的剩余控制权概念,构造了涵盖发包制、
联邦制、高度关联型和松散关联型的政府内部控制权分配的理论。政
府间的控制权可分为三个维度:目标设定权、检查验收权和激励分配
权。这三种控制权在中央政府、中层政府和基层政府间的不同分配将
导致差异显著的政府治理模式,诱发不同的政府行为。

可见,我国本土国家治理理论的充分发展为本书构造制度变迁的
国家模型提供了丰富的理论养料(周雪光,2017;曹正汉,2014)。本书
在上述研究的基础上构造了一个解释"中央—地方—个体"关系的国
家治理结构模型。

4.2.2　国家治理结构与制度变迁方式

诺斯认为,国家规定产权结构,产权结构决定经济效率,所以国家
要对经济的兴起、衰退和停滞负责(North,1981)。理解中国农村集体

建设用地的制度变迁及其经济绩效,需要一个中国化的国家理论。因此,本书在构造中国国家治理结构理论的基础上,构造中国制度变迁的逻辑框架。中国是一个地广人众的巨型国家,治理这样一个规模巨大的国家是历朝历代统治者共同面临的艰巨挑战(曹正汉,2017)。国家治理当中,最核心的矛盾在于集权与分权的对立与统一问题(周雪光、练宏,2012)。中央集权可以降低国家的统治风险,但也降低国家的经济效率。地方分权可以提高国家的经济效率,但也相应地提高国家的统治风险(周雪光、练宏,2012;曹正汉,2011)。国家将根据不同时期权衡效率和风险的需要,调整集权与分权的关系,即调整中央与地方、地方与民众的关系(曹正汉,2017;周雪光、艾云,2010)。

从不完全契约理论的视角来看,由于受到昂贵的信息和监督费用的制约,中央政府与地方政府、地方政府与普通民众之间形成了不完全委托代理的契约网络,形成了"中央—地方—个体"的国家治理结构(见图 4.1),但国家治理结构的最后控制权掌握在中央政府手中(周雪光、练宏,2012)。为了刻画行为主体的行为选择规律,需要设定中央政府、地方政府和社会个体的效用函数(杨瑞龙,1998)。中央政府的效用函数包括政治稳定和经济发展等目标。对于这两个目标,中央政府具有更偏好前者的倾向,即在出现威胁国家安全的情景下,为了取得政治稳定,中央政府宁愿牺牲一部分经济效率(曹正汉,2011)。地方政府的效用函数包括政治晋升和经济增长等目标(周雪光、练宏,2012;周雪光、艾云,2010)。地方政府具有更偏好前者的倾向,即发展地方经济在某种程度上就是为了取得政治晋升(周飞舟,2009)。普通民众的效用函数包括经济利益和公平正义等诉求,普通民众具有更偏好前者的倾向,在涉及个人的利益时个体更偏向经济利益,但在显失公平和正义的情景下个体具有牺牲经济利益的本能(卢现祥、朱巧玲,2012)。

本书通过引入政治市场的概念来分析我国的国家治理结构。普通民众与中央政府形成不完全的委托代理关系(周雪光、练宏,2012)。

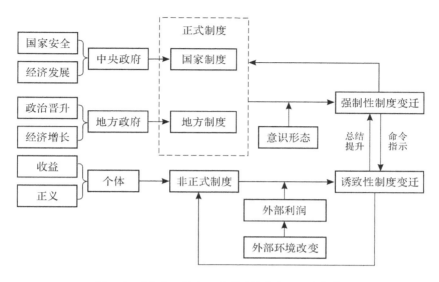

图 4.1 "中央—地方—个体"制度变迁理论框架

普通民众接受中央政府的统治,通过上交赋税换取中央政府提供的产权保护和正义维持等公共服务。由于中央政府是合法的暴力机构,由中央政府提供产权保护和正义维持具有规模效益,可以节约产权界定费用(North,1990)。普通民众通过正式渠道和非正式渠道反映诉求和不满。前者如人民代表大会和政治协商会议等,后者如群众信访和群体抵制事件等。如果中央政府未能有效履行职责将引起民众的不满,从而面临民众巨大的舆论压力。在中央政府与普通民众的政治交易契约中,中央政府处于契约中谈判能力更强的一方,即中央政府掌握政治交易的控制权。普通民众与地方政府也形成不完全委托代理关系。与普通民众与中央政府的关系一样,普通民众通过为地方政府上交财税以换取地方政府提供产权保护与维持社会正义等公共服务。地方政府的组织人事权虽然取决于中央政府,但普通民众的群体性抵抗也将影响地方政府官员的政治晋升(North,1990;Lin,1989)。

中央政府与地方政府间形成不完全委托代理关系,中央政府保留国家治理的大政方针制定的权利(控制权)以及地方政府组织人事决定权(治官权),将治理普通民众的权利(治民权)下放至地方政府(曹正汉,2011)。地方政府如果能在保障政治和社会稳定前提下实现较好的经济增长,地方政府官员将具有更高的概率实现政治晋升。反之,地方政府官员将可能被免职或出现升职困难(周飞舟,2009)。中央政府对地方政府的放权让利,将地方政府塑造成具有相对独立地方利益的主体。地方政府有谋取地方经济增长和财政增收的强大动力。地方政府与地方政府之间的关系,形成了激烈的政治晋升压力。这种地方政府之间的竞争,一方面导致地方政府为吸引资本和劳动力而展开争夺,另一方面促进地方政府在产权制度上展开创新,营造更有吸引力的营商环境(周黎安,2007)。

在"中央—地方—个体"网络式治理结构中,中央政府与地方政府的政治交易契约的控制权掌握在中央政府,地方政府与社会个体政治交易契约的控制权掌握在地方政府,中央政府与社会个体政治交易契约的控制权掌握在中央政府(周雪光、练宏,2012)。在这三对政治交易契约的控制权配置中,对制度变迁影响最为深刻的是中央政府与地方政府政治交易契约的控制权配置。中央政府掌握控制权,可以根据政治稳定与经济增长的关系调整中央与地方的关系。在政治稳定时期,中央政府将下放更多权力给地方政府以提高国家治理效率。反之,中央政府将收回地方政府的治理权力。中央与地方的集权与分权博弈,在不同的历史时期有不同的组合方式(曹正汉,2014;周雪光、练宏,2012)。中央政府掌握的控制权包括目标设定权、检查验收权、激励分配权和组织人事权(周雪光、练宏,2012)。目标设定权是指组织内部管理方对被管理方设定目标任务的控制权。目标设定可能是委托方单方向决定,然后通过科层制层层下达;也可能是通过委托方与代理方平等协商的方式达成,类似于在市场中双方通过谈判达成的合同。检查验收权是在目标设定权的基础上,检查和验收合同完成情况的控制权。委托方设置目标任务后,可以自己实施此项权力,也可以下放到下级实施该项权力。奖励处罚权是根据代理方履行契约的情况,给予经济奖励或处罚的权力。组织人事权是根据代理方履行契约的情况,给予相关管理人员组织人事提拔和降级的权力。

根据产权理论,本书认为控制权是一束权利束,可以对其实施不同的配置以形成不同的治理结构。典型的治理结构包括集中制、发包制与分散制等(见表4.1)。集中制将目标设定权、检查验收权、奖励处罚权和组织人事权等均保留在中央政府,这种治理结构有利于保持中央政府的权威,但地方政府失去工作的主动性和积极性,治理的效率较低,集中制是计划经济时期主要采用的治理结构。分散制是将检查验收、奖励处罚甚至组织人事都下发到地方政府,中央政府只保留目标设定权或组织人事权。分散制有利于提高地方政府的积极性,但存在诱发地方政府行为偏离中央政府工作目标的风险。发包制是将目标设定权、检查验收权和组织人事权保留在中央政府,而将奖励处罚权下放到地方政府(周黎安,2014;周雪光、练宏,2012)。发包制下中央政府具有策略化的检验验收行为特征,以获取实际的契约执行成效。而地方政府在任务下达时存在层层加码的倾向,在检查验收时具有合谋应对的倾向。

表 4.1　控制权不同的配置及相应的治理结构

控制权类别	国家治理结构		
	集中制	发包制	分散制
目标设定权	中央	中央或协商	中央或协商
检查验收权	中央	中央	地方
奖励处罚权	中央	地方	地方
组织人事权	中央	中央	中央或地方
行为意义			
中央政府	运动化治理	策略化检查验收	正义与权威的象征
地方政府	主动性减弱 治理效果减弱	执行阶段层层加码 验收阶段合谋应对	主动性加强偏离 目标可能性加大

对应三种国家治理结构,有三种不同的制度变迁方式。

(1)集中制引起从上至下型制度变迁。从上至下型的制度变迁,是在中央政府主要领导层的意识形态、认知结构及国家战略的影响下通过政治程序调整和修改正式制度(杨瑞龙,1998)。这种制度的建构存在两种制度与实际需求不匹配的可能:一是制度供给过剩,即中央政府创建在现实社会生活中不发生实际作用的制度,亦可称之为空制度或符号制度(Ho,2005)。二是制度供给不足,即普通群众日常工作、学习和生活中所急需的制度安排,或者因不符合意识形态,或者因没有进入知识结构,或者因没有进入国家战略,从而不被中央政府提供(North,1990)。

(2)发包制引起中间扩散型制度变迁。中间扩散型制度变迁是地方政府在中央政府放权让利的激励下,具有相对独立的政治和经济利益,成为具有相对独立性的行为主体(杨瑞龙,1998)。地方政府在政治晋升的压力下,为营造更有竞争力的经商环境,具有为市场主体提供产权制度的动力,成为制度变迁的第一行动集团。于是地方政府转变为市场主体经济利益的代言人,与中央政府进行政治协商,推动国家层面正式制度的变迁。

(3)分散制引起从下至上型制度变迁。这种类型的制度变迁方式与诺斯笔下的制度变迁方式较为相似(杨瑞龙,1998)。个体感知商品或要素的相对价格变化、生产技术变化,为捕获潜在外部利润,个体成为第一行动集团,推动市场型交易契约的变化,从下至上推动正式制度的变迁。以下章节将展开讨论不同治理结构引起的不同制度变迁方式(拉坦,2014;North,1990;Lin,1989)。需要说明的是,制度变迁是在多重逻辑下作用的结果,治理结构的不同影响的仅仅是制度变迁的方式(周雪光、艾云,2010;黄少安,1999)。

`

4.3　理论假说与逻辑推论

4.3.1　集中制与从上至下型变迁

集中制治理结构主要出现在计划经济时期。在这种治理结构下，中央政府是制度变迁的第一行动集团，地方政府与普通民众是第二行动集团，或者说是响应性行动集团。中央政府的主要领导者根据意识形态和对社会主义建设路径的"心智构念"，提出建设社会主义的制度方案，并通过形式性的政治程序将其形成为国家的正式制度。然后，通过金字塔式的科层制从上至下贯彻国家的正式制度（杨瑞龙，1993）。指导制度建设的意识形态或心智构念，可能是激进理想型的，也可能是务实理想型的。从政治晋升的压力来看，地方政府作为中央政府的附属，既有贯彻执行中央政府的动力，也有与普通民众合谋进行变通执行以应付检查验收的动力（周雪光，2017）。对于政府制定的制度，如果符合其需求，普通民众当然欣然接受并配合执行。如果不符合其需求或心智构念，普通民众将采用软抵制的方式进行变通执行（折晓叶，2008）。中央政府在检查验收过程中，发现国家制度得不到地方政府和普通民众的接受和实施，就会采用政治教育和政治运动的方式推动制度的贯彻落实（周雪光，2012；冯仕政，2011）。

集中式治理结构引起的制度变迁，最容易出现的问题是制度供给过剩或制度供给不足。制度供给过剩将产生不具有实际用处的空制度或符号制度（Ho，2005）。制度供给不足将导致产权安排模糊不清，当事人缺乏投入劳动和资金的动力，经济运行缺乏效率（杨瑞龙，1993；North，1981）。集中制治理结构具有较大的概率形成诺斯所谓的"国家悖论"。即，产权结构需要由国家来规定，但由于意识形态刚性、社会科学知识不足和统治阶层的利益阻碍等,国家将建构无效率的产权制度(North,1981)。

根据以上讨论,提出下述理论假说和推论:

假说 1:集中制引起从上至下型的制度变迁方式。

推论 1-1:在集中制的条件下,务实型的社会主义意识形态产生高效率的产权制度。

推论 1-2:在集中制的条件下,理想型的社会主义意识形态产生低效率的产权制度。

4.3.2 发包制与中间扩散型变迁

发包制的治理结构出现在改革开放的中后期,是社会主义市场经济建设的产物(周黎安,2014;周雪光、练宏,2012)。中央政府有控制地放权让利,逐步将地方政府形塑为具有独立政治和经济利益的主体,将普通民众形塑为独立决策、独立经营、自负盈亏的独立市场主体(周雪光、练宏,2012)。由于当前大部分市场主体缺少进入正式制度形成政治过程的机会,所以地方政府成为其经济利益的代言人(杨瑞龙,1998,1994)。在发包制的治理结构下,地方政府纵向上承受着中央政府目标责任制考核的压力,横向上承受着地方政府间政治晋升竞赛的压力(周雪光、练宏,2012)。在这样一种压力体制下,地方政府具有为当地市场主体创造适宜的产权制度的强大动力,吸引生产要素向本地集聚(曹正汉,2011)。市场主体通过各种正式渠道(人大、政协)和非正式渠道(托关系、找门路)向地方政府反映产权制度的利益诉求(杨瑞龙,1994)。为吸引生产要素,地方政府具有主动响应权利人利益诉求的动力。地方政府作为制度执行的实际组织机构,为处置非人际化交易纠纷提供了组织保障,有利于形成有保障的产权制度(North,1990)。此外,在制度变迁收益超过成本的情况,地方政府作为利益代表,参与国家的制度建设,推动国家的制度变迁。对于地方政府具有普适性的实践经验,中央政府在符合国家意识形态和不影响政治稳定的前提条件下,上升为国家层面的正式制度(杨瑞龙,1998)。

中间扩散型的制度变迁具有上下结合的优点,既符合当地发展,又利于国家制度建设。但地方政府对当地政治和经济的追求,有可能偏离国家设定的整体利益,从而引起统治风险(杨瑞龙,1998)。比如说,地方政府为追求经济发展,过度开发资源环境,造成资源环境问题,影响国家的资源安全、生态安全和粮食安全。地方政府为了筹集财政资金,过度进行农地非农化,造成过多的失地农民,影响社会稳定等。中央政府需要控制地方政府的偏离行为,有效降低统治风险。

根据以上讨论,提出下述理论假说和推论:

假说2:发包制引起中间扩散型的制度变迁方式。

推论2-1:在发包制的条件下,地方政府是创造有效率的产权制度的推动者。

推论2-2:在发包制的条件下,地方政府具有偏离统治目标、形成统治风险的行为倾向。

4.3.3　分散制与从下至上型变迁

分散制的治理结构出现在改革开放的早期,是有计划的商品经济的产物。本书预测分散制的治理结构将会出现在社会主义市场经济的高级阶段,届时我国的政治和经济等各项国家制度将比较成熟完善。从下至上型的制度变迁模型与诺斯在《制度、制度变迁与经济绩效》中所刻画的制度变迁模式较为相似。在分散制的治理结构下,推动制度变迁的主体为企业家,包括市场、政治和军事企业家(North,1981;1990)。企业家感知相对价格变化、技术变化、商业模式变化等外部环境变化带来的潜在外部利润。在外部利润高于产权结构调整成本的条件下,企业家具有推动诱致性制度变迁的动力(拉坦,2014;Lin,1989)。因此,普通民众,特别是企业家是推动制度变迁的第一行动集团(North,1990)。

企业家为实现外部利润的内部化,具有通过正式渠道和非正式渠道影响地方政府和中央政府推动制度变迁的动力。熊彼特式的企业家是"创造性的发现者",而柯兹纳式的企业家是"适应性的发现者"。熊彼特式的企业家在企业中引入突破性的新技术等全新的事物,引起了经济创造性的反应。柯兹纳式的企业家推动企业为响应外部条件的变化而进行重新组合生产要素,引起了经济适应性的反应。一般来说,适应性反应追随着创造性反应。在制度变迁过程中,这两类企业家的发现,充当着重要而又不同的角色。正如拉赫曼所言,制度是熊彼特式先驱性企业家创新的遗迹,而创新和模仿是经济社会发展过程互补性的两个方面(刘志铭,2014)。

地方政府是制度变迁的第二行动集团,激烈的政治晋升竞赛压力是地方政府改进产权制度的强大动力(周飞舟,2009)。中央政府是制度变迁的第三行动集团,在符合统治阶层意识形态、维持国家政治稳定和国家安全、巩固统治地位的前提下,中央政府将地方政府具有普适性的经验上升为国家的制度。政治企业家是地方政府和中央政府推动制度变迁的主要主体(North,1990)。

根据以上讨论,提出下述理论假说和推论:

假说 3:分散制引起从下至上型制度变迁方式。

推论 3-1:在分散制的条件下,市场个体是创造有效率的产权制度的推动者。

推论 3-2:在分散制的条件下,市场个体具有偏离统治目标形成统治风险的行为倾向。

4.3.4　治理结构调整与变迁方式转换

我国经济体制改革的目标是从集权的计划经济体制转向分权的市场经济体制(杨瑞龙,1994;樊纲,1993)。在改革的起点,由于市场上的合格主体和基础设施欠缺,人们对市场经济的经验和知识也十分欠缺,制度改革的起点必然是中央政府主导的制度变迁,即集中制治理结构引起的从上至下的制度变迁(杨瑞龙,1994;樊纲,1993)。制度变迁存在激进式和渐进式两种方式。激进式改革的实施成本较低,但摩擦成本较高。渐进式的实施成本较高,但摩擦成本较低(樊纲,1993)。中国选择的是渐进式的改革方式,在国有企业等存量部分保持稳定的情况下,在农业经营、乡镇企业、民营企业和外资企业等增量部分实行放权让利。经验表明,这条改革路径在保持政治稳定的前提下,打开了制度变迁的历史缺口(林毅夫等,1993)。

　　制度改革的关键是行政放权和经济放权(黄少安,1999)。这两项放权的结果是逐步培育了具有独立经济利益的政治实体和经济实体(费方域,2009)。结果集中制的治理结构被转换成了发包制的治理结构,地方政府由于具有接近地方企业的知识优势和集体行动的规模优势,被中央政府形塑为制度变迁的第一行动集团,制度变迁的方式转变为中间扩散型的变迁模式。普通民众的利益诉求需要通过地方政府上传到中央政府。中央政府承担了改革的裁判员的角色,将地方政府经过实践检验的先进适用的做法和经验,上升为党的政策和国家的法律,实现了诱致性制度变迁与强制性制度变迁的良性互动(周业安,2000)。

　　随着经济放权的逐步到位,真正实现了企业产权清晰、独立经营和自负盈亏,公有经济和私有经济逐步塑造成独立的市场主体,治理结构转换到分散型的治理方式,制度变迁的模式也逐步由中间扩散型转变为从下向上型(周雪光,2017;杨瑞龙,1998)。市场主体将逐步成为制度变迁的第一行动集团,推动诱致性变迁结果转化为强制性变迁结果(杨瑞龙,1998;North,1990;Lin,1989)。国家治理当中,最核心的矛盾在于集权与分权的对立与统一问题。中央集权可以降低国家的统治风险,但也将降低国家的经济效率。地方分权可以提高国家的经济效率,但也相应地提高了国家的统治风险。国家将根据不同时期权衡效率和风险的需要,调整控制权在中央政府、地方政府和市场个体的配置。

根据以上讨论,提出下述理论假说和推论:

假说 4:不同的国家治理结构引起不同的制度变迁方式。

推论 4-1:中央政府面临较高统治风险时,上收国家治理控制权,引起国家治理结构的改变。

推论 4-2:中央政府面临较低统治风险时,下放国家治理控制权,引起国家治理结构的改变。

4.4　历史阶段与制度变迁

4.4.1　第一阶段:1949—1956 年

1840 年鸦片战争之后,中国人民饱尝外敌侵略和军阀混战之苦。中华民族一直缺少集中统一的国家力量,长期处于一片散沙的贫弱状态(封丽霞,2011)。救亡图存,摆脱贫弱,实现国富民强,是中华民族共同的心声(程雪阳,2010)。1949 年新中国成立,建设坚强有力、集中统一的中央政府是顺应民心的历史选择。当然,建立单一制国家政权也是中国共产党长期革命斗争政权建设经验和中华民族传统习惯的历史延续,是制度变迁的路径依赖(封丽霞,2011)。总之,新中国成立之初建立了集中统一的国家政权,各项决策权(控制权)高度集中于中央政府,为实现即将到来的社会转型提供了坚强的领导核心。国家治理的基本结构是集中制治理结构,土地的制度变迁采取从上而下的变迁方式。从党的意识形态而言,就是要消灭一切生产资料私有制,进行生产资料的社会主义改造(程雪阳,2010)。从农村土地制度改革来说,充分考虑农民对土地私有所固有的强烈偏好,新中国成立之初的土地改革目标确定为：把地主所有制改造为农民所有制，实现"耕者有其田、居者有其屋"的政治理想（程雪阳，2010）。因此，这个时期的意识形态属于务实型的理想主义。

从党的社会科学知识而言，全盘接受了马克思主义经典书籍和苏联的社会主义经典教材的思想。在这种心智构念的指导下，生产资料要实现全面公有制，经营机制要实现中央命令经济。西方经济学等社会科学知识，被认为是资产阶级的意识形态，被排斥在制度建设的理论依据之外。党对社会主义意识形态进行了大量投资和维护，在全社会开展了大量的集体主义、社会主义和共产主义思想教育。这些意识形态投资和社会科学教育取得了显著作用，全国的党政机关和普通群众逐渐从思想上接受了社会主义思想，对后续要实施的制度变革达成了一致的同意（科斯、王宁，2013）。经过革命战争考验的地方政府，保持了严格执行上级指令的军事作风。作为中央政府的代理机构，严格执行了中央政府制定的制度规定。由于党在旧民主主义革命和新民主主义革命期间积累了丰富的土地改革的经验，因此制定的土地改革政策符合我国当时的国情。农民所有的土地正式制度，也与农村社会的非正式制度相容，所以土地改革的交易费用较低，很快在全国推行开来。不过，也有研究表明，农村熟人社会的血缘和地缘关系，对土地改革产生了一定的阻碍作用。有些地区的农民对开展土地改革表现出不积极主动的态度。地方政府下派的工作队，在经过充分发动群众之后，才将土地改革推行开来。总体而言，制度实施的经济绩效比较显著，农民的生产积极性被充分调动起来，农村经济实现了战后的快速恢复（丰雷等，2019）。

从土地管理的业务内容而言，这段时期主要实施了土地权属和价值管理，没有开展土地用途管理工作。在土地权属管理方面，废除地主土地所有制，通过土地改革，将地主的土地和房产无偿分配给无地无房的农民，实现土地农民所有制，并颁发房地产证权（高海燕等，2016）。具有里程碑意义的制度规定包括以下几个方面。一是1949

年 10 月中国人民政治协商会议通过的《共同纲领》宣布：要有步骤地将封建半封建的土地所有制改造为农民土地所有制。保护国家的公共财产和合作社的财产，保护工人、农民、小资产阶级和民族资产阶级的经济利益和私有财产。二是 1950 年 6 月中央人民政府公布的《土地改革法》规定：(1)废除地主阶级土地所有制，实行农民土地所有制。(2)将没收和征收得来的土地分配给无地少地的贫苦农民。(3)完成土地改革后，人民政府发给农民土地所有证，承认土地所有者自由经营、买卖及出租的权利。三是 1954 年 9 月第一届全国人民代表大会第一次会议通过的《宪法》规定：(1)依法保护农民土地所有权和其他生产资料所有权。(2)保护公民的房屋、合法收入、储蓄和各种生活资料所有权。(3)依法保护公民私有财产的继承权。这些制度规定严格地保障了农民的土地(房屋)所有权，大部分农民由此得到了房地权证书，实行了土地(房产)所有权登记(高海燕等，2016)。世界银行回顾全球土地政策后认为，均等化的初始土地取得制度有助于实现有效率的土地使用，阶层不均的初始土地取得和占有制度将显著减弱土地市场功能的发挥(Deininger，2003)。新中国成立初期的土地改革正好发挥了这个历史作用，为促进土地的可持续利用奠定了一个良好的制度起点。

在土地价值管理方面，1950 年 4 月中央政府颁布《契税暂行条例》，在全国范围内开征房产交易的契税。该条例规定：(1)契税缴纳地区，城市地区全国通用，乡村地区仅限于完成土地改革的地方。(2)土地和房屋的买卖、赠与、交换或典当，都应当依据土地或房屋所有证。当事人应当订立合同，由土地或房屋承受人缴纳契税。(3)房地买卖，契税税率为买价的 6%；房地赠与，契税税率为现值价的 6%；房地典当，契税税率为典价的 3%。契税的实施为调节土地增值收益发挥了一定的历史作用。

4.4.2　第二阶段:1957—1978 年

在完成社会主义改造之后,党开启了社会主义建设的历史征程。由于没有任何现成的历史经验,党和国家只能根据马克思主义经典书籍和苏联的社会主义建设模式,摸索社会主义建设之路。党确立了消灭生产资料私有制,建立生产资料公有制的意识形态(程雪阳,2010)。根据苏联社会主义经典教科书的引导,我国探索在全国范围内建立中央高度集权的计划经济体制。由于在思想意识形态上确立了生产资料私有制是剩余价值剥削的制度根源,国家通过社会运动来消灭这个社会之恶,以期建设一个没有剥削、更加公平正义的理想社会。这种意识形态是一种激进的理想主义,带有鲜明的本本主义特点,不具有经验基础。这种激进的意识形态最终将这场激进的社会变革引向失败(科斯、王宁,2013)。

在集中制的治理结构之下,开始了从上而下的农村土地制度改革,将农民土地所有制转向集体土地所有制。土地所有制的变革,是与人民公社运动结合在一起的。随着人民公社运动的逐步深化,土地从农民所有转变到互助组共有、初级社共有、高级社共有和人民公社共有(科斯、王宁,2013;杜润生,2005)。在初级社阶段,农民还有退出的自由。但进入高级社阶段后,农民就失去了退出权。这个时期的制度改革是中央政府在意识形态引导下不计代价强制推动的制度变迁。在政治运动的巨大压力下,地方政府和普通民众对改革虽然持有保留意见但只得配合执行(科斯、王宁,2013)。农业生产具有时空分散的特征,以家庭为单位组织生产,具有生产积极性高和监督费用低的优点。新建立的正式制度与农村的非正式制度相抵牾,不符合农民传统的土地产权认知,农民采取"磨洋工"和"软抵制"的态度对待新的正式制度(折晓叶,2008)。不顾农业生产的特点,采用集体大生产的经营制度,难以克服团队生产搭便车的问题,经济绩效低下。

在全国频繁爆发经济危机和粮食危机的情况下,中央政府不得不进行制度的倒退。土地所有权从人民公社所有,回退到生产大队所有,直至回退到生产小队所有。当所有权回退到生产小队的范围时,正式制度终于与农村熟人社会的非正式制度产生了融合关系,同时也接近了执政党意识形态的底线(科斯、王宁,2013;杜润生,2005)。最终,中央政府确立了"三级所有,队为基础"的土地所有制度。这个时期的土地制度变迁,实质上是执政党在意识形态和不具有经验基础的社会科学知识的引导下,从本本主义出发强制进行的一次失败的从上至下的制度变迁。这段历史证实了诺斯国家理论的观点:由于统治阶层的意识形态和心智结构的错误认知,有可能建构起低效率的产权结构,致使经济的停滞和衰退(North,1981)。

从土地管理的业务内容而言,这个时期主要是实施了土地权属的管理变革,土地用途和土地价值管理工作处于完全空白的状态。由于奉行生产资料公有制的国策,土地所有权经历了从农民所有逐渐上升到人民公社所有,再从人民公社所有逐渐回退到生产小队所有这样来来回回的历史变化,而且相关的权属资料没有得到妥善的保管,造成了土地权属的模糊不清,为土地纠纷埋下了隐患(Ho,2005)。具有里程碑意义的制度规定包括以下几个方面。

一是 1956 年《农业生产合作社示范章程》规定:初级阶段合作社的性质属于半社会主义。在该阶段,合作社有一部分生产资料已经是公有的。合作社社员交来统一使用的土地和其他的生产资料,在一定的时期保留了社员的所有权,并且还将适当的报酬给了社员。根据这个章程规定,农民参加合作社是具有退出权的,并且可以根据所有权取得收益权。

二是 1956 年《高级农业生产合作社示范章程》规定:(1)入社农民私有的土地和耕畜、大型农具等主要生产资料必须转为合作社集体所有。(2)社员土地转为合作社集体所有后,不再给予土地报酬。(3)社员的房屋和地基不加入合作社。从这个章程开始,农民就丧失了土地所有权（包括收益权），但仍然保留了宅基地和房屋的所有权。

三是 1962 年《农村人民公社工作条例修正草案》规定：(1)人民公社中的基本核算单位是生产队。(2)生产队范围内的土地都归其所有。生产队所有的土地，包括社员的自留地、自留山、宅基地等，一律不准买卖和出租。(3)保障社员个人所有的房屋等一切生活资料，永远属于社员个人所有，任何人不得侵犯。(4)社员有买卖或者出租房屋的权利。从这个规定开始，农民丧失了宅基地的所有权，但保留了宅基地使用权和房屋所有权。宅基地的所有权和使用权实行了两权分离，宅基地使用权和房屋所有权结合在一起。

四是 1963 年《关于各地对社员宅基地问题作一些补充规定的通知》规定：(1)宅基地（包括有建筑物和没有建筑物的空白宅基地），都归生产队集体所有，一律不准买卖和出租。宅基地归社员长期使用，该政策长期不变。(2)宅基地上的附着物（如房屋、厕所、猪圈、树木、厂棚等）永远归社员所有，社员有买卖或出租房屋的权利。房屋出卖后，宅基地使用权相应地转移给新房主，但宅基地所有权仍属于生产队所有。这个规定重新强调了宅基地所有权归集体所有，但宅基地使用权和房屋所有权保留给了个人。

五是 1975 年《宪法》规定：(1)国家可以依法对城乡土地和其他生产资料实行征购、征用或者收归国有。(2)国家保护公民的房屋、劳动收入、储蓄和各种生活资料的所有权。(3)国家保护公民的住宅不受侵犯。1978 年《宪法》规定：(1)农村人民公社实行公社、生产大队、生产队三级所有，基本核算单位为生产队。(2)国家可以依法对土地实行征购、征用或者收归国家所有。(3)国家保护公民的房屋、合法收入、储蓄和其他生活资料的所有权。(4)国家保护公民的住宅不受侵犯。这从根本大法的层次，再次确认了宅基地归集体所有，宅基地使用权和房屋所有权作为生活资料归农民个人所有，受到法律保护。

4.4.3 第三阶段:1979—1997 年

改革开放以来,国家新一代领导核心顺应人民的心声,全面拨乱反正,国家开始转入以经济建设为中心的时代。思想是行动的先导。为了扫清思想上的障碍,国家首先进行了意识形态的调整。针对"三个凡是"造成的思想上束缚,国家启动"实践是检验真理的唯一标准"大讨论来打破思想上的条条框框,促进思想的解放(科斯、王宁,2013)。《关于建国以来党的若干历史问题的决议》在充分肯定毛泽东思想历史地位的同时,实事求是地指出了毛泽东晚年所犯的严重历史错误,从而让全党全国人民放下了思想的包袱。新一代领导核心就社会主义本质问题作出重要论断,为调整意识形态创造社会条件,为改革开放提供正当性依据。

由于对建设新的经济体制的知识和经验不多,中央政府倡导通过"放权"和"试验"等方式来摸索新的社会主义道路。意识形态调整的语言包括"摸着石头过河""白猫黑猫,抓到老鼠就是好猫"等宽容政策试错的表述,这些言论为制度改革营造了包容的思想环境(科斯、王宁,2013)。中央政府开始了史无前例的行政放权和经济放权(费方域,2009;杨瑞龙,1994;林毅夫等,1993),造就了分散制的治理结构。凡在行政权退出的领域,农民根据现实生活的需要发明了很多智慧创造(周业安,2000)。例如,家庭联产责任制、土地股份制、乡镇企业和民营企业等许多新鲜事物,就是在当时的制度环境下涌现出的新的制度安排。这些新的制度安排一开始游离在党的政策和国家的法律的规定之外,一时之间不被中央政府和地方政府所承认。但中央政府和地方政府对这些新的制度安排采取了一种观望和默许的态度。经过一段时间的运行,农民的智慧创造因良好的经济绩效和全社会帕累托改进的效果得到了中央政府的认可,最终上升为党的政策和国家的法律(科斯、王宁,2013)。农村统分结合的新型经营体制以及农村工业化的制度创新,是农民通过冒险行为(交易风险)和艰苦努力(交易成本)将潜在的外部收益内部化,构造出新的产权结构,实现了诱致性制度变迁。党和国家在经过一段时间的观察后,将这些制度安排上升为党的政策和国家的法律,实现了强制性制度变迁(丰雷等,2019)。

改革开放初期,各类产品十分短缺,工业与农业、重工业与轻工业产业结构严重扭曲,农村经营体制的调整和农村工业化的推进为改善人们的生活做出了重要贡献(林毅夫等,1993)。在全社会包容的思想氛围下,对农村集体建设用地的使用制度实现了松绑,集体建设用地使用权和宅基地使用权流转在沿海城镇周边地区广泛实施,开启了农民就地城镇化之路(费孝通,1986)。当然,由于放权引起的农地过度非农化,影响了国家粮食安全,导致了后续国家的收权行为。

从土地管理的业务内容而言,这段时期主要是逐步恢复土地权属管理和土地价值管理的制度规则,构建土地用途管理的制度规则。在土地权属管理方面,逐步恢复土地权属管理。通过制度建设确定土地所有权、土地使用权和房屋所有权,并采取土地登记的方式对土地权属进行管理。1982年《宪法》规定:农村和城市郊区的土地属于集体所有(除由法律规定属于国家所有的以外);宅基地和自留地、自留山等,属于集体所有。这是国家第一次以根本大法的形式确定集体土地所有权制度。1982年《村镇建房用地管理条例》规定:(1)人民公社、生产大队和生产队的土地,相应地归公社、大队和生产队所有。社员对宅基地等土地,没有所有权,只有按照规定用途的使用权。(2)可以申请宅基地的主体有:农村社员、回乡定居的华侨和回乡落户的离休、退休、退职职工和军人。(3)申请宅基地的程序为申请人首先向生产队或生产大队提出申请,经过生产队和生产大队同意后,报公社批准。占用农用地的,要报县级人民政府批准。批准后,由批准机关发给申请人宅基地使用证明。(4)由于买卖房屋而转移宅基地使用权的,参照申请的批准程序进行审批。1986年《土地管理法》,将农村集体建设用地所有权、使用权和房屋所有权规定,农村集体建设用地申请,审批的行政程序和用地标准的规定上升为国家法律规定。1995 年出台的《确定土地所有权和使用权的若干规定》重申了土地登记过程中《村镇建房用地管理条例》和《土地管理法》对于农村集体建设用地的所有权和使用权的确权的历史节点作用,并提出了处理历史遗留问题的行政程序。从这些管理规定来看,国家对农村集体建设用地(含宅基地)使用权进行了比较充分的赋权,无论是对权利主体还是对权利内容的规定都是较为宽松,城乡居民可以申请使用农村集体建设用地(含宅基地),而且经过审批后房屋所有权(含土地使用权)可以在城乡居民之间流转。

在土地价值管理方面,从 1979 年开始逐步恢复《契税暂行条例》的实施,发挥对土地增值的调剂作用。在土地用途管理方面,开始构建土地用途管理体制。1982 年颁布的《村镇建房用地管理条例》规定:对于社员建房的用地规模,省级人民政府可以根据地形和区位等情况制定限额,县级人民政府根据省级政府的限额及当地的经济社会情况制定具体的用地面积标准。《土地管理法》提出了适应计划经济时代的用地分级限额审批体制,不同的行政层级行使不同用地规模的用地审批权。《村庄和集镇规划建设管理条例》试图在中国农村地区引入土地使用管制制度,要求所有的村庄和集镇的建设行为都必须符合村庄和集镇的建设规划,以引导农民的建设行为。这个时期的土地用途管制制度较为宽松,地方政府可以使用"拆大变小"的变通策略,农民的用地需求较易得到满足。又由于地方政府存在重城轻乡的倾向,乡村地区普遍缺少村镇规划,村镇建设的土地使用管制普遍实行得不够严格。当然,这也引起了乡村地区土地使用失控的问题。

4.4.4　第四阶段:1998 年至今

改革开放初期,中央政府的充分放权带来了宏观经济失调、资源环境超载和粮食安全受到威胁等一系列失控问题(杨惠,2010)。在外部环境长期处于复杂不确定的背景下,中央政府为了保持政治稳定,防控统治风险,逐步上收已经下放的权力(周雪光、练宏,2012)。权力上收可以分为行政收权和经济收权两个方面。从行政收权来看,中央加强了目标设定权和检查验收权的上收,但把奖励处罚权保留给地方政府,以调动地方政府的积极性(周雪光、练宏,2012;周雪光、艾云,2010)。在土地管理领域,国家加强了土地利用规划和土地利用计划的编制、实施与督查,但把土地出让收益保留在了地方,从而形成了"中央调控地方,地方垄断市场"的治理格局(杨惠,2010)。从经济收权来说,国家严格限制了集体建设用地和宅基地使用权的流转权利,集体建设用地仅限于农村兴办公益事业和乡村工业,宅基地仅限于在农村集体组织内部流转(蒋省三、刘守英,2003)。

在经历一系列收权以后,国家治理结构就从分散制转变成发包制。在新的体制下,地方面临着纵向发包制竞争和横向晋升制竞争的双重压力,为谋求区域发展而展开激烈竞争。由此形成中央政府设定发展目标任务,地方政府承压充分竞争的治理格局。在发包制的影响下,制度变迁的方式逐渐转换为地方政府主导的中间扩散型变迁方式(杨瑞龙,1998)。地方政府在压力体制下进行了一系列的制度创新。地方政府一方面通过投资地方基础设施和改善地方营商环境促进国内产值和财政收入增长,另一方面基于更大规模的国内产值和财政收入向中央政府申请更多的发展定额指标。例如,各类规划用地指标和计划用地指标。地方政府通过经营土地出让,由此获得一笔可以用于基础设施投资的预算外财政收入(土地财政)。这笔财政收入可以用于投资基础设施从而增强城市的区域竞争力,城市经营和土地财政的制度创新于是逐渐兴盛。由于压缩农民的土地权利有利于维持城市经营和土地财政体制的运转,所以地方政府有足够的经济动力严格执行中央的制度(曹正汉,2011)。

中央政府和地方政府的制度创新压缩了普通农民进行制度创新的空间。在中央政府下达的土地开发定额指标不足以满足地方政府的需求时,由于制度创新的潜在收益超过制度制定的成本,地方政府推动一系列的制度创新。一些地方政府通过对存量农用地和农村建设用地的整理和复垦,创造性开辟了新的土地开发定额(汪晖、陶然,2009)。此项制度创新经过中央政府批判、总结和提升后,转化为城乡建设用地增减挂钩制度。虽然中央政府创制的制度严格限制了农民以地谋利的权利,但任何制度都有变通执行的空间。农民通过私下转让非经批准的宅基地和集体建设用地来谋取一定的土地利益(蒋省三、刘守英,2003)。尽管前两项行为不被法律所正式认可,但在城郊地区存在大量的灰色市场。交易双方都承受一定程度的交易不确定性,这种不确定性是以交易价格明显低于合法市场价为经济代价(杨惠,2010)。沿海地区的农村社会有较强的社会资本和集体行动能力,在与地方政府的博弈中处于强势地位。所以沿海地区的一些地方政府为了利用农村建设用地承载新的产业发展,默认了农村集体建设用地流转制度。比较典型的案例如广东南海和江苏苏州,这些地区的集体建设用地流转制度有力地促进农村工业化的发展(蒋省三、刘守英,2003)。但总体而言,这个时期制度创新的主体是地方政府,制度变迁以中间扩散方式为主。

从土地管理的业务内容来看,这个阶段是持续恢复和加强土地权属、土地价值和土地用途管理的时期。在土地权属管理方面,为了控制过度非农化威胁粮食安全和生态安全所带来的统治风险,中央政府加强了经济收权。1998 年的《土地管理法》是一部具有里程碑意义的法律。通过该部法律,中央政府显著压缩了农村集体建设用地(含宅基地)的权利主体和内容范围。农村集体建设用地使用权的申请主体被限定在集体组织成员或下属(合作)企业,从而将城市居民或企业排除在农村集体建设用地市场之外,结果形成了城乡二元的建设用地市场。经营性集体建设用地的转让权被严格地限制在乡村企业破产和合作的情形。宅基地使用权的转让权被严格限制在集体经济组织的范围。国土资源部和部分地方政府保留了 1986 年《土地管理法》对集体建设用地管理的规定,典型的如广东的南海和江苏的苏州。普通民众通过寻找"政策缝隙"和"灰色市场"来进行农村集体建设用地的交易(丰雷等,2019),典型的如北京等大城市周边的"小产权房"市场(杨惠,2010)。不过,这个时期中央政府为了适应市场经济建设的需要,大大加强农村集体建设用地使用的确权和登记。

土地价值管理方面,除《契约暂行条例》得到恢复执行以外,《土地增值税条例》于 1993 年得以出台和实施。但是,由于集体建设用地(宅基地)使用权的转让权能受到限制,所以契税和土地增值税实质上只在城镇地区得到实施(高海燕等,2016)。土地用途管理方面,中央政府显著地加强了土地用途管制。1998 年出台的《土地管理法》将建设用地审批机制从分级限额审批制改成了土地用途管制制(杨惠,2010)。1998年开始实施的土地用途管制制度综合了计划经济和市场经济的调控措施。一方面,中央政府通过层层下达土地利用规划指标和土地利用计划指标来对土地开发利用进行总体控制。另一方面,中央政府要求在建设用地审批的法律依据(乡级土地利用总体规划)中必须确定每一块土地的用途。这种制度规定既具有典型的发包制的特点(周黎安,2014),也反映了技术治国的显著特征(渠敬东等,2009)。地方政府引入"发展权"的概念对土地用途管制补充市场交易机制,比较典型的有浙江省的基本农田和补充耕地的易地交易市场、重庆的地票交易市场。中央政府将地方政府的制度创新上升为国家政策,出台了城乡建设用地增减挂钩政策和跨省易地补充耕地政策。针对农户对基本农田保护区和生态保护区的排斥,地方政府通过制度创新引入发展权的补偿制度。这项制度创新也在国家的推动下在全国进行了政策试点。

4.5 假说检验

本书在行为人"有限理性"和制度环境"不确定性"的理论假设下,

通过引入国家治理结构(不完全契约的控制权配置)的概念构建了一个土地制度变迁理论框架。这个理论框架吸收了国家治理理论(周黎安,2014;周雪光、练宏,2012;曹正汉,2011;渠敬东等,2009)和制度变迁理论(拉坦,2014;North,1990;Schultz,1968)的思想,尝试在符合中国国情的国家治理理论的基础上描述和解释中国农村集体建设用地制度变迁的历史故事。在中国这样一个地广人众的国家,中央集权(降低统治风险)和地方分权(提高经济效率)是国家治理的基本矛盾(曹正汉,2017,2014;周雪光、练宏,2012)。中央政府将根据各个历史时期面临的统治风险与制度环境选择不同的控制权配置方式(周雪光、练宏,2012)。

根据中央政府下放控制权的不同,可将国家治理结构划分为集中制、发包制和分散制三种。(1)集中制是将目标设定权、检查验收权、奖励处罚权和组织人事权保留在中央政府,地方政府和普通民众只有执行中央政府下达命令与任务的责任。(2)发包制将目标设定权、检查验收权和组织人事权保留在中央政府,而将奖励处罚权下放给地方政府和普通民众。(3)分散制是将目标设定权和组织人事权保留在中央政府,而将检查验收权和奖励处罚权下放给地方政府和普通民众。与集中制、发包制和分散制相对应的制度变迁方式为从上到下型、中间扩散型和从下到上型。(1)从上到下的制度变迁是中央政府主导的制度变迁。受到意识形态和社会科学知识的限制,中央政府既有可能建构出有效率的产权制度,也有可能建构出导致经济停滞和衰退的产权制度。(2)中间扩散型的制度变迁是地方政府主导的制度变迁。地方政府具有更丰富的地方知识。与此同时,地方政府受到纵向发包制和横向晋升制的压力,具有创造回应普通民众需要的产权制度的动力。但地方政府的制度创新,有可能偏离中央政府的统治目标,对中央政府造成统治风险。(3)从下至上型的制度变迁是普通民众主导的制度变迁。这种制度变迁是中央政府较为充分地进行行政分权和经济分权。这种制度变迁可以充分地激活经济系统的活力,但在行为主体的产权制度不够成熟的情况下,具有造成宏观经济系统失控的风险。

基于该理论框架,本书对新中国成立以后农村集体建设用地的历史展开分析。研究发现,70余年的历史可以划分为四个历史阶段。(1)第一阶段(1949—1956年)的制度变迁是集中制引起的从上至下的制度改革。在中央政府务实理想主义的意识形态引导下,国家建立了土地农民所有的权属制度和以此为基础的契税制度。正式制度与非正式制度实现了相容,有效激发了农民的生产积极性,促进了农业和农村的大发展。(2)第二阶段(1957—1978年)同样是集中制国家治理结构所导致的从上至下的制度改革。但由于领导核心奉行激进理想主义的意识形态和不具有经验基础的社会科学知识,所建立的生产资料公有制和中央命令经营体制,与农民的非正式制度产生抵牾,极大地挫伤了农民生产积极性,农业和农村经济陷入了停滞甚至急剧的衰退。(3)第三阶段(1979—1997年)是分散式国家治理结构推动下的从下至上的制度变迁过程。由于中央领导核心奉行务实的理想主义和包容试错的制度改革指导思想,农民的各种智慧创造(集体土地使用权制度和土地股份制经营制度等)极大地解放了他们的积极性。农民的这些智慧创造最终得到中央政府的认可,上升为党的政策和国家的法律,实现了诱致性变迁向强制性变迁的飞跃。在各项产权制度还不成熟的情况下,分散制的治理结构也导致了过度非农化,从而产生威胁粮食安全等统治风险。(4)第四阶段(1998年至今)是中央政府降低风险、上收权力的历史阶段。国家治理结构由分散制转向发包制,制度变迁的模式也由从下至上型转向中间扩散型。在这个阶段,农民制度创新的空间被压缩,地方成为制度创新的主导力量。农村集体建设用地使用权的权利主体被严格限制为集体成员或下属(合作)企业,转让权的范围也被严格限制在企业破产或本集体经济组织内部。农村集体建设用地使用权由财产性权利退化成福利性权利,农民的财产权益受到了侵害,影响了农村集体建设用地的有效使用。

　　四个历史阶段的制度变迁分析验证了本书提出的理论假说和逻辑推论,证明了国家治理结构的转换会引起制度变迁方式的转变,并引诱出不同的制度变迁推动者(见表4.2)。中央政府动态权衡统治风险与经济效率的关系,进行着集权与分权的动态调整,推动着制度呈现出丰富多样的变迁方式。

表 4.2　理论假说和逻辑推论的经验检验

历史阶段	国家治理结构	制度变迁方式	被验证的假说或推论
第一阶段 (1949—1956 年)	集中制	从上至下型	假说 1、推论 1-1
第二阶段 (1957—1978 年)	集中制	从上至下型	假说 1、推论 1-2
第三阶段 (1979—1997 年)	分散制	从下至上型	假说 2、推论 2-1、推论 2-2
第四阶段 (1998 年至今)	发包制	中间扩散型	假说 3、推论 3-1、推论 3-2
四个历史时期 (1949 年至今)	治理结构改变	变迁方式变化	假说 4、推论 4-1、推论 4-2

5. 概念模型的法律分析

　　本章任务是通过系统梳理相关法律文本,分析农村集体建设用地管理的法律要素和结构,提取农村集体建设用地管理的法律约束。本书基于国内外法律要素论的研究进展,提出"概念—价值—原则—规则"的理论框架,对农村集体建设用地管理的法律系统展开分析。第5.1节讨论法律分析方法,包括法律价值分析和法律要素分析方法。第5.2节分析农村集体建设用地的法律概念,引出研究对象。第5.3节展开农村集体建设用地管理的价值体系,为法律规则的正当性提供逻辑基础。第5.4节系统梳理土地权属管理的法律规定,提取不动产物权的权利主体、权利义务和权利客体等实体法规则,以及法律行为的程序法规则。第5.5节系统梳理土地用途管理的法律规定,提取土地用途管制权的权利主体、权利义务和权利客体等实体法规则,以及法律行为的程序法规则。第5.6节系统梳理土地价值管理的制度规定,提取土地税收权的权利主体、权利义务和权利客体等实体法规则,以及法律行为的程序法规则。

5.1　法律分析方法

5.1.1　法律价值分析

　　法律价值分析是法学研究的常用方法。价值指的是值得追求的美好事物。比如,安全、秩序、自由、效率、平等和正义等。法律价值分析针对的是法律的"应然"问题,即法律应该达到的"正当"状态。或者说,运用一定的价值准则对现实中的法律进行价值判断(张文显,1997)。立法、执法和司法等法律活动,本质上都是进行价值选择的活动(孙笑侠、夏立安,2004)。法律规范要求人们做出某种行为或禁止做出某种行为。前一种行为被认为是正当的,法律给予保护;后一种行为被认为是非正当的,法律给予制裁。自然法学派关注法律价值的研究具有悠久的传统。古希腊、古罗马时期,柏拉图的《理想国:正义论》和亚里士多德的《政治学》围绕哲学"善"的概念讨论法律的正义。资产阶级革命时期,霍布斯的《利维坦》、洛克的《政府论》、孟德斯鸠的《论法的精神》和卢梭的《社会契约论》都鲜明地提出了自由、平等、人权和法治等价值主张。面对现代社会日益激化的社会矛盾,当代的自然法学家关注如何调和"自由"与"平等"的紧张关系。罗尔斯《正义论》和德沃金《认真对待权利》对自由和平等在当代经济社会的不相容状态提出了调和的价值主张,在保障形式平等的同时,要实现一定程度的实质平等(谷春德、史彤彪,2000)。本书将在罗尔斯和德沃金正义论的基础上,论证农村集体建设用地管理制度的正当性问题。

5.1.2　法律要素分析

法律要素分析是法学研究的新兴方法。法律要素分析的出现,标志着法学从政治学中独立出来(谷春德、史彤彪,2000)。法律要素分析回应的是法律的"实然"问题,即法律规定实际上是什么的问题(孙笑侠、夏立安,2004)。分析法学把法律视为一个复杂的系统,研究法律系统有什么法律要素和法律结构。分析法学认为法律的基本构造单元是法律规则。法律规则的功能是明确规定社会事实的法律意义。法律规则具有严密的逻辑结构。一条完整的法律规则由假定、处理和法律后果三种成分构成。假定是法律规则中关于适用条件的限定,即法律规则的适用范围。只有假定限制的条件具备时，该条法律规则才能对人的行为产生约束力。处理是关于行为模式的规定，即法律关于允许做什么、禁止做什么和必须做什么的规定。行为模式中，允许做什么是权利性规定，禁止做什么和必须做什么是义务性规定。法律后果是对遵守规则或违反规则予以肯定或否定的规定。肯定性后果是确认行为的合法性和有效性，保护和奖励行为的利益。否定性后果是否认行为的合法性和有效性，不保护行为的利益甚至施加制裁。立法者在制定法律条文时，不一定会形成完整的法律规则，经常根据上下文背景，对法律规则的某些成分予以省略（张文显，1997）。本书采用法律规则的要素分析方法提取农村集体建设用地管理的法律约束。

5.2　理论框架："概念—价值—原则—规则"法律要素论

本节提供一个理论框架，用于分析农村集体建设用地管理的法律要素和结构。边沁的《道德与立法原理》最早提出要区分"立法学"（批评性的法学）和"法理学"（阐释性的法学），即区分"法律应当是什么"和"法律实际上是什么"的问题。这种区分后来被认为是分析法学兴起的重要标志。在《法律概要》中，边沁提出"法律是主权者的一种命令"的命题，表达了"法律命令模式论"的思想萌芽（谷春德、史彤彪，2000）。奥斯丁继承了边沁的思想，构建了法律命令模式论。他的理论反映了单一规则法律要素思想。奥斯丁认为，法律是主权者的命令，即主权者向被统治者表明的"作为"或"不作为"的要求。这种作为或不作为的要求成为被统治者的义务。不履行义务的人将受到制裁。"命令—义务—制裁"构成了法律规则的基本要素。法律就是主权者发出的以制裁为后盾的命令的总和（孙笑侠、夏立安，2004；张文显，1997）。哈特在批判奥斯丁"法律命令说"的基础上，进一步发展了分析法学理论。他的法律要素论也是单一规则要素论。他认为,法学应该研究实在法,排除法律中的价值判断。法律的规则体系包括义务性的规则和权利性的规则。义务性的规则是第一性的法律规则,它们要求人们不管愿意与否必须"作为"或者"不作为"一定的行为。权利性的法律规则是第二性的法律规则,它们规范人们如何形成、修改或者取消第一性的法律规则。一个社会如果仅有义务性的第一性法律规则,就会出现三类问题:一是社会规则难以成体系的"不确定性"问题,二是没有有意识地废除旧规则引入新规则的"静态性"问题;三是缺少决定性和权威性的决定机关的"无效性"问题。为克服这些问题,在第二类规则中引入确认规则、改变规则和审判规则等三种法律成分(谷春德、史彤彪,2000)。哈特的法律规则论为分析法学奠定了理论基石,开创了新的理论进路(张文显,1997)。

德沃金反对哈特将价值判断从法律体系中剥离出去的观点,他认为哈特的法律规则理论过于简化,与错综复杂的法律实践不相符合。哈特的法律规则理论排除了法律中的非规则成分,而在实际的法律实践中,对于复杂案件,往往要适用原则和政策等法律要素。因此,德沃金建构了"规则—原则—政策"法律要素理论。他认为法律规则是法律的基本构成单位,它明确规定社会事实的法律意义;原则是尊重和保障社会个体和团体权利的政治决定;政策是促进或保护社会集体目标的政治决定。在立法和司法的过程中,政策和原则都对法律的适用提供了指导性作用。但这些政策和原则不能从法律文本中引用或推导出来。庞德也对分析法学的理论学说展开了学术批判。庞德提出了"律令—技术—理想"的法律要素理论(谷春德、史彤彪,2000;张文显,1997)。他对律令部分的思想,与哈特和德沃金有相似之处。律令由规则、原则、概念、标准等法律要素构成。规则是对具体的社会事实赋予确定性后果的律令。原则是法律推理的概括性规定。概念是区分社会事实的权威性范畴。标准是具体案件的适用尺度。技术是解释与适用法的规则、原则、概念的方法和法律文本中寻找审理依据的方法。理想是社会秩序的理想图画,反映了法律秩序和社会控制的目的。德沃金和庞德的法律要素理论都强调了价值判断对于法律实践不可或缺的指导作用。

我国法学学者在批判性吸收西方法律思想家理论成果的基础上,构建了我国的法律要素理论。现有主要论著多主张"规则—原则—概念"法律要素论(孙笑侠、夏立安,2004;张文显,1997)。本书在梳理国内外法律要素理论的源流脉络之后,构建了一个涵盖"应然"和"实然"等法学问题的理论框架:"概念—价值—原则—规则"法律要素理论。本书的法律概念用于抽象社会事实的共同特征,从而为建构社会秩序提供分类工具。法律概念的作用在于为纷繁复杂的社会现实提供区分和分类的抽象工具,为法律原则和规则的适用提供可能条件。法律价值提供社会秩序的理想图景,论证法律秩序的正当性基础。法律价值的讨论,在于论证法律目的价值有序性的逻辑基础(张文显,1997)。即,法律所追求的多元价值是如何按照一定的位阶排列组合起来。这种排列组合背后的理论逻辑是什么。法律原则提供法律规则的本源性的原理,是法律规则创制和适用的逻辑出发点。法律原则为法律规则的创制提供了重要的导向作用,保证了法律系统的有机统一。法律原则弥补了法律规则实施中的缺陷和漏洞,限定了规则的自由裁量权,指导法律规则的解释与推理。法律规则是法律的基本构造单元,为社会事实赋予具体的法律意义(孙笑侠、夏立安,2004)。法律规则为社会事实转换成法律事实提供法律依据。法律规则由假定、处理和后果三个成分构成。本书将依序讨论农村集体建设用地管理的法律概念、法律价值、法律原则和法律规则等法律要素。

5.3　法律概念体系

5.3.1　法律概念

作为法律要素,法律概念是指在法律上对各种社会事实进行理论抽象,概括它们的共同特征而形成的概念(孙笑侠、夏立安,2004)。法律概念将难以名状、极度复杂的社会事实进行区分和整理,从而将杂乱无章的事实形成一种秩序。法律概念本身不能将社会事实与法律后果联系起来,但法律概念是适用法律原则和法律规则的前提。只有将社会事实归入法律概念,给社会事实赋予法律意义,转换成法律事实,才能适用法律原则和法律规则。法律概念的科学性、完备性和精确性是法律文明发达程度的重要标志(张文显,1997)。法律概念借用词汇来表达,但也容易出现两个方面的问题。第一,有些法律概念采用专业词汇,语义精确,但不易为法律专业外的人士所了解。有些法律概念采用日常词汇,易于普通人士理解,但概念的语义精确度降低。在法律适用时,后一类法律概念需要进行语义分析。第二,在不同民族语言中,词汇转换的过程会导致语义偏误,容易引起误解和混乱,需要开展语义界定。

法律概念分为五类:第一,法律主体概念,即各种法律关系的主体概念。比如,公民、法人、行政机关、农村集体经济组织等。第二,法律权利概念,即法律关系主体间权利义务关系的概念。比如,所有权、用益物权、担保物权等。第三,法律客体概念,即各种权利义务所指向的对象的概念。比如,土地、定着物、房产等。第四,法律事实概念,用以表达各种法律行为和法律事件的概念(孙笑侠、夏立安,2004;张文显,1997)。比如,不动产登记、土地用途许可、缴税、不可抗力等。第五,其他概念,上述四种概念不能概括的概念。法律主体、权利义务和法律客体是实体法的内容,也是本书静态模型的内容。法律事实形成、变更或消灭法律关系,法律事实可以分为法律行为和法律事件。法律行为是指与当事人的意志有关,能够形成、变更和消灭法律关系的作为或不作为;法律事件,是指与当事人的意志无关,能够形成、变更和消灭法律关系的事实。法律事实是程序法的重要内容,也是本书动态模型的内容。

5.3.2　研究对象

本书在 Henssen(1995)"人—权—地"模型的基础上,构建农村集体建设用地的"人—权—地—事"模型。本书中的"人"指法律关系主体,"权"指法律关系内容(权利义务),"地"指法律关系客体,"事"指法律事实。土地产权由私权和公权两部分构成,我国土地私权主要由民法规定,公权主要由行政法和税法规定。民法部分的法律渊源主要为物权法,行政法部分的法律渊源主要为土地管理法,税法部分的法律渊源主要为税收管理法及土地税收单行法。改革开放以后,我国逐步从计划经济体制转向市场经济体制,这导致我国《物权法》(2007)出台得比较晚。在物权法出台以前,实际上由行政法代替民法来规定土地的私权。因此,我国《土地管理法》(1998)是一部混合了私权和公权规定的法律。从立法趋势而言,土地私权的法律规定将逐步向物权法集中,土地公权的法律规定将逐步向行政法和税法集中。

全面检索农村集体建设用地管理相关的民法、行政法和税法的法律规定和政策文件,对各类产权的法律关系和法律事实等进行系统整理,从而得出农村集体建设用地的产权模型(见图5.1)。因此,本章的研究对象为民法、行政法和税法中涉及农村集体建设用地的法律关系主体、法律关系内容(权利义务)和法律关系客体等方面的实体法的法律规定,以及引起法律关系变动的程序法的法律规定(见图5.2)。

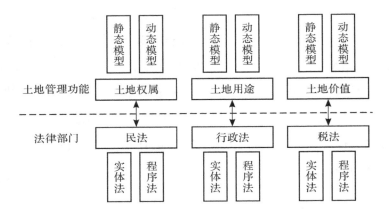

图 5.1 土地管理功能与土地法律部门的对应关系

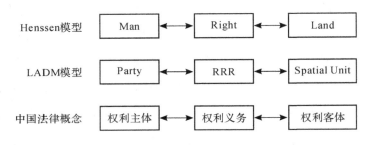

图 5.2 "人—权—地"模型与中国法律概念的对应关系

　　我国是一个从计划经济体制向市场经济体制转轨的经济体,市场经济体制还远未完善,改革的任务仍然十分繁重(费方域,2009)。农村土地市场体制建设仍然处于比较薄弱的状态(吴次芳、靳相木,2009)。改革开放 40 多年的基本经验是:总结人民群众的智慧创造,转化为党的政策和国家的法律,把基层创造与顶层设计有机结合起来(科斯、王宁,2013)。本书除了把具有法律效力的法律文本纳入研究范围,也把体现改革和试点方向的规范性文件纳入研究范围。

5.4　法律价值体系

　　法律价值反映法律创制和实施的宗旨,构成了法律追求的社会目的。在向现代化进军的过程中,法律价值对法律发展发挥着领路人的作用。庞德为了弥合法律的价值与事实的断裂,构造了法律目的论,指出法律存在内在道德和外在道德。法律内在道德构成程序自然法,是关于法律的制定、解释和适用等程序上的法治原则。法律外在道德构成实体自然法,是法律实质目的或理想。法律内在道德是价值中性的,即约束实在法的领域。法律外在道德是法律争取的实体目标,与社会道德存在广泛关联。外在道德具有多元性,这些多元的外在道德存在着冲突的可能,需要在逻辑上予以统一。即,法律价值的有序问题。当低位阶的价值与高位阶的价值发生冲突且不可调和时,高位阶的价值将被优先考虑。哈贝马斯的商谈理论就是处理现代社会价值多元且难以获得一致的情景下,如何通过公正的对话、讨论和商谈,确定法律价值的高低位序。本书认为农村集体建设用地的法律价值存在着安全、公平和效率的价值排序。

5.4.1　安全取向

　　马斯洛的需求层次论表明生理需要和安全需要是人类最基础也是最被优先选择的需要。因此,安全应该列在法律价值的最高位阶。从保障生存和健康的角度而言,农村集体建设用地的开发利用涉及粮食安全、生态安全、公共卫生安全和财产安全等领域。因此,农村集体建设用地管理的法律应当将粮食安全、生态安全和公共卫生安全纳入法律价值。治理体制的不完善,导致农村集体建设用地扩散蔓延,挤占农业空间和生态空间,从根本上影响粮食安全和生态安全。粮食是人类赖以为生的最基本的物质条件,保障每个人有饭吃是国家稳定的基本前提条件。保护足够优质的耕地是落实粮食安全的基本国策,也是法律应有的价值追求。生态安全是人类社会世代永续发展的物质基础,也是人类社会健康发展的物质支撑。由于人类生产力的巨大发展,人类向资源环境的过度索取和过度排放,已经大大超过了资源承载力和环境容量的阈值,加强生态安全的保护应是农村集体建设用地法律的优先价值。公共卫生安全是城乡规划兴起的主要动因,目前仍然是城乡规划的重要主题。建设基础管线和保留开敞空间是解决乡村公共卫生问题的重要措施。因此,公共卫生安全应该纳入法律的优先价值。农村集体建设用地是农民和农村最为重要的经济财产,也是农民栖居和生产不可出让的生存条件,所以保障农村集体建设用地的财产安全是农民和农村的现实需要,是促进农村投资的重要保障。

5.4.2　平等取向

平等与自由存在着不相容的紧张关系。保障结果平等,将抑制实质自由,限制权利发展。保障自由将导致社会贫富分化,造成结果上的实质不平等。西方法学界对于平等与自由的关系存在着两种代表性思想。

一种是所谓的自由至上主义思想。比如,哈耶克的"自生性秩序"理论和诺齐克的"最小国家"理论。哈耶克和诺齐克强调在个人权利基础上追求自由即是公正,机会公正、过程公正即是结果公正,限制结果不平等没有意义。哈耶克指出,市场催生自生性的社会秩序,市场是传递人类知识的重要机制,国家任何关于个人权利的干预都将产生不公平。诺齐克通过"获得的正义""转让的正义"和"矫正的正义"等正义的讨论,论证了只要最初的财产来源是正义的,之后的每次财产增值都是正义的,那么财产就可以被认为是公正的持有,社会和国家没有任何理由进行强制二次分配。

另一种是公平的效率思想。比如，罗尔斯和沃德金的正义论。罗尔斯和沃德金强调在追求个人权利的基础上和过程中，平等优先，兼顾自由，在过程公正的基础上限制社会分配的差异，实现实质上的公平。罗尔斯的分配正义观具有平等主义思想，是重视社会最少受惠成员的正义观。罗尔斯从"原初状态"和"无知之幕"两个概念出发，推导分配的正义原则：一是平等的自由原则，即每个人都应该平等地拥有自由权利；二是差别原则，即只有在受惠最少的人能得到最大的利益以及任何职务和地位都公平地向所有社会成员开放的条件下，才允许不平等的措施。罗尔斯的正义分配论，是在保障平等权利和允许不平等的情况下，使处境不利者获得最大利益。德沃金提出了平等权利理论：第一种平等权利是受到平等对待的权利，即形式平等权利；第二种平等权利是作为平等的人而应受到对待的权利，即实质平等权利。德沃金的分配正义论认为，平等与自由相容，并且平等是更为优先的价值。本书认为，处理平等与自由的关系，需要适用个人利益与社会利益的比例原理。过于强调个人利益，或者过于强调社会利益，将出现利益失调的问题。因此，在处理农村集体建设用地的利益分配的平等问题上，罗尔斯的公平正义论具有逻辑上的正当性。

我国目前经济机制改革的基本政策是：初次分配讲效率，再次分配讲公平。这种价值导向在逻辑上符合罗尔斯的公平正义论。但从目前农村集体建设用地的法律规定来看，倡导的是一种公平优先、兼顾效率的价值导向。现有法律强调利益分配的起点公平和过程公平，即每家农户都有形式上平等地获得建设用地利益的权利。但这种分配规定没有调整由于区位条件等客观起点不同所带来的利益分配实质不平等的状况。本书认为具有实质公平性质的农村集体建设用地法律规定，应具有形式公平和实质公平的双重品格。从形式公平而言，就是保障分配的起点公平和过程公平，保障每家农户在形式上可以平等地取得宅基地使用权和平等地获得农村集体经营性建设用地的经济收益。并且，要进一步保障宅基地使用权的财产自由，让农民获得更多的财产收益。从实质公平而言,就是所有农民都公平地承受土地用途管制权和土地征税权带来的利益限制,并且区位条件较差的广大农民也能从法律规定中获得较大收益。即,应将城郊的农村集体建设用地的增值收益,通过财政转移支付等再分配规定,分享至农区的乡村社区。

5.4.3　效率取向

斯密的《国富论》充分揭示了劳动分工和商品交易对于提高生产力的巨大作用。此后主流经济学的研究进路就是用数理模型进一步深入论证自由贸易对于经济效率的决定性作用。但这条研究进路忽略了市场交易需要耗费资源这个事实,交易费用是影响经济效率的重要因素。科斯在《企业的性质》中革命性地揭示出这个社会事实,并在其后的《社会成本分析》中揭示出法律是界定产权结构的手段,是一种与市场和企业相类似的节约交易费用的机制。斯蒂格勒将科斯的发现概括为两条定理:第一,在交易费用为零的假设下,法律配置的产权结构对经济效率不产生影响。第二,在交易费用不为零的假设下,法律配置的产权结构对经济效率产生重要影响。波斯纳在《法律的经济分析》中进一步运用交易费用经济学理论,对财产法、合同法、刑法和程序法展开交易费用分析,论证法律规定对于提高各个领域经济效率的重要作用。波斯纳提出一条法律配置资源的规则,简称波斯纳定理,即法律应该把权利分配给更有效使用它的人。波斯纳认为,在资源稀缺的世界中,对效率的追求,便是最大的正义,一切符合该效益原则的法律都应予肯定,否则应加以修改或删除。很显然,经济分析法学的价值导向是"效率优先,公平居次"的价值观。这种价值观并不完全符合人类社会的价值认知。实验经济学的经验研究表明,在显失公正的条件下,人具有宁愿承受经济损失也要维护社会公平的倾向。尽管如此,经济分析法学得出的这些研究结论对于农村集体建设用地管理还是有着十分重要的启示意义。第一,法律应该界定符合当事人需要的产权规则,可以有效地降低产权界定的交易费用。特别是,应赋予集体建设用地使用权、宅基地使用权更充分地占有、使用、收益和转让的权利,充分赋权将更有利于提高资源的利用效率。第二,法律应当尽量规范和简化交易程序,提高交易的安全,减少交易的时间。进一步规范农村集体建设用地权属管理、用途管理和价值管理的法律程序,压缩申请审批的时间和材料要求,降低当事人对交易的经济投入。

5.5　土地权属管理的法律要素

5.5.1　法律原则

(1)物权法定

物权是对世权,具有很强的独占性和排他性,需要法律规定其种类、内容和转移程序。物权法定主义,最早起源于古罗马法。近代大陆法系各国继受罗马法,多在民法典中沿袭物权法定主义。物权法定有四个方面的含义:一是物权的种类由法律规定,当事人不得随意创设。二是物权的权利内容由法律规定,禁止当事人创设违反法律规定的物权。三是物权的效力由法律规定,当事人不得协商变更。四是物权变更的方式由法律规定,当事人不能随意确定。

(2)意思自治

意思自治是指在民事活动中,民事主体具有独立的、自由的意志,不受国家或其他第三方的干预。即,民事主体在没有外力胁迫下,完全根据自己的主观判断,通过民事行为设立、变更和终止法律关系。意思自治彰显民事活动中的自由主义和平等主义精神,保障经济活动的效率。

（3）公示公信

物权公示原则是指物权应当可以被利益相关方从外部加以认识。因法律行为导致物权取得、变更或消灭的，都应该以法定的方式对外展示，使他人得以知悉，否则无法产生法律效力。对于不动产而言，就是要以不动产登记的形式对外公示物权状况。公信原则是指物权公示的信息要符合物权的实际状况，以保障不动产的交易安全。

（4）程序正义

程序正义原则是指不动产物权的变动必须遵守统一规范的不动产登记程序，以保障不动产交易当事人的合法权益。只有经过统一的不动产登记程序确认的物权变动，才具有对抗善意第三方的法律效力。程序正义原则还包括不动产登记的当事人都需要依法办事。申请人需要依法申请，提供法律规定的法律文件。登记人需要依法审查，在符合法律的情况下，依法登记物权变动行为。审查人不得无故在登记申请符合法律规定的情况下，拒绝申请人的登记申请。

5.5.2 法律体系

不动产物权的法律规定是一个层次性的法律体系，上位法比下位法具有更高的法律地位和效力（王利明，2007）。上位法制定框架性和原则性的法律规定，下位法制定详细性和操作性的法律规定。本书以这些法律和政策文件为依据，从中梳理出物权种类，找出关于主体、内容和客体的规定。

第一层次是全国人大制定的宪法。宪法是国家的根本大法，它对土地所有制和使用制做出根本性的规定。《宪法》第十条规定我国实行土地公有制，在城市地区实行国有制，在农村地区实行集体所有制。国家为了公共利益的需要，可以征收土地并给予补偿。国家禁止买卖土地，土地的使用权可以依法转让。宪法为城乡土地有偿使用开辟了道路，为集体建设用地使用权市场预留了法律空间（吴次芳、靳相木，

2009)。

第二层次是全国人大或常委会制定的法律。人大及其常委会制定的法律对土地财产权做出基本性的规定。《民法总则》(2017)实质上是我国民法典的总则编。作为民法典的框架,《民法总则》在第五章"民事权利"中,对财产权做了"平等保护、物权法定"等原则性规定,将物权建构为所有权、用益物权和担保物权。《物权法》(2007)是市场经济运行的基本法律保障,为物权保护和流转提供了基本条件。《物权法》是物权的实体法,对不动产的所有权、用益物权和担保物权做出详尽的法律规定。《物权法》对农村集体建设用地的规定较为粗略,《土地管理法》(2019)是城市和乡村进行土地管理的法律基础,大量农村集体建设用地的私权规定仍保留在该法中。比如,集体建设用地使用权、宅基地使用权的法律规定保留在该法中。2019年修正的《土地管理法》,为农村集体经营性建设用地入市开辟了道路,但仍然限制农村宅基地入市流转。《担保法》(1995)是为促进资金流通和商品流通,保障债权实现而制定的专门性法律规定。《担保法》为担保物权的实现提供了法律保障,为集体建设用地使用权的抵押预留了法律空间,但限制了宅基地使用权和农房所有权的抵押(陈小君、蒋省三,2010)。

第三层次是国务院制定的行政法规。国务院制定的行政法规一般是实施性的行政管理法律规则,包括《土地管理法实施条例》(2014)和《不动产登记暂行条例》(2014)等。《土地管理法实施条例》是实施《土地管理法》的补充性实体法,为土地所有权和使用权的确权和登记制定了操作性的法律规定。《不动产登记暂行条例》是《物权法》的配套程序法,详细规定了包括农村集体建设用地在内的不动产登记的登记内容、登记种类、登记程序和查询方法等内容。

第四层次为国务院直属部门出台的部门规章。比如,《不动产登记暂行条例实施细则》(2016)。该实施细则详细规定了集体土地所有权、集体建设用地使用权、宅基地使用权、房屋所有权、建筑物所有权等各类物权的操作性登记程序,以及首次登记、变更登记、转移登记、注销登记、更正登记、异议登记、预告登记、查封登记等登记种类的登记程序。

第五层次为国家行政机关出台的规范性文件。这类文件数量众多,法律地位较低,时效较短,主要是土地改革试点的中央文件或部门规范性文件。这些文件虽然法律位阶较低,但体现了中央农村土地制度改革的国家意志和方向,为地方试点和国家修法提供了政策指引,具有重要的作用。由于 2019 年修正的《土地管理法》已经为农村集体经营性建设用地入市提供了法律通道,所以有关农村宅基地改革文件的作用就凸显出来了。针对《土地管理法》和《担保法》对宅基地使用权转让和抵押的限制,中央出台了一些重要的试点改革文件。(1) 2013 年党的十八届三中全会《全面深化改革若干重大问题的决定》提出:"保障农户宅基地用益物权,改革完善农村宅基地制度,选择若干试点,慎重稳妥推进农民住房财产权抵押、担保、转让,探索农民增加财产性收入渠道。"(2)2015 年《国务院关于开展农村承包土地的经营权和农民住房财产权抵押贷款试点的指导意见》提出:"农民住房财产权设立抵押的,需将宅基地使用权与住房所有权一并抵押。按照党中央、国务院确定的宅基地制度改革试点工作部署,探索建立宅基地使用权有偿转让机制。"(3)2018 年《中共中央、国务院关于实施乡村振兴战略的意见》提出:"探索宅基地所有权、资格权、使用权'三权分置',落实宅基地集体所有权,保障宅基地农户资格权和农民房屋财产权,适度放活宅基地和农民房屋使用权。"

5.5.3　静态模型:产权保护

静态模型的法律规定主要集中在民法的实体法。关于权利主体的规定,大部分集中于《民法通则》对民事主体的法律规定。对民事主体进行特别规定的主要集中在《土地管理法》。关于权利义务的规定,大部分集中在《土地管理法》,《物权法》仅做了授权性质的法律规定。

关于权利客体的规定,大部分集中在《确定土地所有权和使用权的若干规定》(1995)和《不动产单元设定与代码编制规则》(2019)。本书将对权利主体、权利义务和权利客体进行结构化分析。大陆法系一般规定物权法定的原则。我国《物权法》第五条规定:"物权的种类和内容,由法律规定。"我国的物权设定同样适用物权法定的原则(王利明,2007),我国农村集体建设用地的物权种类和内容见表5.1。

首先,我国的物权种类分为所有权、用益物权和担保物权(孙宪忠,2009)。所有权是自物权,具有完整的权利束,具有充分的占有、使用、收益和处分的权利(梁慧星、陈华彬,2007;王利明,2007)。所有权人有权在自己的所有物之上设立用益物权和担保物权等他物权(崔建远,2009)。用益物权是所有权人为了更好地发挥物的使用价值而在所有物之上设立的定限物权,是用益物权人可以占有、使用他人之物并取得收益的他物权(尹飞,2005)。中国实行土地公有制,个人或企业主要依靠用益物权提供利用土地的条件。目前,世界土地制度改革由重土地"所有",转向重土地"利用"。通过土地所有权设定用益物权,可以避开所有权改革的高昂制度成本,实现"地尽其用"的政策目标(王利明,2007)。因此,在土地公有的背景下,用益物权的设计具有实现经济效率的制度功能(崔建远,2009)。担保物权是指以确保一定债权的实现为目的,在债务人或第三人的特定财产上设定的,在债务人到期不履行债务时,债权人(担保物权人)可以直接以担保物的交换价值优先受偿的一种他物权(孙宪忠,2009;王利明,2007)。抵押权是指债权人对于债务人或第三方不转移占有而提供担保的不动产,在债务人不履行债务或者发生了合同约定的实现抵押权的情形时,依法享有的对担保的财产进行变价并优先受偿的担保物权(梁慧星、陈华彬,2007;王利明,2007)。抵押权对于促进资金的融通和不动产的开发利用具有重要的作用,有利于金融资本投资于不动产,促进不动产的开发利用(祝国瑞、黄伟,2004a;Dale 和 Mclaughlin,1999)。

表 5.1 农村集体建设用地物权的静态模型

一级物权	二级物权	权利主体	权利义务	权利客体
所有权	土地所有权	农村集体	占有权、使用权、收益权	所有权宗地
	房屋所有权	农户	占有权、使用权、收益权、有条件的转让权	农房
用益物权	建设用地使用权	民事主体	占有权、使用权、收益权、转让权	集体建设用地宗地
	宅基地使用权	集体成员	占有权、使用权、收益权、转让权	宅基地宗地
	宅基地资格权	集体成员	占有权、使用权、收益权、转让权	宅基地宗地
	地役权	所有权人、使用权人	地役权合同约定的权利与义务	供役地和需役地宗地及建筑物
担保物权	抵押权	民事主体	抵押权实现	抵押权宗地及建筑物

5.5.3.1 所有权

（1）权利主体

中国实行土地公有制，农村地区和城市郊区的土地一般实行集体所有制，法律另有规定的除外（王利明，2007）。农村集体土地上的房屋等建筑物、构筑物允许实行私有（程雪阳，2010）。集体土地所有权人分为三种情况：乡（镇）农民集体（人民公社）、行政村农民集体（生产队）和自然村农民集体（生产小队）（丁关良，2008）。根据《确定土地所有权和使用权的若干规定》，所有权主体按下列原则确定：(i)凡土地家庭联产承包中未打破自然村农民集体的，土地所有权确定为自然村农民集体所有。(ii)能够证明是乡（镇）农民集体所有的，土地所有权确定为乡（镇）农民所有。(iii)不能证明是乡（镇）农民集体所有或自然村农民集体所有的，依法确认为行政村农民集体所有。

（2）权利义务

所有权是自物权，在遵守土地用途管制规则和不妨害公共利益（他人利益）的前提下，具有充分的占有、使用、收益和处分的权利（梁慧星、陈华彬，2007）。法律对集体土地所有权实行了特别限制，不允许农村集体经济组织间买卖土地,但允许国家与集体、集体与集体之间进行土地调换。《物权法》允许在集体土地上设置用益物权。《土地管理法》允许集体土地所有权人公开出让经营性建设用地使用权,但限制宅基地使用权及农房所有权入市。法律限制了所有权人对宅基地的收益权利。历史地看,农村土地的集体所有制是在农民所有制的基础上,经过社会主义改造后形成的。这种历史背景,决定了土地所有权承载着互助共济的政治功能。所有权必须为农民提供民生所必需的生活资料,但也附带提供生产资料的功能。生活资料的功能主要体现在为农民提供居住空间,生产资料的功能主要体现在为庭院经济和家庭小作坊提供活动空间。我国政府总体上把宅基地和农房作为生活资料对待,保留了农房的农民所有性质。也正因为把宅基地和农房作为农民的生活资料对待,对宅基地的分配和供给采用了无偿的方式,抑制了所有权的收益权利。随着乡村振兴战略的实施,作为存量用地的主要组成部分,必然要发挥发展产业的重要作用。因此,宅基地作为生产资料的功能逐渐显现。本书认为,宅基地如果作为生产资料的供给,应当发挥所有权的收益权能。宅基地使用权发生转让时,农村集体经济组织可以按照一定比例分享流转收益。收益权的发挥,有助于壮大集体经济。

(3)权利客体

根据《确定土地所有权和使用权的若干规定》,农村集体所有权的客体有以下几个方面来源:(i)根据1956年《高级农业生产合作社示范章程》的规定,社员入社后将个人所有的土地改变为农民集体所有。(ii)根据1962年《农村人民公社工作条例》第二十二条的规定,归生产队所有的土地。(iii)根据《宪法》第九条的规定,属于集体所有的森林、山岭、荒地、草原和滩涂。(iv)根据《土地管理法》第九条规定,国家所有以外的农村和城市郊区的土地,包括农民的宅基地、自留山、自留地。(v)善意占用其他农民集体闲置的土地达到二十年以上的,归占有者集体所有。(vi)与国家或其他农民集体依法交换得到的土地。

（vii）乡镇企业依法占用的农民集体土地，归乡（镇）集体所有。（viii）其他集体土地。

根据《不动产单元设定与代码编制规则》的规定，所有权宗地的划分要注意：(i)农村集体经济组织所有的土地，应划分集体土地所有权宗地。(ii)两个或两个以上农村集体共同所有的土地，且土地所有权边界难以确定的，应划为共有宗。(iii)土地权属未确定或有争议的地块可设为一宗地。(iv)县级行政界线分割宗地的，原则上宜保持宗地的完整性，并将县级行政区面积、名称、行政界线等作为宗地图的要素，也可按照县级行政界线分割宗地。

5.5.3.2 集体建设用地使用权

（1）权利主体

权利主体可以分为经营性建设用地使用权人和公益性建设用地使用权人。(i)经营性建设用地。《土地管理法》（2004）将经营性建设用地使用权人限定为乡镇企业或者乡镇企业以土地使用权入股、联营等形式与其他单位、个人共同举办的企业。《土地管理法》（2019）将经营性建设用地使用权人扩大为符合《民法总则》规定的民事主体。(ii)公益性建设用地。《土地管理法》（2004）和《土地管理法》（2019）将公益性建设用地使用权人限定为农村集体经济组织。

（2）权利义务

《物权法》采用了法律授权的立法技术，将有关法律规定转移到《土地管理法》中。《物权法》第一百五十一条规定："集体所有的土地作为建设用地的，应当依照土地管理法等法律规定办理。"全国人大常委会在 2019 年完成了对《土地管理法》新的修正。通过对比《土地管理法》（2004）和《土地管理法》（2019）对集体建设用地使用权的法律规定，容易发现 2019 年修正的《土地管理法》为集体经营性建设用地进入土地市场提供了通道，集体经营性建设用地使用权具有了在土地市场上进行流通的权利，集体公益性建设用地的法律规定没有发生变化。《土地管理法》(2004)对集体经营性建设用地限定的取得范围是非常小的,只允许"农村集体经济组织使用乡(镇)土地利用总体规划确定的建设用地兴办企业或者与其他单位、个人以土地使用权入股、联营等形式共同举办企业"的情形,才能申请经营集体建设用地。《土地管理法》(2019)赋予经营性建设用地使用权流转的权能。土地所有权人可以通过出让、出租等方式设定经营性建设用地使用权,将土地交由单位或者个人使用。通过出让等方式取得的集体经营性建设用地使用权,可以转让、出资、赠与、互换或者抵押。集体经营性建设用地的出让和出租的权利设定参照同类用途的国有建设用地执行。集体经营性建设用地使用权人在遵守土地用途管制规则和土地出让或出租合同的条件下,享有充分的占有、使用、收益和处分的权利。《土地管理法》(2019)赋予集体经营性建设用地使用权完整的物权,有利于乡村的土地要素与城市的资金要素相结合,有利于乡村振兴和精准扶贫等国家战略的实施。《土地管理法》(2019)仍然限制农村集体经济组织将公益性建设用地出让或划拨给组织外的个人或组织。公益性集体建设用地使用权人在遵守土地用途管制规则的前提下,享有充分的占有、使用的权利,但不具有收益和处分的权利。

(3)权利客体

根据《土地管理法》(2004)的规定,集体经营性建设用地的来源可能有:(i)参照国家建设征收土地的标准进行过土地补偿和失地安置的依法使用的集体土地。(ii)1982年以前通过签订协议使用的集体土地。(iii)1962年以前调用集体土地还没有退还的集体土地。(iv)1982年以前农村集体自行使用本集体的土地。(v)历史上经过有关领导的批准或者同意,并进行了一定的土地补偿(调整)的集体土地。(vi)沿用已撤销的企业闲置的集体土地。根据《土地管理法》(2019)的规定,集体经营性建设用地的来源增加为:(i)土地所有权人通过出让方式确定给单位或个人使用的土地。(ii)土地所有权人通过出租方式确定给单位或个人使用的土地。

5.5.3.3 宅基地资格权

(1)权利主体

宅基地资格权的权利人限定为农村集体组织成员、回籍落户的职工、退伍军人、离退休干部和回乡定居的华侨、港澳台同胞。

(2)权利义务

2018 年《中共中央国务院关于实施乡村振兴战略的意见》提出了宅基地所有权、资格权、使用权"三权分置"的政策构想。宅基地所有权和使用权是《物权法》和《土地管理法》(2004)中已经规定的法律概念,而宅基地资格权是新提出的政策概念。宅基地"资格权"已经在浙江省多个基层政府开展试点。浙江省义乌市在全国首次提出宅基地资格权政策,浙江省象山县率先在全国非农村土地制度改革试点地区颁发宅基地三权分置不动产权证,浙江省德清县率先在全国农村土地制度改革试点地区颁发宅基地三权分置不动产权证。宅基地资格权可以理解为基于农村集体组织的成员资格通过分配、继受、共同共有等三种方式取得宅基地的权利。资格权到底是什么性质的权利? 是人身权,还是财产权? 由于资格权是基于集体成员资格这个身份基础获得的,因此有学者提出资格权的性质为人身权。但如果资格权为人身权,那么作为人身权的权利,又如何能在宅基地这个物上具有占用、使用和收益的权能呢? 本书认为,资格权不是人身权,而是财产权。那么资格权到底是什么性质的财产权? 追本溯源,通过系统考察欧洲各国物权制度,本书认为与资格权最为类似的物权种类是德国或瑞士人役权种类下的土地负担。

人役权是为特定人利益而设的役使他人之物的用益物权,是一种具有人身依附性的用益物权种类,主要提供基本生活保障的功能,一般禁止流转,存续时间依赖权利人寿命。人役权设立的初衷是使没有继承权又没有劳动能力的人能够生有所靠、老有所养,具有占有、使用和收益的权能,处分权较小,是一种社会保障性质的物权。一般而言,欧洲大陆各国人役权有收益权、使用权和居住权等种类。收益权具有占有、使用、收益的权能,使用权具有占有和使用的权能,居住权是使用权的细分种类,仅具有占有和居住的权能。资格权作为一种物权,不应具备占有和使用的权能,否则将与使用权中的占有和使用权能产生冲突。因此,资格权是仅具有收益和处分权能的用益物权。人役权中,仅具备收益和处分权能的物权种类是土地负担。所谓土地负担,是指从他人的土地出产物中获得定期持续的给付的权利,起源于德国的养老权。德国农民年老退休后,将所有权转给儿女,在土地上设有土地负担以供养老人。资格权与土地负担比较相似,但资格权的具体权能内容是有中国特色的。

从收益权能来看,资格权是设立在使用权上的权利负担,因此,资格权人有权向使用权人获得约定的土地出产物,设立收益权能的目的就是要保障农民的基本居住权益,避免农民流离失所。无论使用权如何流转,资格权人都有定期向现有使用权人索要保障费用的权利。从处分权能来看,资格权人可以凭借资格权获得使用权,并可以自主决定是自己持有还是向外流转使用权,甚至可以进一步决定自己持有还是将资格权赠予、转让给直系亲属或集体经济组织成员。资格权是从使用权分解出来的权利,使用权分解掉资格权的社会保障负担后,被赋予自由流转的权利,转移到新的使用权人。当土地转让合同到期后,按照物权的弹回原理,资格权与使用权合二为一,恢复到限制流转的使用权状态。应当看到,资格权制度是历史阶段性产物,正如土地负担制度是德国在农业经济时期为养老提供的一种社会保障,具有历史阶段性。随着国家治理能力的提高和城乡社会保障体系的完善,资格权制度将逐步退出历史的舞台。

(3)权利客体

资格权客体是农村宅基地,即农村建造住宅的土地,包括以下来源:(i)依法使用的。(ii)私有宅基地转来的。(iii)通过继承、购买房产使用集体土地的。

5.5.3.4 宅基地使用权

（1）权利主体

历史上各个时期的《土地管理法》，较为严格地限定宅基地使用权人的范围：农村集体经济组织成员、回籍落户的职工、退伍军人、离退休干部、回乡定居的华侨、港澳台同胞。农村集体经济组织将宅基地使用权无偿划拨给使用权人，用于建造住宅。宅基地使用权可以转让给集体组织的内部成员，但不允许转让给集体组织以外的个人或组织。

（2）权利义务

物权法采用了法律授权的立法技术，将宅基地使用权的法律规定转移到《土地管理法》中。《物权法》第一百五十一条规定："宅基地使用权的取得、行使和转让，适用土地管理法等法律和国家有关规定。"《土地管理法》（2004）规定宅基地使用权人必须按照土地用途管制的要求开发利用宅基地。宅基地使用权人享有占有、使用、收益的权利。宅基地使用权只允许在农村集体经济组织范围内流转。对宅基地使用权的流转权能的限制，损害了宅基地使用权人的财产收益权。目前，社会各界对放开宅基地流转权的呼声较大。《土地管理法》（2019）没有对宅基地使用权做重大修改，只增加了一些补充性的规定。这些补充性条款没有增减宅基地使用权的权利，只是明确了行政管理机构。宅基地使用权关系到千家万户，宅基地使用权改革影响到社会风险防控。在改革经验不足的情况，中央政府没有对法律规定做出实质性修改，而是指定农业农村主管部门作为改革负责单位，继续推行农村宅基地改革。

2018 年《中共中央、国务院关于实施乡村振兴战略的意见》提出："探索宅基地所有权、资格权、使用权'三权分置'，落实宅基地集体所有权，保障宅基地农户资格权和农民房屋财产权，适度放活宅基地和农民房屋使用权。"从该文件可以看出，中央政府坚持宅基地和农房市场化和财产化的改革方向,但要在改革经验积累到足够成熟时再修改相关法律条文。在对宅基地实行三权分置的改革之后,由于有了保障性物权的资格权提供社会兜底,经过重构的使用权应去身份化,赋予完整的流转处分权,允许农户通过转让、互换、赠与、继承、出租、抵押、入股等方式流转宅基地使用权。重构后的宅基地使用权为城市的人员、技术和资金进入乡村提供渠道、载体和利益保障。因此,宅基地使用权要遵循城市市场经济的逻辑,即产权要清晰,缔约要自由,流转要顺畅。受让人在向所有权人和资格权人支付完全的经济对价后,可以独立对抗所有权和资格权,获得"准所有权"的地位。

(3)权利客体

该物权的客体是农村宅基地,即农村建造住宅的土地,包括以下来源:(i)依法使用的。(ii)私有宅基地转来的。(iii)通过继承、购买房产使用集体土地的。

5.5.3.5 地役权

(1)权利主体

地役权是指因为通行、给水、排水或铺设地下地上管线等需要,通过签订交易合同,利用他人的土地(房产),以提高自己的土地(房产)利用效率的权利。地役权的发生以存在两块土地(房产)为前提条件。享受便利的土地称为需役地,供他人土地的方便而用的土地称为供役地。相应地,需役地的权利人为需役人,供役地的权利人为供役人。需役人和供役人可以是土地所有权人、建设用地使用权人、宅基地使有权人和房屋所有权人。

(2)权利义务

设立地役权的目的在于为需役地的方便而利用供役地。因此,地役权合同中应当明确规定如何利用供役地。依合同设立地役权时,《物权法》采用登记对抗主义,在登记之前合同生效后,地役权即已设立,而登记只是其对抗要件。地役权不能单独转让。建设用地使用权、宅基地使用权转让时,地役权同时转让,合同有特别约定的除外。地役权不能单独抵押。建设用地使用权在实现抵押权时,地役权同时转让。

(3)权利客体

地役权的客体包括土地和建筑物。签订地役权合同,应当标明需役地和供役地的位置、四至和面积,特别要对供役地的位置信息做好详细记录。供役地和需役地的不动产编码单元采用土地使用权或房屋所有权的编码单元。

5.5.3.6 抵押权

(1)权利主体

抵押的权利人包括抵押权人和抵押人。抵押权人是指抵押合同的债权人。抵押人是抵押物的所有人,以自己的财产为自己或他人的债务设定抵押,可能是抵押合同的债务人,也可能是其他第三人。

(2)权利义务

抵押是指债务人或第三方在不转移财产占有的情况下,把该财产作为向债权提供的担保。抵押权是指在债务人不履行债务或者发生当事人约定的实现抵押权的情况下,抵押权人依法享有的对担保的财产进行变价和优先受偿的权利。抵押权人享有以下权利:(i)优先受偿权。在债务人不履行债务时,抵押权人有权将抵押财产进行折价或者拍卖、变卖,所得价款可以优先于普通债权人用于偿还债务。(ii)孳息收取权。在债务人不能履行债务而使抵押物被人民法院扣押的情况下,自扣押发生之日起,抵押权人有权取得抵押物产生的自然孳息和抵押物可以收取的法定孳息。(iii)排除他人侵害抵押物的权利。如果抵押物受到侵害,抵押权人有权要求停止侵害、赔偿损失或者恢复原状。抵押权人的义务是在实现抵押权时应当符合法律法规的规定或抵押合同的约定,不能损害抵押人的利益。

抵押人享有以下权利:(i)对抵押物的占有权。设定抵押后,抵押权人有权利继续占有抵押物,并有权取得抵押物产生的孳息。(ii)对抵押物的转让权。设定抵押权后,抵押权人有权把抵押物转让给他人。但在设定抵押的情况下,抵押人应当通知抵押权人,同时还要告知受让人转让物已经设定抵押的情况。没有通知抵押权人或者没有告知受让人的,该转让行为不产生法律效力。(iii)对抵押物设定多个抵押的权利。抵押人可以在同一抵押物上设定多个抵押权,但是抵押的总价值不能超出抵押物的总经济价值。抵押权人按照抵押顺序顺位行使抵押权。(iv)对抵押物的出租权。抵押权人有权将抵押物出租给其他人使用。抵押人的义务是妥善保管好抵押物。

(3)权利客体

抵押权的客体是抵押合同所约定的不动产。抵押权的实现要将抵押物拍卖或者变卖,所以,抵押物必须是可转让之物。根据《土地管理法》和《担保法》的规定,集体经营性建设用地使用权可以进入土地市场进行流转,而宅基地使用权不可以进入土地市场流转。因此,集体经营性建设用地使用权可以抵押,宅基地使用权目前还不可以抵押。根据中央农村土地改革试点文件的要求,在规定的试点地区,可以开展宅基地使用权的抵押试点。抵押物的编码单元采用土地使用权的编码单元。

5.5.4　动态模型:产权交易

权属管理动态模型主要表述物权变动的法律程序,物权变动是指物权的取得、变更和消灭(孙宪忠,2009)。物权的取得分为原始取得和继受取得。物权原始取得是指权利人不以他人物权的存在为前提,而是以直接依据法律的规定取得物权的方式(王利明,2007)。比如,劳动生产、孳息、没收、征收等。继受取得是以他人的物权及意思为前提而取得物权的取得方式,包括创设继受取得和转移继受取得两种方式(梁慧星、陈华彬,2007)。创设继受取得是指在他人物权上的客体创设新物权的方式,创设的物权一般为限制物权(用益物权、担保物权)。转移继受取得是指就他人的物权依原状移转而取得的方式。比如,买卖、赠与和交换等方式。物权的变更是指物权的客体或内容发生变化(崔建远,2009)。前者如物权客体的添附或减损,后者如物权时限的延长或缩短、抵押权顺序的变化等。物权的消灭是指物体主体与物体客体的法律关系的分离,包括物权客体的灭失及客体未灭失但物权本身被终止等两种情形(尹飞,2005)。

物权变动的立法模式有债权意思主义、物权形式主义和债权形式主义三种方式(梁慧星、陈华彬,2007;王利明,2007)。债权意思主义是指物权的变动来源于合约当事人间的债权意思,不需要债权意思之外的公示而成立物权的变动制度。物权形式主义是指买卖标的物所有权的转移,需要有当事人之间就标的物所有权转移作为一个独立于买卖契约之外的物权合意,以及显示物权合意存在的登记或交付的外在形式。债权形式主义,是债权意思主义与登记或交付相结合的动态物权模式。因法律行为发生物权变动时,除当事人之间要有债权合意以外,还需要实施登记或交付的法定形式,两者结合起来才产生物权变动的法律效力(程啸,2011;李昊等,2005)。物权形式主义与债权形式主义的区别在于是否承认物权合意的独立性。如果认为物权合意是无因的,可以独立,那么就是物权形式主义。如果认为物权合意是有因的,不能独立,那么就是债权形式主义。我国《物权法》第九条规定,不动产的设立、变更、转让和消灭,登记的时候产生法律效力。但地役权的设立,借鉴了法国民法关于物权变动的立法规则。《物权法》第一百五十八条规定,地役权在登记之前合同生效后即已设立,登记只是其对抗要件。因此,我国物权变动的立法模式是以债权形式主义为主,以债权意思主义为例外的折中模式(孙宪忠,2009)。

权属管理动态模型的法律规定集中在民法的程序法,包括《不动产登记暂行条例》《不动产登记暂行条例实施细则》和《不动产登记操作规范(试行)》等。这些法律规定,详细规定了集体土地所有权、集体建设用地使用权、宅基地使用权、房屋所有权、建筑物（构筑物）所有权、地役权和抵押权等物权种类的登记程序，以及首次登记、转移登记、变更登记、更正登记、注销登记、异议登记、预告登记和查封登记等登记种类的登记程序。本书将各类登记种类可能设定或改变物权的法律关系的情况列于表5.2。

表 5.2　农村集体建设用地物权登记类型与法律关系的对应关系

登记类型	权利主体	权利义务	权利客体
首次登记	√	√	√
变更登记	√	√	√
转移登记	√	×	×
注销登记	×	√	×
更正登记	√	√	√
异议登记	√	×	√
预告登记	√	√	√
查封登记	×	√	×

不动产登记的法律程序可以分为三类：依申请登记、依嘱托登记和依职权登记。本书将不同登记类型可以采用的登记方式列于表5.3。依申请登记是指当事人因为土地使用权的取得、变更、灭失的需要而对物的权利提出的申请登记；依嘱咐登记是法院、检察院、政府、公安等国家机构要求不动产登记机构变更物权法律关系的登记行为；依职权登记是不动产登记机构依据法律赋予的职权主动变更物权法律关系的登记行为（程啸，2011）。

表 5.3　农村集体建设用地物权登记类型与登记方式的对应关系

登记类型	依申请登记	依嘱托登记	依职权登记
首次登记	√	×	×
变更登记	√	√	×
转移登记	√	√	×

续表

登记类型	依申请登记	依嘱托登记	依职权登记
注销登记	✓	✓	✓
更正登记	✓	×	✓
异议登记	✓	×	×
预告登记	✓	×	×
查封登记	×	✓	×

5.5.4.1 依申请登记

一般情况下,不动产登记应当依照当事人的申请进行,依申请登记的主要法律程序见图 5.3。

依申请登记的法律程序如下:(1)申请。当事人提出登记申请,提供符合法律规定的申请书、身份证明文件和法律文书等申请材料。申请人应当对申请材料的真实性负责。(2)受理。受理是指不动产登记机构依法查验申请主体、申请材料、登记范围,询问登记事项,录入相关信息,出具受理结果等工作过程。(3)审核。审核是指不动产登记机构受理申请以后,根据申请的登记事项,按照规定对申请事项和申请材料进行审查,决定是否进行登记的过程。(4)登簿。经审核符合登记规定的,应当将申请登

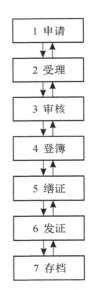

图 5.3　依申请不动产登记流程

记的事项记录到不动产登记簿。(5)缮证。登簿后,不动产登记机构应当根据不动产登记簿,准确、如实地制作不动产权证书或者不动产登记证明。(6)发证。根据法定工作时限,向当事人核发不动产权证书或者不动产登记证明。(7)存档。发放证书或证明以后,不动产登

记机构应当及时将登记资料归档管理。

5.5.4.2 依嘱托登记

依嘱托登记是根据人民法院、人民检察院等国家有权机关依法作出的嘱托文件实施的不动产登记(见图 5.4)。依嘱托登记的法律程序如下:(1)嘱托。实施嘱托登记的主体应当为人民法院、人民检察院、人民政府或公安机关等国家有权机关。(2)接受嘱托。不动产登记机构接收嘱托文件后,对嘱托文件的形式完整性进行审查。(3)审核。审核是指不动产登记机构接受嘱托后,根据嘱托文书,按照有关法律、行政法规对嘱托事项进行审查,并决定是否予以登记的过

图 5.4　依嘱托不动产登记流程

程。包括审核书面材料、查阅登记簿、查阅原始资料、确定审核结果等过程。(4)登簿。经审核符合登记条件的,应当将申请登记事项记载于不动产登记簿。(5)存档。完成登簿后,不动产登记机构应当按规范将登记资料归档。

5.5.4.3 依职权登记

依职权登记是指不动产登记机构根据法律法规和不动产登记实施细则授予的职权直接实施的登记(见图 5.5)。依职权登记可能涉及的登记种类有注销登记和更正登记。依职权登记的法律过程如下:(1)启动。当不动产登记机构发现存在登记错误、不动产被征收或房地产开发机构解散等情形,为了促进不动产得到更安全的产权保护或

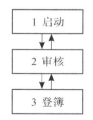

图 5.5　依职权不动产登记流程

促进更准确的登记不动产产权状况,可以依职权启动登记程序。(2)

审核。审核人员应仔细查阅登记簿、原始资料,必要时到现场进行实地查看和调查,根据资料和调查情况进行公告,最后做出审核结果。

(3)登簿。经校核无误后,将审核结果写进登记簿。

5.6　土地用途管理的法律要素

5.6.1　法律原则

(1)用途法定

用途法定就是既要通过法律授予政府管制土地用途的权力,又要防止政府滥用权力而侵害社会个体的财产权利。用途法定有三层含义:第一,政府应当根据法律规定对所有的土地规定土地用途。第二,所有的土地权利人不能随意确定土地用途,必须按照土地用途管制规则的规定利用土地;第三,土地用途管制规则对于申请者和审批者具有同等的约束力。如果申请者的申请符合法定的用途规则,审批者不能随意否定。否则,就是侵犯申请人的合法权利。

(2)比例原则

土地用途管制权的行使必须合理地衡平土地使用的个体利益和公共利益,在相互冲突的个人利益和公共利益之间确定合理的比例。既不能为保障个体利益而过度牺牲公共利益,也不能为维护公共利益而过度侵害个人利益。比例原则有三层含义:第一,立法机关所规定的措施要能够达成所欲保障的公共利益。第二,在各种达成此项公共利益的方案中,应当选择对公民财产权利侵害最小的方案。第三,不能为了一个较小的公共利益,而使公民承受过大的财产损失。

(3)平等原则

平等原则有三层含义:第一,同等情况同等对待。政府在面对情况相同的公民群体时,应当公平对待,反对歧视,保障公民相同的权益。第二,不同情况区别对待。在设定和实施土地用途管制规则时,根据社会调查的结果,适当照顾社会的弱势群体,保障其基本的生存权利。第三,不同情况比例对待。土地用途管理权的设置和行使应当根据不同情况配置公民不同比重的权利义务。同等对待与区别对待是在坚持形式公平的同时,实现管制措施的实质正义。比例差别是管制权根据对公民财产损害程度的不同的补偿。比例差别有两层含义:第一,土地用途管制的设置和实施要给予弱者更多的保护以确保强弱之间适当的比例。第二,在管制程度差别显著的情况下必须给予相匹配的补偿。

(4)程序正义

土地用途管制的实施必须按照法定的程序实施。土地用途管制的程序正义是形式正义的实现形式,要在实施程序中体现法律公平的精神。土地用途管制的程序正义有三层含义:第一,土地用途管制实施的法律程序对审批人和申请人具有同等的法律约束力。第二,土地用途管制的实施违反了法定的实施程序,该行为后果将不产生法律效力。第三,管制权的生效要以审批人和申请人在程序上的一致"同意"作为法律前提。

5.6.2　法律体系

土地利用总体规划和城乡规划是法定的具有土地用途管制权的空间规划。土地利用总体规划是一种以土地资源保护利用为特色的资源型规划,对土地资源保护利用采取了一种"从上至下"严格保护和控制的层级制管理体制。城乡规划是一种以城乡建设为特色的发展型规划,对城乡工程建设的管理采取了一种"从下而上"的管理体制。城乡规划具有自组织的特点,有利于回应公众需求。由于不同的着眼点,两种类型的规划在实施中引起了激烈的冲突和矛盾。为了方便群众办事,降低制度成本,2019 年中央政府决定对两种规划进行融合。中共中央、国务院下发《关于建立国土空间规划体系并监督实施的若干意见》,决定以国土空间规划代替土地利用总体规划和城乡规划,对国土空间进行统一用途管制。目前,我国的国土空间规划制度体系仍在建设进程中,《国土空间规划法》起草已纳入自然资源部工作计划。

第一层次是全国人大制定的宪法。宪法是国家根本大法,为下位法提供框架性的法律依据。《宪法》第九条规定:"国家保障自然资源的合理利用,保护珍贵的动物和植物。禁止任何组织或者个人用任何手段侵占或者破坏自然资源。"第十条规定:"一切使用土地的组织和个人必须合理地利用土地。"这两条规定,为土地利用的公共干预和土地用途管制提供了基本依据。

第二层次是全国人大及其常委会制定的法律。相关的法律包括《土地管理法》和《城乡规划法》。针对建设用地快速挤占农业空间,严重威胁粮食安全的严峻挑战,《土地管理法》建立了土地用途管制、耕地保护和补偿、基本农田保护、农用地转用审批、土地利用计划管理等一系列制度。这些法律措施的出发点和着眼点在于严格保护农业用地空间,限制建设用地的无序扩张。为克服交通拥堵、住房紧张、环境污染等"城市病"和主体老弱化、村庄空心化等"乡村病",《城乡规划法》建立了城乡规划许可制度。《城乡规划法》的着眼点在于协调和引导城乡建设活动,改善人居环境,提供有序的空间秩序。

第三层次是国务院制定的行政法规。相关的行政法规包括《土地管理法实施条例》(2014)、《基本农田保护条例》(2011)和《村庄和集镇规划建设管理条例》(1993)。《土地管理法实施条例》提出了《土地管理法》的实施性措施,详细规定了土地用途管制、基本农田保护、耕地补偿、农用地转用审批、土地利用计划管理等操作性办法。《基本农田保护条例》规定了基本农田保护区的划定要求及保护区内的禁止空间行为规定,提出了基本农田占用的补偿管理规定。《村庄和集镇规划建设管理条例》对村庄和集镇的总体规划及建设规划的规划内容和深度、编制报批程序等做出法律规定,并对乡村建设用地选址意向书的申请和审批等做出法律规定。

第四层次是主管部门制定的部门规章。这部分法规主要是由原国土资源部所建立的各项规划管理制度。比如,《土地利用年度计划管理办法》(2016)、《建设项目用地预审管理办法》(2016)、《建设用地审查报批管理办法》(2016)和《耕地占补平衡考核办法》(2006)等,就是对年度土地利用计划、建设项目用地预审、建设项目农转用、建设项目补充耕地等重要制度的实施性规则。

第五层次是规范性文件。规范性文件涉及两部分内容。一类是提出落实上位法的操作性规定。比如,《村镇规划编制办法(试行)》(2000)是《村庄和集镇规划建设管理条例》的实施性规定,对总体规划和建设规划的文本、说明和图纸等内容提出具体要求。另一类是关于国土空间规划体系建设的规范性文件。这些文件虽然法律地位不高,但政治影响大,对于日后国土空间规划法的制定和国土空间规划的编制和实施具有引领作用。2019年《关于建立国土空间规划体系并监督实施的若干意见》作为国土空间规划改革的统领性文件,提出了规划编制审批体系、实施监督体系、法规政策体系和技术标准体系的总体构想。具体到乡村的土地用途管理,《若干意见》提出了采用"详细规划＋规划许可"和"约束指标＋分区准入"的管制方式。在中央下发《若干意见》后,自然资源部下发了《关于全面开展国土空间规划工作的通知》和《关于加强村庄规划促进乡村振兴的通知》,全面部署国土空间规划和村庄规划工作,对国土空间规划和村庄的编制和审查做出详细规定。

5.6.3　静态模型:用途分区

5.6.3.1 土地利用规划

1998年,全国人大常委会借鉴欧美成熟市场经济国家管理土地的先进经验,在保留建设用地指标控制的前提下,引入土地用途管制制度,修正《土地管理法》。此后,《土地管理法》根据不同历史时期的改革需求进行了数次修改或修正,但建设用地管理都是实行"指标调控＋用途管制"的模式,坚持把土地用途管制作为土地管理的基本制度。土地利用规划的内容,侧重于保护农用地和控制建设用地。

(1)保护农用地。《土地管理法》第一位的战略目标就是防止城镇空间挤占农业空间,采取严格措施保护农用地,特别是保护耕地。粮食安全是军事安全、政治安全、经济安全的前提条件,在国际环境比较紧张的情况下,粮食安全对保障国家安全具有举足轻重的作用。耕地保护有两个方面的措施。从静态方面看,就是开展基本农田划区定界,将基本农田保护任务落实到图斑上。从动态方面看,就是实施农用地转用控制和耕地占补平衡制度。这些严格举措的根本宗旨在于为国家粮食安全划定资源红线,将国家粮食安全的主动权掌握在自己手中。

(2)控制建设用地。改革开放后,城镇化、工业化和农村现代化加速推进,对土地供应提出强劲需求。但由于土地管理体制的不完善,地方政府和用地主体节约用地的意识不强,造成建设用地无序蔓延,严重挤占农业空间和生态空间。《土地管理法》第二位的战略目标就是约束建设用地无序蔓延,将建设用地增长纳入法治轨道。《土地管理法》的根本目的是在保障城镇化、工业化和农业现代化合理用地需求的基础上,通过严格控制建设用地的规模,保留好农业空间和生态空间。

(3)土地利用计划调控。为了落实"指标调控＋用途管制"的土地用途管制模式,《土地管理法》建立了土地利用计划管理制度,并把这项制度与农用地转用和耕地占补平衡结合起来。即,新增建设用地的审批,必须符合土地利用计划制度的管理规定。《土地利用年度计划管理办法》和《建设用地审查报批管理办法》进一步对年度计划的管理内容和建设用地审查报批的程序进行规范。

5.6.3.2 村庄规划

为了将村镇规划建设活动纳入法制轨道,2007年全国人大常委会制定出台《城乡规划法》,明确提出要编制乡规划和村庄规划,并且依据乡规划和村庄规划实施乡村规划建设许可证制度。《城乡规划法》对乡村规划建设活动提出一条基本原则,即"先规划,后许可;先许可,后建设"。2014年,住房城乡建设部公布《乡村规划建设许可实施意见》,进一步规范乡村规划建设许可的行政程序。乡村规划建设许可制度是要为乡村的住房及产业建设活动营造有序的空间秩序,对公共和市政基础设施建设做出总体性的时空布局,对农村的自然和文化景观做出保护性安排。总体而言,村庄规划的内容侧重于引导村庄的建设活动,为乡村提供宜人的建筑环境。

(1)营造空间秩序。主要是对生活、生产和游憩空间做出总体安排。从生活方面而言,要根据村庄人口的变化情况,安排居住的区位,并根据预测的家庭结构情况,进行大小户型的用地安排。对居住用地的用地条件要进行规划控制,包括占地面积、农房位置、建筑高度(楼层数)和建筑面积等。条件具备的地方,可对农房的外立面色彩、住房风格、屋顶样式等提出指导性要求。从生产方面而言,就是要根据村庄的发展条件,进行产业的适当布局。靠近城镇的村庄,可以根据发展条件进行工业布局。靠近自然和文化景观的村庄,可以根据发展条件进行旅游业布局。对产业用地的用地条件进行规划控制,包括占地面积、建筑位置、建筑密度、容积率和建筑高度等。对于游憩空间,根据村庄的社会结构和乡村文化,提供人群交往的公共空间,包括祠堂、礼堂等社会活动场所,促进乡村的社会联系。

(2)提供基础设施条件。主要是规划建设对内对外的基础设施,解决公共物品的提供问题。对内公共服务和市政设施包括行政、教育、医疗、邮政、金融、供水、排水、供电、电话、电视、网络和道路等基础设施。对外基础设施包括道路、仓库、物流基地等。村庄规划在编制和实施这部分内容时，要根据村庄的条件，实事求是地确定。既努力为村庄的发展创造等值化的城乡公共服务条件，又不脱离村庄实际。

5.6.3.3 国土空间规划

党的十八大以来，中央决策层日益重视生态文明建设工作，把生态文明建设纳入党和政府的工作中心。2015 年，中共中央、国务院印发《生态文明改革总体方案》，提出要构建包括国土空间开发保护制度、空间规划体系等八项制度的生态文明制度体系。为了落实该方案，2019 年中共中央、国务院下发《关于建立国土空间规划体系并监督实施的意见》，提出建设由规划编制审批体系、实施监督体系、法规政策体系和技术标准体系等四位一体构成的空间规划体系。生态文明的建设思想，深刻地影响了国土空间规划的编制思路。该意见着重强调了节约优先、保护优先和自然修复为主的生态理念，要以绿色发展的理念形成集约高效的生产空间、宜居适度的生活空间、山清水秀的生态空间的国土空间格局。根据生态文明建设的总要求，建立和完善《国土空间开发保护法》《国土空间规划法》《土地管理法》和《城乡规划法》。按照《关于建立国土空间规划体系并监督实施的意见》的要求，村庄规划在国土空间规划体系中属于详细规划，实行"详细规划＋规划许可"和"约束指标＋分区准入"的管制模式。

（1）保护生态空间。划定生态红线、保护生态空间，是国土空间规划管理的首要内容。主要是沿袭原国家环境保护部（环保部）和发展改革委（发改委）开展的生态红线划定工作成果，技术依据为环保部和发改委共同发布的《生态保护红线划定指南》（2017）。依据该指南，需要统筹考虑自然生态整体性和系统性来划定生态保护红线。通过开展科学评估，按生态功能重要性、生态环境敏感性和脆弱性划定红线。必须纳入生态保护红线的地理单元包括：国家公园、自然保护区、森林公园的生态保育区和核心景观区、风景名胜区的核心景区、地质公园的地质遗迹保护区、世界自然遗产的核心区和缓冲区、湿地公园的湿地保育区和恢复重建区、饮用水水源地的一级保护区等。根据生态功能重要性,有必要纳入生态保护红线的各类保护地包括:极小种群物种分布的栖息地、国家一级公益林、重要湿地（含滨海湿地）、国家级水土流失重点预防区、沙化土地封禁保护区、野生植物集中分布地、自然岸线、雪山冰川、高原冻土等重要生态保护地。生态保护红线范围内,严格实行生态保育,按禁止开发区域的要求进行管理。严禁不符合功能定位的各类开发活动,分区分类开展受损生态系统修复。

（2）保护农业空间。划定永久基本农田红线,保护耕地和农用地,防止非农建设挤占农业生产空间,是国土空间规划的重要内容。主要是沿袭承国土资源部开展的基本农田划区定界工作成果和国土资源部与农业部开展的永久基本农田划定工作成果,技术依据分别为《基本农田数据库标准》（2009）和《永久基本农田数据库标准》（2017）。永久基本农田的用途管制遵循《基本农田保护条例》中的相关规定。永久基本农田一经划定,任何单位和个人不得占用,或者擅自改变用途。除法律规定的交通、水利、能源和军事设施等国家重点建设项目选址无法避让外,其他任何建设都不得占用。永久基本农田保护红线按永久基本农田保护区、永久基本农田保护片和永久基本农田保护块的形式进行组织。

（3）控制建设用地蔓延。主要是沿袭原住房建设部开展的村镇规划的工作成果。村庄建设用地的划定以村庄开发建设现状为基础,综合考虑资源承载能力、人口分布、经济布局、发展阶段和发展潜力,确定规模、结构和布局,防止村庄无序蔓延。科学预留一定比例的留白区,为未来发展预留开发空间。在村庄规划中,应对村庄建设用地进行逐块编码,确定用地规模、用地性质和开发强度。

（4）构建宜人的栖居环境。努力营造宜居宜业的建筑环境。对内的公共服务和市政设施包括行政、教育、医疗、邮政、金融、供水、排水、供电、电话、电视、网络和道路等。对外的基础设施包括道路、仓库、物流基地等。

5.6.4 动态模型：行政许可

动态模型主要用于刻画用地主体向主管部门提出用地申请，经过统一公开的行政程序获得用地审批书（许可证）的行政过程。目前处于过渡阶段，动态管理模型可以分为乡村建设用地审批、乡村建设规划许可和乡村空间规划许可三种类型。乡村建设用地审批是乡村用地主体向土地行政主管部门提出申请，由土地行政主管部门依据《土地管理法》和《土地管理法实施条例》做出行政许可的行政过程。乡村建设规划许可是乡村用地主体向城乡规划行政主管部门提出申请，由城乡规划行政主管部门依据《城乡规划法》做出许可决定的行政过程。"乡村建设用地审批"和"乡村建设规划许可"是土地利用总体规划、城乡规划在分立阶段及融合过渡期的土地用途管理的法定行政过程。《国土空间规划法》的出台还需要较长的一段时间，但将"乡村建设用地审批"和"乡村建设规划许可"融合已成为强烈的现实需求。2019年自然资源部出台《关于以"多规合一"为基础推进规划用地"多审合一、多证合一"改革的通知》，在多规合一的基础上推行多审合一。

5.6.4.1 土地利用规划

《土地管理法》《土地管理法实施条例》和《建设用地审查报批办法》规定的乡村建设用地审批的行政过程见图 5.6。乡村建设用地主体向村民委员会提出乡村建设用地申请，发起用地审批工作流程。村委受理用地主体的申请后，根据"一户一宅"、地方农房建设占地标准等政策核查建设用地的资格条件、用地规模和用地位置。村委审核同意后，根据程序公开的原则，需要将申请人的情况和申请用地的情况在村务公开栏向社区公开。公示无异议后，上报乡（镇）人民政府审批，审核用地申请的真实性和符合法律（政策）的情况。审核通过后，上报土地主管部门进行专业审查。涉及农用地转用的，编制农用地转用方案。涉及占用耕地的，编制建设占用耕地补充方案。农转用方案和补充耕地方案需要上报具有审查权的行政机关进行审批。土地主管部门依据《土地利用计划管理办法》和上级下达土地利用计划指标，分批次审查乡村建设用地申请。土地主管部门审核同意后，向用地主体发放乡村建设用地审批书。

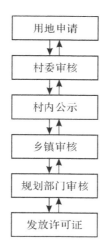

图5.6　乡村建设用地行政审批工作流程

5.6.4.2 村庄规划

《城乡规划法》规定的乡村建设规划许可的行政过程见图5.7。乡村建设用地主体向村民委员会提出乡村建设规划许可申请。村委受理申请后，核查建设用地的资格条件、用地规模和用地位置。村委审核同意后，根据程序公开的原则，将申请人的情况和申请建设的情况在村务公开栏向社区公开。公示无异议后，上报乡（镇）人民政府审批，审核用地申请的真实性及法律和政策的符合情况。审核通过后，上报城乡规划主管部门进行专业审核。城乡规划主管部门审核同意后，向用地主体发放乡村建设规划许可证。规划许可的关注点是乡村建设是否符合村庄空间布局和乡村建筑控制的政策约束。

5.6.4.3 国土空间规划

2019年国务院行政机构改革后，土地利用规划、城乡规划管理的

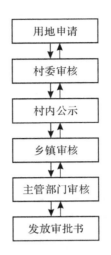

图 5.7　乡村建设规划许可工作流程

职能统一并入自然资源部。根据党中央和国务院的统一部署,建立国土空间规划制度,实行土地利用规划、城乡规划的融合。根据《中共中央、国务院关于建立国土空间规划体系并监督实施的若干意见》的要求,我国正在全面开展第一轮国土空间规划的编制工作,为 2020 年以后的土地用途管制提供法律依据。根据 2019 年自然资源部的立法计划,全国人大已经把《国土空间规划法》列入立法计划,但完成整个立法工作还需时间。为了在过渡期间减轻用地主体的报批负担,自然资源部在 2019 年出台《关于以"多规合一"为基础推进规划用地"多审合一、多证合一"改革的通知》,将乡村建设用地审批与乡村建设规划许可合二为一,实行合并申请和审批,统一发放乡村建设规划许可证(见图 5.8)。在《国土空间规划法》出台前,仍然依据《土地管理法》和《城乡规划法》进行行政审批。这个管理规定可被解读为未来融合土地利用规划、城乡规划于一体的国土空间规划的空间用途管制行政审批的雏形。

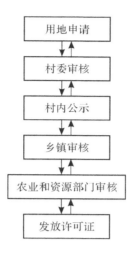

图 5.8　乡村空间规划许可工作流程

5.7　土地价值管理的法律要素

5.7.1　法律原则

（1）税收法定

为保护征税人和纳税人的合法权益，应当明确税收法定原则。税收法定原则有以下三层含义：第一，依法征税。征税人根据法律规定向纳税人征税，无权变动法律确定的税收要素和征收程序。即如果没有法律依据，征税人无权开征、停征、减免、退补税收。第二，依法确定税收要素。只有立法机关才有权力确定征税对象、税率等税收要素。征税人不得擅自调整税收要素。第三，税收要素必须具体明确。税收要素的法律规定不能是模糊条款，要详细明确，避免出现歧义和漏洞，不给征税人留下过大自由裁量权。

（2）比例原则

比例原则即合理平衡个人利益与社会利益，既不过度保护个体利益而损害社会利益，也不过度保护社会利益而损害个人利益。比例原则有以下三个方面的含义：第一，征税目的正当性。土地税收的法律正当性在于满足社会的公共利益。第二，征税手段必要性。征收土地财税是干预公民财产权较轻的法律手段，具有征税方式的必要性。第三，征税比率适当性。税基和税率的确定应保持合理的比率，过高的税负相当于财富掠夺，过低的税负达不到立法宗旨。

（3）税收公平

税收公平是指纳税人的法律地位是平等的，税收负担在纳税人之间的分配必须公平合理。税收公平有两个层面的含义：第一，水平的公平。具有相似纳税能力者负担相似的税收。第二，垂直的公平。不同纳税能力者负担不同的税收。税收负担能力，是指纳税人的经济负担能力，包括财产、所得和消费等三种能力。一般以所得为依据设计税收负担可以实现水平和垂直的公平，特别是无负担能力不纳税的观念可以保障纳税人的生存权。

（4）程序正义

程序正义是指法律要规范征税和纳税的程序。征税人要严格按照法定的程序征税，纳税人也要严格按照法定的程序纳税。不遵守法律程序的法律行为，行为结果不具有法律效力。程序正义保护征税人依法征税的权力，保障征税人规范高效地征收财税。程序正义也保护纳税人依法纳税的权利，防止征税人滥用行政权力侵害纳税人的正当利益。

5.7.2　法律体系

土地税收是政府为了满足公共需要，凭借政治权力和国家暴力，强制性、无偿性地对土地财产征收财税，取得政府收入的国家行为

(Dale 和 Mclaughlin,1999)。土地税收对于维持地方政府正常运转，为公众提供公共物品，有效回应公众需求等方面有着至关重要的作用(Williamson et al. ,2010)。土地税收还有调节社会贫富差距，抑制土地炒买炒卖，稳定宏观经济的作用(靳相木、陈阳,2017；蔡潇,2016)。显而易见，税收必须以政治权力和国家暴力作为后盾，强制性和无偿性地对土地财产进行经济剥夺，是为了实现公共利益的一种必要的恶(张守文,1996)。如果没有税收的强制性和无偿性，就无法为公共利益提供实现条件(施正文,2007)。全面检索法律法规后发现，直接相关的法律包括《宪法》和《税收征收管理法》，直接相关的行政法规包括《土地增值税暂行条例》和《契税暂行条例》，不涉及部门规章，相关的规范性文件比较多，比较重要的有《土地增值税暂行条例实施细则》《农村集体经营性建设用地土地增值收益调节金征收使用管理暂行办法》和《契税暂行条例细则》等。可见，相关法律法规的法律位阶还比较低，基本以行政法规为主，大量的制度规定仍为规范性文件。我国目前农村土地税收法律体系还不能很好地适应农村社会的现实需要，需要进一步加快法制化进程，提高法制化水平(蔡潇,2016)。从全国人大和国务院公布的立法计划来看，土地税收法定已成为国家的立法方向。根据"税权法定"的立法理念(张守文,1996)，未来应将实体性的《土地增值税暂行条例》和《契税暂行条例》上升为国家法律，将程序性的《土地增值税暂行条例实施细则》《农村集体经营性建设用地土地增值收益调节金征收使用管理暂行办法》和《契税暂行条例细则》上升为行政法规。目前的法律规定，城市地区的比较详细，农村地区的比较粗略。造成这种情况的主要原因是农村土地市场的建设进程比较慢，对土地增值收益进行二次调节的社会需求不够强烈。在农村集体建设用地市场逐步兴起的背景下，农村土地税收法制化的社会需求逐步显现。今后一个时期，一方面要加强城乡统一土地市场的建设，另一方面也要加强城乡统一的土地增值再分配机制的建设。根据社会实践的发展，在土地增值税和契税的法律法规中，增加或修改农村土地增值收益的调节内容。

5.7.3 静态模型

5.7.3.1 一般规定

农村集体建设用地征税的直接法律依据是《土地增值税暂行条例》和《契税暂行条例》。本节重点分析土地增值税和契税的纳税人、税基、税率、税额和纳税对象等税收要素（见图5.9）。本书所称纳税人是指税法规定直接负有纳税义务的单位与个人。纳税对象是指征税人和纳税人的权利义务共同指向的客体或标的物。税基是指计税标准，即纳税对象数额的法定计量标准。税率是指对纳税对象的征收比例或征收额度。税务机关在进行税务登记时，实行人之编成主义。税务机关根据自然人身份识别码（身份证号、护照编号、居住证编号）或组织机构识别码（统一社会信用代码）对纳税人进行登记和造册。纳税人自行申报和缴纳农村集体建设用地上市流转应交税收，税务机关做好税额核定和票证发放。不动产登记机关进行财产登记时，实行地之编成主义。即，根据不动产单元的编码进行登记和造册。未来税务登记和不动产登记应实现网络数据的互联互通，促进税务机关"以人查地"和不动产登记机关的"以地查人"，实现土地税应收尽收。

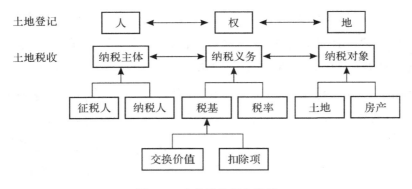

图 5.9　土地税收概念模型

5.7.3.2 土地增值税

改革开放以后,我国逐步建立起房地产市场。在土地制度上,实行双轨制的管理模式。在城市地区,采用市场经济的资源配置方式,逐步建立了相对成熟的土地市场[①]和房产市场[②](吴次芳、靳相木,2009)。为了抑制房地产炒作及社会贫富分化,国务院颁布《土地增值税暂行条例》,规定在城市地区征收土地增值税。改革开放以后,在较长一段时期,农村土地和房产仍然保留计划经济体制,土地和房产被限制在农村集体经济组织内部流通。随着城镇化和工业化的推进,农村逐步边缘化和空心化(杨忍等,2016),农村日益贫困和凋敝(贺雪峰,2013)。为了振兴乡村,自 2016 年以来,我国在局部地区开放农村土地市场,引入外部资金、人才和项目,进行乡村建设,恢复乡村发展活力(黄祖辉,2018)。与此相适应,财政部和国土资源部颁布《农村集体经营性建设用地土地增值收益调节金征收使用管理暂行办法》(2016),在试点地区开征土地增值收益调节金。由此,城镇和农村地区形成了两个市场和两个税费征收模式(Xu et al.,2019)。试点结束后,按照城乡统一的发展理念,我国在城市和乡村地区建设统一的市场、统一的产权和统一的税收。所以,需要将城市地区的土地增值税和农村地区的土地增值收益调节金统一成城乡普遍适用的新土地增值税(见图 5.10)。

为此,全国人大常委会授权财政部发布《土地增值税法(征求意见稿)》(2019),启动修法工作,计划将相关法律规定由行政法规转换成国家法律。本书根据纳税人、税基、税率、纳税对象等税收要素,对《土地增值税暂行条例》《农村集体经营性建设用地土地增值收益调节金

[①] 宪法和物权法规定,城市地区的土地属于国家所有,所以在城市地区的土地市场上流通的是土地使用权。

[②] 宪法和物权法规定,城市地区的房产可以公共所有,也可以个人所有。所以在城市地区的房产市场上流通的是房产所有权。另外,城市房地产管理法和物权法规定,土地使用权和房产所有权实行一体流转和一体登记的原则。

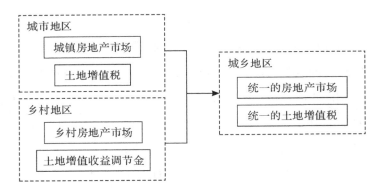

图 5.10　土地增值税的征税模式变化

征收使用管理暂行办法》和《土地增值税法（征求意见稿）》展开分析。

（1）《土地增值税暂行条例》

纳税人：转让国有建设用地使用权、地上建筑物及其他附着物（以下简称转让不动产）并取得收入的单位或个人。

纳税对象：国有建设用地使用权、地上建筑物及其他附着物。

税基：土地增值额为纳税税基。即，转让不动产取得的收入减去法定扣除项目金额后的余额。转让不动产取得的收入，包括货币收入、实物收入和其他收入。法定的扣除项目包括：（i）取得土地使用权支付的各种成本。（ii）开发土地的各种成本和费用。（iii）新建房屋和配套设施的各种成本和费用，或者旧有房屋和建筑物的独立评估价格。（iv）转让不动产的税款。（v）财政部规定的其他扣除项目。

税率：（i）土地增值额没有超过扣除项目总额 50％的部分，税率是 30％。（ii）土地增值额超过扣除项目总额 50％、但没有超过扣除项目总额 100％的部分，税率是 40％。（iii）土地增值额超过扣除项目总额 100％、但没有超过扣除项目总额 200％的部分，税率是 50％。（iv）土地增值额超过扣除项目总额 200％的部分，税率是 60％。

税额：税额＝税基×税率。

（2）《农村集体经营性建设用地土地增值收益调节金征收使用管理暂行办法》

纳税人：农村集体经营性建设用地的出让人、出租人、作价出资（入股）人或再转让人。

纳税对象：农村集体经营性建设用地。即现状农村集体建设用地中，土地利用总体规划确定为建设用地，城乡规划确定为商服等经营性用地的那部分土地。

税基：(i)正常核算方式，为入市或再转让农村集体经营性建设用地土地增值收益。土地增值收益，是指农村集体经营性建设用地入市环节所得收入扣除土地取得成本和土地开发成本后的增值额，以及再转让环节的再转让收入扣除土地取得成本和土地开发成本后的增值额。无法核定本地区入市或再转让土地取得成本的，可根据土地征收平均成本情况，制定农村集体经营性建设用地的平均扣除总额。(ii)简易核算方式，为成交总价款。

税率：(i)正常核算方式，按入市或再转让农村集体经营性建设用地土地增值收益的 15%～20% 征收。试点县综合考虑土地增值收益情况和土地用途、土地等级、交易方式等因素，确定征收比例。(ii)简易核算方式，按成交总价款一定比例征收调节金。

税额：税额＝税基×税率。(i)正常核算方式，税额＝土地增值额×税率。(ii)简易核算，税额＝土地交易价款×税率。

(3)《土地增值税法》(征求意见稿)

纳税人：转移不动产并取得收入的单位和个人。转移不动产行为包括：(i)转让国有建设用地使用权、地上建筑物及其他附着物。(ii)出让集体建设用地使用权、地上建筑物及其他附着物，或以集体建设用地使用权、地上的建筑物及其他附着物作价出资、入股。

纳税对象：建设用地使用权、地上建筑物及其他附着物。

税基：纳税税基为土地增值额。转让不动产取得的收入减去扣除项目总额后的余额，为土地增值额。纳税人转移房地产所取得的收入，包括货币收入、非货币收入。法定的扣除项目包括：(i)取得土地使用权支付的各种成本。(ii)开发土地的各种成本和费用。(iii)新建房屋及配套设施的成本、费用,或者旧有房屋及建筑物的独立评估价格。(iv)转让不动产的税款。(v)国务院规定的其他扣除项目。

税率:(i)正常核算方式,保持不变。(ii)简易核算方式,按照转移不动产取得收入的一定比例征收土地增值税。

税额:(i)正常核算方式,税额＝土地增值额×税率。(ii)简易核算方式,税额＝土地交易价款×税率。

5.7.3.3 契 税

《契税暂行条例》规定只要发生房地产转移行为,国家就对房地产承受人征收契税。由于农村地区长期实行计划经济体制,农村地区的房地产不可以进入市场交易,所以契税事实上只在城市地区实行(Xu et al.,2019)。随着国家在农村地区进行土地制度改革,《农村集体经营性建设用地土地增值收益调节金征收使用管理暂行办法》规定,在试点地区也参照征收契税。可以预见,农村房地产市场完整建立起来以后,契税的相关法律规定也将在农村地区实施。

纳税人:承受土地、房屋权属转移的单位和个人。权属转移包括以下方面:(i)建设用地使用权出让。(ii)建设使用权转让,包括出售、赠与和交换。(iii)房产买卖。(iv)房产交换。(v)房产赠与。

纳税对象:建设用地使用权、地上建筑物及其他附着物。

税基:(i)国有建设用地使用权出让、建设用地使用权出售、房产买卖,为成交价格。(ii)建设用地使用权赠与、房产赠与,由征收机关参照建设用地使用权出售、房产买卖的市场价格核定。(iii)建设用地使用权交换、房产交换,为所交换的建设用地使用权、房产的价格的差额。

税率:3%～5%。

税额:税额＝税基×税率。

5.7.4　动态模型

5.7.4.1 一般规定

根据《税收征收管理法》的规定,税收的行政管理主要包括税务登记、发票使用、清算申报和税款缴纳等方面的内容。土地增值税和契税的程序性规定主要体现在《税收征收管理法》《土地增值税暂行条例实施细则》《契税暂行条例细则》和《电子税务局建设规范》。下面将从税务登记、清算申报和缴纳税款等三个方面,提取法律规则,为构建动态模型提供法律依据。

5.7.4.2 税务登记

税务登记的种类包括:开业登记、停业登记、复业登记、变更登记、注销登记和外出经营报验登记。从事生产、经营的纳税人在领取工商营业执照或发生纳税义务 30 日以内向税务机关申请开业登记。生产、经营单位和个人需要停业、复业的应提前申请停业、复业登记。登记内容发生变化时,应在登记内容发生变化后 30 天以内向税务机关申请变更登记。纳税人发生解散、破产和撤销等情形时,应申请注销登记。纳税人离开税务登记地从事生产经营活动,应申请外出经营报验登记。税务登记的一般工作流程见图 5.11。

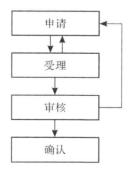

图 5.11　税务登记的工作流程

税务登记采取统一社会信用代码或身份代码(身份证号或护照号)标识纳税人。组织机构使用统一社会信用代码标识,个人使用身份代码进行标识,纳税人的名称变更不影响税收管理。税务登记记录的信息包括:纳税人名称、纳税人识别号、登记注册类型、批准设立机关、开业(设立)日期、注册地址、生产经营地址、核算方式、单位性质、适用会计制度、生产经营范围、法定代表人的姓名与身份证号、财务负责人的姓名与身份证号、办税人的姓名与身份证号等信息。国家税务总局制定了税务登记申请表的全国统一样式,这些表式是设计农村集体建设用地价值管理模型的重要依据,也是设计农村集体建设用地价值管理数据库的直接依据。

5.7.4.3 清算申报

土地增值税和契税都是财产流转税,在房地产流转环节征收。应按照《税收征收管理法》规定的法律程序,进行税务的清算申报。这两种税的清算申报程序是类似的(见图5.12)。比较而言,土地增值税的清算申报更为复杂,契税的清算申报更为简单。清算申报的整个过程包括纳税人的清算、申报,征税人的受理、审核和确认。征税人对纳税人上报的清算申报存有疑问时,可以要求纳税人补充证明材料,或者将申报材料退回纳税人,让纳税人重新清算申报。

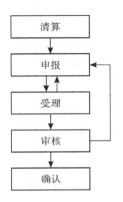

图 5.12 清算申报的工作流程

农村集体建设用地土地增值税清算分为四种类型：(1)非从事房地产开发的纳税人普通方式清算；(2)非从事房地产开发的纳税人核定征收方式清算；(3)纳税人整体转让在建工程清算；(4)非从事房地产开发的纳税人简易征收方式清算。前三种清算方式都需要清算转让房地产收入总额、取得土地使用权所支付的成本和费用、房地产开发成本、房地产开发费用、转让房地产有关的税金、财政部规定的其他扣除项目等项目，核算出土地增值额及适用税率，最后确定土地增值税额。区别在于：非从事房地产开发的纳税人普通方式清算是依据发票或第三方独立房地产估价机构提供的评估报告确定相关会计项目，非从事房地产开发的纳税人核定征收方式直接采用税务机关核定书的数字进行清算。后一种方式采用简易的清算方法，直接采用房地产交易金额乘以适用税率的方式确定土地增值税税额。农村集体建设用地契税的清算较为简单，需要清算的内容包括成交价格、适用税率、减免税额及应纳税额。在成交价值明显低于市场交易的情况下，税务部门可以要求第三方房地产评估机构开展价值评估。

5.7.4.4 缴纳税款

纳税人根据征税人核定的税额，向征税人指定的账户缴纳税款；征税人在收到纳税人缴纳的税款后，向纳税人发放完税证明（见图5.13）。

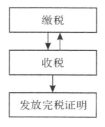

图 5.13　缴纳税款的工作流程

6. 概念模型的技术分析

本章的任务是解析农村集体建设用地管理的技术标准,揭示农村集体建设用地管理技术体系的构成要素、组成结构和动态变化等动力学机理,提取农村集体建设用地管理的技术约束。第 6.1 节解析土地权属管理的技术标准,分类梳理不动产权利人、不动产权利、不动产单元和不动产登记业务的内在逻辑。第 6.2 节解析土地用途管理技术标准,分析土地利用规划和村庄规划的土地用途分类体系和规划数据库标准,分类梳理土地用途管制的权利人、权利义务、规划单元和规划许可(用地审批)的内在逻辑。第 6.3 节解析土地价值管理涉及的技术标准,分析土地增值税、契税的税收要素和数据库标准,分类梳理土地价值管理的纳税人、纳税义务、价值单元和征(缴)税的内在逻辑。此外,还分析了建设用地、农用地评估的可选方法和建设用地、农用地定级的影响因素。

6.1 土地权属管理的技术要素

通过全面检索不动产登记相关的技术规范,发现与农村集体建设用地权属管理直接相关的技术标准包括《不动产单元设定与代码编制规则》《不动产登记簿证样式(试行)》和《不动产登记数据库标准(试行)》。我国实行"地之编成主义"的不动产登记簿编排方法(程啸,2011)。不动产单元编码成为连接不动产登记簿证和不动产登记数据库各个数据表的关联键(贾文珏等,2016)。所以,本书首先对《不动产单元设定与代码编制规则》进行解析,提取不动产单元划分和编码的技术约束。国土资源部发布的《不动产登记簿证样式(试行)》,包括《不动产登记簿》《不动产权证书》《不动产登记证明》和《不动产登记申请审批表》等。它是实行全国不动产统一登记制度和制定《不动产登记数据库标准(试行)》的基本依据。由于《不动产登记数据库标准(试行)》实际上就是《不动产登记簿证样式(试行)》的电子存储方式,两者内容具有直接对应关系,所以本书把《不动产登记簿证样式(试行)》的分析结果纳入《不动产登记数据库标准(试行)》的分析结果。本书基于土地权属管理模型的理论框架,对《不动产登记数据库标准(试行)》进行解析,提取不动产权利人、不动产权利和不动产单元等权属静态模型的构成要素和组成结构,以及受理申请、审核、登簿、收费、缮证、发证和归档等权属动态模型的组成要素和变化关系(贾文珏等,2016;张园玉等,2013)。

与农村集体建设用地权属管理间接相关的技术标准如下:(1)土地登记。包括《城镇地籍数据库标准》《地籍调查规程》《土地利用现状分类》等。(2)房产登记。包括《房地产市场基础信息数据标准》《房地产登记技术规程》《房地产市场信息系统技术规范》《房屋代码编码标准》《房产测量规范》等。(3)基础地理信息。包括《行政区划代码》《基础地理信息要素分类与代码》《国民经济行业分类与代码》等。(4)数据整合。包括《不动产登记数据整合建库技术规范(试行)》等。由于《不动产单元设定与代码编制规则》和《不动产登记数据库标准(试行)》对上述数据库标准进行了整合创新,大部分继承了上述标准中权属管理的数据规范,因此,本书重点解析《不动产单元设定与代码编制规则》和《不动产登记数据库标准(试行)》,在必要的地方解析土地登记和房产登记的技术约束。

6.1.1　不动产单元划分及标识规范

6.1.1.1 总体架构

我国不动产单元的代码结构见图6.1。大致可以分为两个部分和七个层次。第一部分为宗地（宗海）代码，包括第一层次县级行政区划代码（6位）、第二层次地籍区代码（3位）、第三层次地籍子区代码（3位）、第四层次宗地（宗海）特征码（2位）和第五层次宗地（宗海）顺序号（6位）。第二部分为定着物单元代码，包括第六层次定着物特征码（1位）和第七层次定着物单元号（8位）。这种不动产单元的划分和编码方法是在吸收国外先进经验和我国土地登记等各类不动产登记先行经验的基础上，提出的"从总体到局部，先控制后碎部"的体系化划分和编码方法。这种划分和编码方法整体以宗地（宗海）为底盘，将地表、地上和地下的定着物统一吸附于宗地（宗海），对土地（海域）与定着物进行一体化考虑（贾文珏等，2016）。这种方法总体符合现代地籍不动产单元划分和编码的国际潮流，也符合国际三维地籍研究趋势（Xu et al.，2019）。

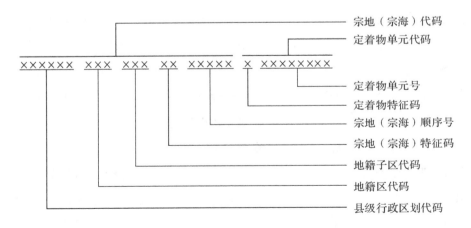

图 6.1　不动产单元代码结构

《不动产单元设定与代码编制规则》提出的不动产单元划分与编

码方法有以下三个方面的特点。(1)继承性。不动产统一登记整合了土地登记、房产登记、土地承包经营权登记、林权登记、海域使用权登记和无居民海岛使用权登记等各类登记的职能和数据(况海涛、赵岱虹,2016)。不动产单元的划分和编码方法继承了原有各类不动产登记特别是土地登记和房产登记等在单元划分和编码上的有益经验,并对土地(海域)与定着物的关系进行了整合(贾文珏等,2016),反映了技术变迁的路径依赖特征(Lin et al.,2015)。土地登记和房产登记实施时间较长,积累了丰富的实践经验。而且,房产登记的登记对象在空间关系和权属关系方面更为复杂,在划分登记单元和编制单元代码时遇到的难题比较多(吴明辉,2016)。这些实践经验对于优化不动产单元的划分和编码具有重要作用。继承原有单元划分和编码的方法,有利于复用原有存量登记数据,节约数据库建设费用(贾文珏等,2016)。(2)普适性。这种不动产单元划分和编码方法,不仅适用于无定着物的土地(海域),也适用于有定着物的土地(海域)。不仅适用于结构简单的定着物,也适用于结构复杂的定着物。不仅适用于城市地区,也适用于乡村地区。不动产单元划分和编码方法的普适性增强了该标准的适应力(贾文珏等,2016)。(3)伸缩性。现行的不动产单元划分和编码方法为建立三维地籍预留了空间(Xu et al.,2019)。三维地籍研究是国际地籍和土地管理科学的研究热点,对于人口密集和经济发达地区而言,具有重要的价值和意义(Guo et al.,2013)。目前,定着物的划分是按"幢"和"户"两个层次进行逻辑组织,还对地表、地上、地下等分层进行三维产权单元的划分和编码。但本书认为,这种单元的划分和编码方法,适用于大部分结构较为规则的定着物,也为结构复杂的定着物预留了空间。随着三维地籍研究的深入推进,可以根据社会发展的需要对三维产权单元划分与编码方法做出规范(Xu et al.,2019)。

6.1.1.2 地籍区的划分与编码

地籍区是指在县级行政辖区内,以乡级行政区划边界为基本依据,结合具有明显屏障或区分效应的线状地物划分的不动产登记管理区域。该分区是继承地籍调查和土地登记工作基础的不动产登记管理区域。地籍区的划分可以依据不动产登记管理的实际需要,将若干个相邻乡级行政区划单元合并为一个地籍区,也可以将一个乡级行政区划单元根据明显线状地物划分为若干个地籍区。根据乡级行政区划单元内的宗地及房屋等建筑物、构筑物的分布和数量,以及不动产登记机构提供分片服务的能力综合确定地籍区。地籍区的划分,一般不打破乡级行政区划的完整性,但由于特殊的管理需要,可以单独划分专门的地籍区。比如,整建制的乡级行政区划单元的"飞地",横跨两个以上乡级以上行政区划单元的经济开发区、高新技术产业区等国土开发单元,在县级行政区划内高等级的公路、铁路等线性地物,乡级行政区划单元多片空间不相邻的行政辖区等。

6.1.1.3 地籍子区的划分与编码

地籍子区是在地籍区范围内,以行政村、居委会或街坊界线为基础结合明显线性地物划分的不动产管理区域。该分区也是继承地籍调查和土地登记工作基础上的不动产登记管理区域。可以依据不动产登记管理的实际需要,将若干个相邻行政村(居委会或街坊)合并为一个地籍子区,也可以将一个行政村(居委会或街坊)根据明显线状地物划分为若干个地籍子区。根据行政村、居委会或街坊内的宗地及房屋等建筑物、构筑物的分布和数量,以及不动产登记机构提供分片服务能力综合确定地籍子区。地籍子区的划分,一般不打破行政村、居委会或街坊的完整性,但由于特殊的管理需要,可以单独划分专门的地籍子区。

6.1.1.4 宗地(宗海)的划分与编码

宗地(宗海)是权属界线封闭的地表空间。宗地(宗海)的划分要考虑权属因素和空间因素的影响。从权属因素考虑,可以分为土地(海域)所有权和用益物权两大物权。土地所有权可进一步分为国家所有权和集体所有权。用益物权的种类由《物权法》确定,即所谓物权法定原则(梁慧星、陈华彬,2007;王利明,2007)。比如,物权法规定的农村集体建设用地使用权、宅基地使用权等。从空间因素考虑,可以进一步将用益物权的物权客体细分为地表、地上和地下等三类(常鹏翱,2011)。

宗地(宗海)划分的首要步骤是确定土地(海域)所有权的宗地(宗海)边界。在确定好土地(海域)所有权后,进一步确定用益物权的宗地(宗海)边界。最后,根据用益物权进一步细分物权客体,进行空间因素的细分调查。所以,在划分宗地(宗海)时,应根据相应的权源资料确定边界。根据土地权属证书、土地出让合同、划拨决定书以及其他权属来源证明,结合土地使用现状和相邻权利人的确认,划分国有土地使用权宗地和集体土地所有权宗地。在集体土地所有权宗地内,划分各类土地使用权宗地。结建的地下空间,应和其地表部分一起划分为建设使用权宗地(地表)。单建的地下空间,应当根据土地出让合同等权源证明材料确定的范围,划分建设使用权宗地(地下)。按照《海籍调查规范》和《无居民海岛使用测量规范》的技术要求,结合海域(含无居民海岛)的现状使用资料或者设计方案、相邻宗海的权属与界址资料以及所在海域的基础地理资料划分宗海。

《不动产单元设定与代码编制规则》规定宗地(宗海)的编码规范为2位宗地(宗海)特征码+5位宗地顺序码。第1位宗地(宗海)特征码用G、J、Z表示。"G"为国家土地(海域)所有权,"J"为集体土地所有权,"Z"为土地(海域)所有权未确定或有争议。第2位宗地(宗海)特征码分别用A、B、S、X、C、D、E、F、L、N、H、G、W、Y表示。"A"为土地所有权宗地;"B"为建设用地使用权宗地(地表);"S"为建设用地使用权宗地(地上);"X"为建设用地使用权宗地(地下);"C"为宅基地使用权宗地。宗地(宗海)顺序号,码长为5位,在宗地(宗海)特征码后按流水顺序编号。从宗地(宗海)特征码和流水码的编码规则来看,需要综合考虑权属因素和空间因素来划分宗地(宗海)单元。这种宗地(宗海)划分和编码的办法主要来自《地籍调查规程》规定的宗地划分与编码的方法。

6.1.1.5 定着物的划分与编码

定着物是指附着于土地或海域的物体。比如,具有独立使用价值和完整功能的建筑物、构筑物,以及不能移动的森林和林木等物。定着物单元是指权属界线封闭的定着物,是定着物所有权登记的基本单元。由于我国《物权法》规定土地(海域)上设定的用益物权与定着物的所有权实行一体交易原则(程啸,2011),所以,只能在用益物权的宗地(宗海)范围内设定定着物单元,在土地(海域)所有权的宗地(宗海)范围内是不能设定定着物单元的。建筑物、构筑物是高价值人工物,其产权单元的界定与划分较为复杂(常鹏翱,2011)。

建筑物和构筑物产权单元的划分,采取权属因素与空间因素相结合的方法,根据建筑物和构筑物的空间和权属细分程度划分定着物单元。如果宗地(宗海)内的全部建筑物、构筑物属于同一权利人,则将宗地(宗海)内的全部建筑物和构筑物划分为同一定着物单元。如果一幢建筑物、构筑物整体属于同一权利人,则划分为一个定着物单元,如工业厂房。如果一幢房屋的多层属于同一权利人,则将具有独立使用价值、功能完整的建筑空间划分为一个定着物单元,如写字楼、商场等。如果房屋以成套的形式供应,则以成套房屋为单位划分定着物单元。非成套房屋,以单间的形式划分定着物单元,但如果同一权利人拥有空间相邻的单间房屋,也可以划为同一定着物单元。当宗地(宗海)内的全部同一其他类型的定着物属于同一权利人所有,可一并划分为同一个定着物单元。

定着物特征码,码长为 1 位,用 F、L、Q、W 表示。“F”为房屋等建筑物、构筑物,“L”为森林或林木,“Q”为其他类型的定着物,“W”为无定着物。定着物单元号,码长为 8 位。定着物为房屋等建筑物、构筑物的,定着物单元在使用权宗地(宗海)内应具有唯一编号。前 4 位表示幢号,后 4 位表示户号。

6.1.2 不动产登记数据库标准

6.1.2.1 总体架构

《不动产登记数据库标准(试行)》起草者在设计不动产登记数据库的数据结构时,遵循了"地之编成主义"的不动产登记簿编排方法(程啸,2011),以不动产单元号和业务号为中心对不动产登记数据库各个数据表进行关联。不动产登记数据库的一级数据结构见图 6.2,二级数据结构见图 6.3。

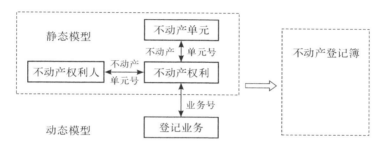

图 6.2　不动产登记数据库概念模型(一级)

来源:改编自贾文珏等(2016)

以"不动产单元—不动产权利—不动产权利人—不动产登记业务"为一级登记要素设计不动产登记数据库(见图 6.3),形成总体的概念数据模型(贾文珏等,2016)。以不动产单元为底盘、以权利为联系纽带,通过不动产业务的运行,将权利人的合法权利锚定到不动产单元上。令人惊讶的是,从不动产登记数据库标准中提取出的概念模型竟然吻合国际土地管理学提出的地籍概念模型,不动产登记簿的一级要素的划分也符合国际土地管理学的研究结论。这是一项令人兴奋的重要发现。根据目前的文献检索,作者没有发现标准起草者在设计标准时有意识地应用了国际土地管理学的研究成果,因此,本书的分析结论是中外学者在土地权属管理建模中的无意巧合,或者是在不动产权属管理建模中的"殊途同归"。但应当指出,中国学者在构建概念模型的过程中,没有明确提出不动产登记的静态模型和动态模型,也没有进行有意识的理论构建,属于以问题为导向、非理论建构型的地理信息工程经验型解决方案。

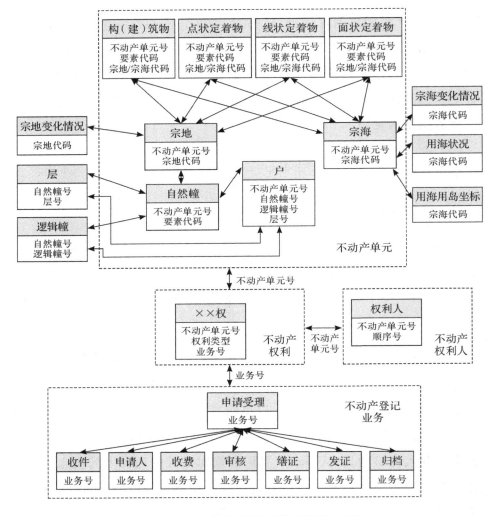

图 6.3　不动产登记数据库概念模型(二级)

来源:改编自贾文珏等(2016)

根据国际土地管理科学对地籍模型的划分,"不动产单元—不动产权利—不动产权利人"部分属于静态模型(Lemmen,2012)。不动产单元、不动产权利和不动产权利人属于一级登记要素。以不动产单元号作为不动产登记簿的编排依据设计不动产登记数据库的结构（贾文珏等，2016）。即，同一个不动产单元号的不动产权利要全部编排在同一张登记簿上。不动产单元号将不动产单元与不动产权利关联起来（贾文珏等，2016），不动产单元与不动产权利是一对多的关联关系。即，在一个不动产单元上，可以依据《物权法》等法律规定设定若干种物权，包括所有权、用益物权和担保物权等。不动产权利与不动产权利人也是通过不动产单元号进行关联（贾文珏等，2016），不动产权利与不动产权利人存在多对多的关联关系。即，一个不动产权利可有多个不动产权利人，一个不动产权利人也可有多个不动产权利。

不动产登记业务部分属于动态模型，登记业务内部的各个组成要素以及登记业务与不动产权利之间，通过业务号进行关联（贾文珏等，2016）。登记业务与不动产权利之间的关联关系为一对一的关联关系，即一条完成的登记业务记录直接对应一条不动产权利记录。登记业务之间的关联关系也是一对一的对应关系，即按照不动产登记的业务流程，用相同的业务号记录各流程的办理信息。

6.1.2.2 静态模型

（1）总体结构

不动产登记数据库静态模型包括"不动产单元—不动产权利—不动产权利人"等三个数据库要素（见图 6.4）。农村集体建设用地登记数据库静态模型中涉及的各类子要素详见表 6.1。

其中，不动产单元部分包括宗地、宗海（含无居民海岛）和定着物等要素。不动产权利，按《物权法》及其他不动产单行法的规定，通过不动产登记业务，在不动产单元上设定不动产权利。主要物权类别包括所有权（土地所有权和房屋所有权）、用益物权（集体建设用地使用权、宅基地使用权、地役权、其他相关权利）、担保物权（抵押权）和法定事项（预告登记、异议登记、查封登记）等。不动产权利人是不动产的

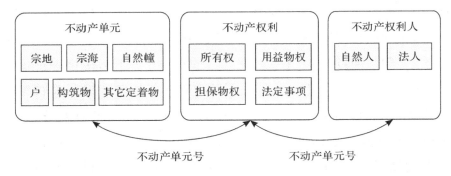

图 6.4 不动产登记数据库静态概念模型

主体，包括自然人和组织等两种组成要素（程啸，2011）。

表 6.1 不动产登记数据库登记项目与要素对应关系

登记项目	要素名称	要素代码	登记项目	要素名称	要素代码
不动产单元	宗地	ZD	不动产权利	构筑物所有权	GZWSYQ
不动产单元	宗地变化	ZDBH	不动产权利	地役权	DYQ
不动产单元	自然幢	ZRZ	不动产权利	抵押权	DYQ
不动产单元	构筑物	GZW	不动产权利	预告登记	YGDJ
不动产权利	土地所有权	TDSYQ	不动产权利	异议登记	YYDJ
不动产权利	建设用地使用权	JSYDSYQ	不动产权利	查封登记	CFDJ
不动产权利	房地产权	FDCQ	不动产权利人	权利人	QRL

（2）不动产单元

在不动产登记数据库中，属于不动产单元的要素包括宗地、自然幢、户、宗海、构筑物、点状定着物、线状定着物和面状定着物（见图 6.5），与不动产单元要素相关联的其他空间要素包括行政区、行政区界线、地籍区、地籍子区、界址点和界址线（见图 6.6）。与不动产单元要素相关联的非空间要素包括宗地变化情况、层、逻辑幢、宗海变化情况、用海状况和用海用岛坐标（见图 6.3）。是否属于不动产单元要素，要以要素属性集中是否包含不动产单元号为判断标准。属于农村集体建设用地的不动产单元要素包括宗地、自然幢、

构筑物和户。与农村集体建设用地不动产单元要素直接关联的要
素为宗地变化情况。

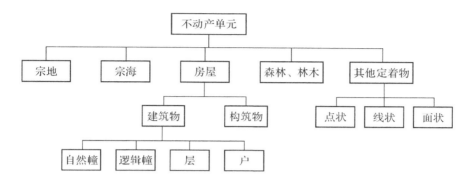

图 6.5　不动产登记数据库不动产单元要素继承结构

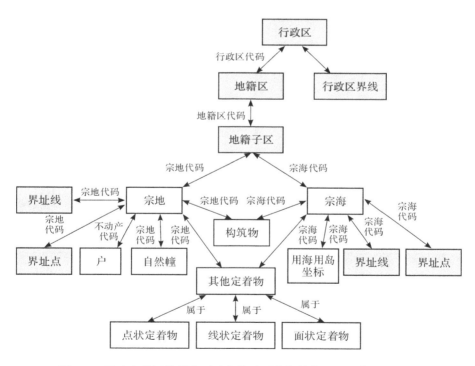

图 6.6　不动产登记数据库不动产单元要素与其他空间要素关系结构

　　"宗地"要素包含的属性集见表 6.2，分为以下五类：(i)标识类属
性，包括标识码、宗地代码、不动产单元号、图幅号、地籍号和档案号

等。(ii)位置类属性,包括坐落、宗地四至—东、宗地四至—南、宗地四至—西、宗地四至—北和宗地图等。(iii)面积类,包括宗地面积、面积单位。(iv)权利类,包括宗地特征码、用途、用途名称、权利类型、权利性质、容积率、建筑密度、建筑限高和状态等。(v)土地质量类,包括等级和价格等。

表 6.2　不动产登记数据库"宗地"要素属性集

属性名称	属性代码	属性名称	属性代码
标识码	BSM	权利设定方式	QLSDFS
要素代码	YSDM	容积率	RJL
宗地代码	ZDDM	建筑密度	JZMD
不动产单元号	BDCDYH	建筑限高	JZXG
宗地特征码	ZDTZM	宗地四至—东	ZDSZD
坐落	ZL	宗地四至—南	ZDSZN
宗地面积	ZDMJ	宗地四至—西	ZDSZX
面积单位	MJDW	宗地四至—北	ZDSZB
用途	YT	宗地图	ZDT
用途名称	YTMC	图幅号	TFH
等级	DJ	地籍号	DJH
价格	JG	档案号	DAH
权利类型	QLLX	备注	BZ
权利性质	QLXZ	状态	ZT

"宗地变化"要素的属性集见表 6.3,主要记录宗地变化的内容,一般将不动产更正登记、变更登记、注销登记等业务操作的内容记录在该要素中。

表 6.3 不动产登记数据库"宗地变化"要素属性集

属性名称	属性代码	属性名称	属性代码
宗地代码	ZDDM	登记时间	DJSJ
变化原因	BHYY	登簿人	DBR
变化内容	BHNR	附记	FJ

"自然幢"要素的属性集见表 6.4,分为以下五类:(i)标识类属性,包括标识码、宗地代码、不动产单元号、自然幢号、档案号等。(ii)建筑物基本信息类属性,包括项目名称、建筑物名称和总套数等。(iii)面积类属性,包括幢占地面积、幢用地面积、预测建筑面积和实测建筑面积等。(iv)立体利用类属性,包括总层数、地上层数、地下层数、地下深度等。(v)建筑管理类属性,包括规划用途、房屋结构、建筑物基本用途、竣工时间等。

表 6.4 不动产登记数据库"自然幢"要素属性集

属性名称	属性代码	属性名称	属性代码
标识码	BSM	实测建筑面积	SCJZMJ
要素代码	YSDM	总层数	ZCS
不动产单元号	BDCDYH	地上层数	DSCS
宗地代码	ZDDM	地下层数	DXCS
自然幢号	ZRZH	地下深度	DXSD
项目名称	XMMC	规划用途	GHYT
建筑物名称	JZWMC	房屋结构	FWJG
竣工时间	JGSJ	总套数	ZTS
建筑物高度	JZWGD	建筑物基本用途	JZWJBYT
幢占地面积	ZZDMJ	档案号	DAH
幢用地面积	ZYDMJ	备注	BZ
预测建筑面积	YCJZMJ	状态	ZT

"构筑物"要素的属性集见表 6.5。属性内容较为简单,仅记录构

筑物的基本信息。

表 6.5　不动产登记数据库"构筑物"要素属性集

属性名称	属性代码	属性名称	属性代码
标识码	BSM	坐落	ZL
要素代码	YSDM	面积单位	MJDW
不动产单元号	BDCDYH	面积	MJ
宗地代码	ZDDM	档案号	DAH
构筑物名称	GZWMC	状态	ZT

"户"要素的属性集详见表 6.6,分为以下三类:(i)标识类属性,包括不动产单元号、房屋编码、自然幢号、逻辑幢号、层号、户号等。(ii)面积类属性,包括面积单位、预测建筑面积、预测套内建筑面积、预测分摊建筑面积、预测地下部分建筑面积、预测其他建筑面积、预测分摊系数、实测建筑面积、实测套内建筑面积、实测分摊建筑面积、实测地下部分建筑面积、实测其他建筑面积、实测分摊系数、共有土地面积和独用土地面积等。(iii)建筑管理类属性:包括实际层数、室号部位、户型、户型结构、房屋用途、房屋类型、房屋性质和房产分户图等。

表 6.6　不动产登记数据库"户"要素属性集

属性名称	属性代码	属性名称	属性代码
不动产单元号	BDCDYH	房屋用途 1	FWYT1
房屋编码	FWBM	房屋用途 2	FWYT2
要素代码	YSDM	房屋用途 3	FWYT3
自然幢号	ZRZH	预测分摊系数	YCFTXS
逻辑幢号	LJZH	实测建筑面积	SCJZMJ
层号	CH	实测套内建筑面积	SCTNJZMJ
坐落	ZL	实测分摊建筑面积	SCFTJZMJ
面积单位	MJDW	实测地下部分建筑面积	SCDXBFJZMJ
实际层数	SJCS	实测其他建筑面积	SCQTJZMJ

续表

属性名称	属性代码	属性名称	属性代码
户号	HH	实测分摊系数	SCFTXS
室号部位	SHBW	共有土地面积	GYTDMJ
户型	HX	分摊土地面积	FTTDMJ
户型结构	HXJG	独用土地面积	DYTDMJ
预测建筑面积	YCJZMJ	房屋类型	FWLX
预测套内建筑面积	YCTNJZMJ	房屋性质	FWXZ
预测分摊建筑面积	YCFTJZMJ	房产分户图	FCFHT
预测地下部分建筑面积	YCDXBFJZMJ	状态	ZT
预测其他建筑面积	YCQTJZMJ		

（3）不动产权利

"不动产权利"要素主要记载《物权法》确立的各类不动产物权（贾文珏等,2016）。下属一级子要素包括所有权、用益物权、担保物权和法定事项（程啸,2011），详见图 6.7。所有权的子要素包括土地所有权、房屋所有权和森林、林木所有权。用益物权的子要素包括国有建设用地使用权、集体建设用地使用权、宅基地使用权、土地承包经营权、农用地其他使用权、海域使用权、无居民海岛使用权、森林和林木使用权、地役权和其他相关权利。担保物权下属要素包括抵押权。法定事项下属子要素包括预告、异议和查封登记。与农村集体建设用地直接相关的包括土地所有权、房屋所有权、集体建设用地使用权、宅基地使用权、地役权、抵押权、预告登记、异议登记和查封登记等。

"土地所有权"的属性集见表 6.7,分为以下四类：(i)标识类属性,包括标识码、宗地代码、不动产单元号、业务号、不动产权证号等。(ii)面积类属性,包括面积单位、农用地面积、耕地面积、林地面积、草地面积、其他农用地面积、建设用地面积、未利用地面积等。(iii)登记业务信息,包括登记类型、登记原因、区县代码、登记机构、登簿人、登记时间和附记等。(iv)权利信息,包括权利类型、附记和权属状态等。

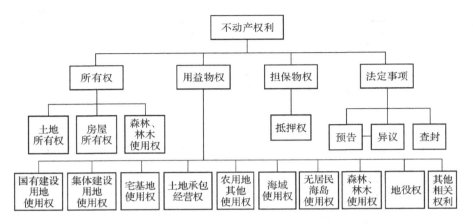

图 6.7 不动产登记数据库不动产权利要素继承结构

表 6.7 不动产登记数据库"土地所有权"要素属性集

属性名称	属性代码	属性名称	属性代码
标识码	BSM	草地面积	CDMJ
要素代码	YSDM	其他农用地面积	QTNYDMJ
宗地代码	ZDDM	建设用地面积	JSYDMJ
不动产单元号	BDCDYH	未利用地面积	WLYDMJ
业务号	YWH	不动产权证号	BDCQZH
权利类型	QLLX	区县代码	QXDM
登记类型	DJLX	登记机构	DJJG
登记原因	DJYY	登簿人	DBR
面积单位	MJDW	登记时间	DJSJ
农用地面积	NYDMJ	附记	FJ
耕地面积	GDMJ	权属状态	QSZT
林地面积	LDMJ		

"建设用地使用权/宅基地使用权"要素的属性集见表 6.8,分为以下五类:(ⅰ)标识类属性,包括标识码、宗地代码、不动产单元号、业务号、不动产权证号等。(ⅱ)面积类属性,包括使用权面积等。(ⅲ)登记业务信息,包括登记类型、登记原因、区县代码、登记机构、登簿人、登

记时间和附记等。(iv)权利信息,包括权利类型、使用权起始时间、使用权结束时间、附记和权属状态等。(v)土地质量信息,包括取得价格等。

表 6.8　不动产登记数据库"建设用地使用权/宅基地使用权"要素属性集

属性名称	属性代码	属性名称	属性代码
要素代码	YSDM	使用权结束时间	SYQJSSJ
宗地代码	ZDDM	取得价格	QDJG
不动产单元号	BDCDYH	不动产权证号	BDCQZH
业务号	YWH	区县代码	QXDM
权利类型	QLLX	登记机构	DJJG
登记类型	DJLX	登簿人	DBR
登记原因	DJYY	登记时间	DJSJ
使用权面积	SYQMJ	附记	FJ
使用权起始时间	SYQQSSJ	权属状态	QSZT

"房地产权"要素的属性集见表 6.9,分为以下五类:(i)标识类属性,包括标识码、宗地代码、不动产单元号、业务号、不动产权证号等。(ii)面积类属性,包括独用土地面积、分摊土地面积、建筑面积、专有建筑面积、分摊建筑面积等。(iii)登记业务信息,包括登记类型、登记原因、区县代码、登记机构、登簿人、登记时间和附记等。(iv)权利信息,包括土地使用权人、权利类型、土地使用起始时间、土地使用结束时间、附记和权属状态等。(v)土地质量信息,包括房地产交易价格等。(vi)建筑管理信息,包括规划用途、房屋性质、房屋结构、竣工时间等。

表 6.9　不动产登记数据库"房地产权"要素属性集

属性名称	属性代码	属性名称	属性代码
要素代码	YSDM	房屋结构	FWJG
不动产单元号	BDCDYH	所在层	SZC
业务号	YWH	总层数	ZCS

续表

属性名称	属性代码	属性名称	属性代码
权利类型	QLLX	建筑面积	JZMJ
登记类型	DJLX	专有建筑面积	ZYJZMJ
登记原因	DJYY	分摊建筑面积	FTJZMJ
房地坐落	FDZL	竣工时间	JGSJ
土地使用权人	TDSYQR	不动产权证号	BDCQZH
独用土地面积	DYTDMJ	区县代码	QXDM
分摊土地面积	FTTDMJ	登记机构	DJJG
土地使用起始时间	TDSYQSSJ	登簿人	DBR
土地使用结束时间	TDSYJSSJ	登记时间	DJSJ
房地产交易价格	FDCJYJG	附记	FJ
规划用途	GHYT	权属状态	QSZT
房屋性质	FWXZ		

"构(建)筑物所有权"要素的属性集见表 6.10,分为以下五类:(i)
标识类属性,包括标识码、宗地代码、不动产单元号、业务号、不动产权
证号等。(ii)面积类属性,包括土地使用面积、构(建)筑物面积等。
(iii)登记业务信息,包括登记类型、登记原因、区县代码、登记机构、登
簿人、登记时间和附记等。(iv)权利信息,包括权利类型、土地使用权
人、土地使用起始时间、土地使用结束时间、附记和权属状态等。(v)
建筑管理信息,包括构(建)筑物类型、构(建)筑物规划用途、竣工时
间、构(建)筑物平面图等。

表 6.10 不动产登记数据库"构(建)筑物所有权"要素属性集

属性名称	属性代码	属性名称	属性代码
要素代码	YSDM	构(建)筑物规划用途	GJZWGHYT
不动产单元号	BDCDYH	构(建)筑物面积	GJZWMJ
业务号	YWH	竣工时间	JGSJ
权利类型	QLLX	不动产权证号	BDCQZH

续表

属性名称	属性代码	属性名称	属性代码
登记类型	DJLX	区县代码	QXDM
登记原因	DJYY	登记机构	DJJG
坐落	ZL	登簿人	DBR
土地使用权人	TDSYQR	登记时间	DJSJ
土地使用面积	TDSYMJ	附记	FJ
土地使用起始时间	TDSYQSSJ	构(建)筑物平面图	GJZWPMT
土地使用结束时间	TDSYJSSJ	权属状态	QSZT
构(建)筑物类型	GJZWLX		

"地役权"要素的属性集见表 6.11,分为以下四类:(i)标识类属性,包括标识码、供役地不动产单元号、需役地不动产单元号、业务号、不动产登记证明号等。(ii)登记业务信息,包括登记类型、登记原因、区县代码、登记机构、登簿人、登记时间和附记等。(iii)供役地信息,包括供役地权利人、供役地权利人证件种类、供役地权利人证件号等。(iv)需役地信息,包括需役地坐落、需役地权利人、需役地权利人证件种类、需役地权利人证件号。(v)权利信息,包括权利类型、地役权内容、权利起始时间、权利结束时间、附记和权属状态等。

表 6.11　不动产登记数据库"地役权"要素属性集

属性名称	属性代码	属性名称	属性代码
要素代码	YSDM	登记原因	DJYY
业务号	YWH	地役权内容	DYQNR
供役地不动产单元号	GYDBDCDYH	不动产登记证明号	BDCDJZMH
供役地权利人	GYDQLR	权利起始时间	QLQSSJ
供役地权利人证件种类	GYDQLRZJZL	权利结束时间	QLJSSJ
供役地权利人证件号	GYDQLRZJH	区县代码	QXDM
需役地不动产单元号	XYDBDCDYH	登记机构	DJJG
需役地坐落	XYDZL	登簿人	DBR

续表

属性名称	属性代码	属性名称	属性代码
需役地权利人	XYDQLR	登记时间	DJSJ
需役地权利人证件种类	XYDQLRZJZL	附记	FJ
需役地权利人证件号	XYDQLRZJH	权属状态	QSZT
登记类型	DJLX		

"抵押权"要素的属性集见表 6.12,分为以下三类:(i)标识类属性,包括标识码、不动产单元号、不动产登记证明号、业务号、注销抵押业务号等。(ii)登记业务信息,包括登记类型、登记原因、区县代码、登记机构、登簿人、登记时间、注销抵押原因、注销时间和附记等。(iii)权利信息,包括抵押不动产类型、抵押人、抵押方式、在建建筑物抵押范围、被担保主债权数额、债务履行起始时间、债务履行结束时间、附记、权属状态和最高债权数额等。

表 6.12　不动产登记数据库"抵押权"要素属性集

属性名称	属性代码	属性名称	属性代码
要素代码	YSDM	最高债权确定事实	ZGZQQDSS
不动产单元号	BDCDYH	最高债权数额	ZGZQSE
业务号	YWH	注销抵押业务号	ZXDYYWH
抵押不动产类型	DYBDCLX	注销抵押原因	ZXDYYY
抵押人	DYR	注销时间	ZXSJ
抵押方式	DYFS	不动产登记证明号	BDCDJZMH
登记类型	DJLX	区县代码	QXDM
登记原因	DJYY	登记机构	DJJG
在建建筑物坐落	ZJJZWZL	登簿人	DBR
在建建筑物抵押范围	ZJJZWDYFW	登记时间	DJSJ
被担保主债权数额	BDBZZQSE	附记	FJ
债务履行起始时间	ZWLXQSSJ	权属状态	QSZT
债务履行结束时间	ZWLXJSSJ		

"预告登记"要素的属性集见表 6.13,分为以下六类:(i)标识类属性,包括标识码、不动产单元号、业务号、不动产登记证明号等。(ii)面积类属性,包括建筑面积等。(iii)登记业务信息,包括登记类型、登记原因、区县代码、登记机构、登簿人、登记时间和附记等。(iv)权利信息,包括土地使用权人、取得价格、附记和权属状态等。(v)义务人信息,包括义务人、义务人证件种类、义务人证件号等。(vi)建筑管理信息,包括规划用途、房屋性质、房屋结构、总层数、所在层等。

表 6.13　不动产登记数据库"预告登记"要素属性集

属性名称	属性代码	属性名称	属性代码
要素代码	YSDM	房屋结构	FWJG
不动产单元号	BDCDYH	所在层	SZC
业务号	YWH	总层数	ZCS
不动产坐落	BDCZL	建筑面积	JZMJ
义务人	YWR	取得价格	QDJG
义务人证件种类	YWRZJZL	不动产登记证明号	BDCDJZMH
义务人证件号	YWRZJH	区县代码	QXDM
预告登记种类	YGDJZL	登记机构	DJJG
登记类型	DJLX	登簿人	DBR
登记原因	DJYY	登记时间	DJSJ
土地使用权人	TDSYQR	附记	FJ
规划用途	GHYT	权属状态	QSZT
房屋性质	FWXZ		

"异议登记"要素的属性集见表 6.14,分为以下三类:(i)标识类属性,包括标识码、不动产单元号、不动产登记证明号、业务号、注销异议业务号等。(ii)登记业务信息,包括登记类型、登记原因、区县代码、登记机构、登簿人、登记时间、注销异议原因、注销异议登簿人、注销异议登记时间和附记等。(iii)权利信息,包括异议事项、附记和权属状态等。

表 6.14　不动产登记数据库"异议登记"要素属性集

属性名称	属性代码	属性名称	属性代码
要素代码	YSDM	登记时间	DJSJ
不动产单元号	BDCDYH	注销异议业务号	ZXYYYWH
业务号	YWH	注销异议原因	ZXYYY
异议事项	YYSX	注销异议登簿人	ZXYYDBR
不动产登记证明号	BDCDJZMH	注销异议登记时间	ZXYYDJSJ
区县代码	QXDM	附记	FJ
登记机构	DJJG	权属状态	QSZT
登簿人	DBR		

"查封登记"要素的属性集见表 6.15,分为以下五类:(i)标识类属性,包括标识码、不动产单元号、不动产登记证明号、业务号、解封业务号等。(ii)查封信息,包括查封机关、查封类型、查封文件、查封文号、查封起始时间、查封结束时间、查封范围等。(iii)解封信息,包括解封机关、解封文件、解封文号等。(iv)登记信息,包括区县代码、登记机构、登簿人、登记时间、解封登簿人、解封登记时间。(v)权利信息,包括附记和权属状态等。

表 6.15　不动产登记数据库"查封登记"要素属性集

属性名称	属性代码	属性名称	属性代码
要素代码	YSDM	登记机构	DJJG
不动产单元号	BDCDYH	登簿人	DBR
业务号	YWH	登记时间	DJSJ
查封机关	CFJG	解封业务号	JFYWH
查封类型	CFLX	解封机关	JFJG
查封文件	CFWJ	解封文件	JFWJ
查封文号	CFWH	解封文号	JFWH
查封起始时间	CFQSSJ	解封登簿人	JFDBR
查封结束时间	CFJSSJ	解封登记时间	JFDJSJ
查封范围	CFFW	附记	FJ
区县代码	QXDM	权属状态	QSZT

（4）不动产权利人

"不动产权利人"要素的属性集见表 6.16，分为以下四类：(i)标识类属性，包括不动产单元号、顺序号、不动产权证号、权证印刷序列号。(ii)权利人身份信息，包括权利人名称、权利人类型、证件种类、证件号、发证机关、所属行业、国家/地区、户籍所在省市和性别等。(iii)通信类属性，包括电话、地址、邮编、工作单位、电子邮件等。(iv)权利类属性，包括权利比例、共有方式、共有情况等。

表 6.16　不动产登记数据库"不动产权利人"要素属性集

属性名称	属性代码	属性名称	属性代码
要素代码	YSDM	户籍所在省市	HJSZSS
不动产单元号	BDCDYH	性别	XB
顺序号	SXH	电话	DH
权利人名称	QLRMC	地址	DZ
不动产权证号	BDCQZH	邮编	YB
权证印刷序列号	QZYSXLH	工作单位	GZDW
是否持证人	SFCZR	电子邮件	DZYJ
证件种类	ZJZL	权利人类型	QLRLX
证件号	ZJH	权利比例	QLBL
发证机关	FZJG	共有方式	GYFS
所属行业	SSHY	共有情况	GYQK
国家/地区	GJ/DQ	备注	BZ

6.1.2.3　动态模型

（1）总体框架

根据《不动产登记暂行条例》和《不动产登记暂行条例实施细则》的要求，《不动产登记数据库标准（试行）》设定了申请受理、收件、审核、收费、缮证、发证和归档等不动产登记业务要素。《不动产登记暂行条例》和《不动产登记暂行条例实施细则》规定的不动产登记业务与《不动产登记数据库标准（试行）》规定的登记要素的对应关系见

表 6.17。

表 6.17　不动产登记业务与登记要素的对应关系

登记业务	要素名称	要素代码	登记业务	要素名称	要素代码
申请	申请受理	SQSL	登簿	审核	SH
	申请人	SQR	收费	收费	SF
受理	申请受理	SQSL	缮证	缮证	SZ
收件	收件	SJ	发证	发证	FZ
审核	审核	SH	归档	归档	GD

从不动产登记动态模型的内部角度看,以申请受理(包含申请人、收件)发起的业务号为外联键,串联起后续业务环节的审核、收费、登簿、缮证和归档等各项登记要素(贾文珏等,2016),即不动产登记动态模型的各项登记要素都含有业务号这个属性。以业务号为识别码,可以追踪一项登记业务的办理动态。从不动产登记的动态模型与静态模型的关联来看,以业务号为连接键,将动态模型的各个要素关联到静态模型的不动产权利要素,进而借助不动产权利的不动产单元号,关联到不动产单元和不动产权利人要素(贾文珏等,2016)。

(2)申请受理要素

"申请受理"要素包含的属性见表 6.18,分为以下两类:(i)申请类属性,包括申请证书版式、申请分别持证、通知人姓名、通知方式、通知人电话、通知人移动电话、通知人电子邮件和坐落等。(ii)受理类属性,包括业务号、登记类型、区县代码、受理人员、受理时间、结束时间、是否问题案例和案件状态等。业务号在申请受理阶段发起,并贯穿后续各阶段的不动产登记业务中。

表 6.18　不动产登记数据库"申请受理"要素属性集

属性名称	属性代码	属性名称	属性代码
要素代码	YSDM	通知人姓名	TZRXM
业务号	YWH	通知方式	TZFS
登记大类	DJDL	通知人电话	TZRDH

续表

属性名称	属性代码	属性名称	属性代码
登记小类	DJXL	通知人移动电话	TZRYDDH
申请证书版式	SQZSBS	通知人电子邮件	TZRDZYJ
申请分别持证	SQFBCZ	是否问题案件	SFWTAJ
区县代码	QXDM	结束时间	JSSJ
受理人员	SLRY	案件状态	AJZT
受理时间	SLSJ	备注	BZ
坐落	ZL		

注:1.业务号是申请受理的唯一流水编号。2.登记小类是对登记大类的二级扩展,可根据实际需要编订。

（3）收件

"收件"要素包含的属性集见表6.19,主要包括业务号及收件涉及的各类文件信息。

表 6.19　不动产登记数据库"收件"要素属性集

属性名称	属性代码	属性名称	属性代码
要素代码	YSDM	是否收缴收验	SFSJSY
业务号	YWH	是否额外收件	SFEWSJ
收件时间	SJSJ	是否补充收件	SFBCSJ
收件类型	SJLX	页数	YS
收件名称	SJMC	备注	BZ
收件数量	SJSL		

注:收件类型包括(1)原件正本,(2)正本复印件,(3)原件副本,(4)副本复印件,(5)手稿,(6)其他。

（4）申请人

"申请人"要素的属性集详见表6.20。申请人属性集中,除业务号外,其余属性可分为:(i)权利人属性,包括权利人的身份信息、代理人身份信息及通信联络方式。(ii)义务人属性,包括义务人的身份信息、代理人身份信息及通信联络方式。

表 6.20　不动产登记数据库"申请人"要素属性集

属性名称	属性代码	属性名称	属性代码
要素代码	YSDM	义务人名称	YWRMC
业务号	YWH	义务人证件种类	YWRZJZL
权利人名称	QLRMC	义务人证件号	YWRZJH
权利人证件种类	QLRZJZL	义务人通讯地址	YWRTXDZ
权利人证件号	QLRZJH	义务人邮编	YWRYB
权利人通讯地址	QLRTXDZ	义务人法人名称	YWRFRMC
权利人邮编	QLRYB	义务人法人电话	YWRFRDH
权利人法人名称	QLRFRMC	义务人代理人名称	YWRDLRMC
权利人法人电话	QLRFRDH	义务人代理人电话	YWRDLRDH
权利人代理人名称	QLRDLRMC	义务人代理机构	YWRDLJG
权利人代理人电话	QLRDLRDH	备注	BZ
权利人代理机构	QLRDLJG		

（5）审核

"审核"要素包含的属性集见表 6.21，分为以下两类：(i)标识类属性，包括业务号、节点名称和顺序号等。(ii)审核类属性，包括审核人员姓名、审核开始时间、审核结束时间、审核意见和操作结果等。

表 6.21　不动产登记数据库"审核"要素属性集

属性名称	属性代码	属性名称	属性代码
要素代码	YSDM	审核开始时间	SHKSSJ
业务号	YWH	审核结束时间	SHJSSJ
节点名称	JDMC	审核意见	SHYJ
顺序号	SXH	操作结果	CZJG
审核人员姓名	SHRYXM		

注：1. 节点名称字段用于记录登记业务流程中审核操作所在的节点，一般为"初审""复审""登簿"或"公告"。2. 顺序号字段用于记录审核的次序，一般从 1 开始递增。这是因为审核因提交、回退等操作可能发生多次。

（6）收费

"收费"要素包含的属性集见表 6.22。收费要素属性集中，除业务号外,其余属性可分为:(ⅰ)计费类属性,包括计费人员、计费日期、应收金额和折扣后应收金额等。(ⅱ)收费类属性,包括收费科目名称、收费类型、是否额外收费、收费基数、实收金额、收费人员和收费单位等。(ⅲ)付费类属性,包括付费方和实际付费人等。

表 6.22　不动产登记数据库"收费"要素属性集

属性名称	属性代码	属性名称	属性代码
要素代码	YSDM	应收金额	YSJE
业务号	YWH	折扣后应收金额	ZKHYSJE
计费人员	JFRY	收费人员	SFRY
计费日期	JFRQ	收费日期	SFRQ
收费科目名称	SFKMMC	付费方	FFF
是否额外收费	SFEWSF	实际付费人	SJFFR
收费基数	SFJS	实收金额	SSJE
收费类型	SFLX	收费单位	SFDW

(7)缮证

"缮证"要素包含的属性集见表 6.23,主要包括业务号及缮证涉及的各类经办信息。

表 6.23　不动产登记数据库"缮证"要素属性集

属性名称	属性代码	属性名称	属性代码
要素代码	YSDM	印刷序列号	YSXLH
业务号	YWH	缮证人员	SZRY
缮证名称	SZMC	缮证时间	SZSJ
缮证证号	SZZH	备注	BZ

(8)发证

"发证"要素包含的属性集见表 6.24。收费要素属性集中,除业务号外,其余属性可分为:(ⅰ)发证类属性,包括发证人员、发证时间、发证名称、发证数量和核发证书号等。(ⅱ)领证类属性,包括领证人姓名、领证人证件类别、领证人证件号、领证人电话、领证人地址、领证人邮编等。

表 6.24 不动产登记数据库"发证"要素属性集

属性名称	属性代码	属性名称	属性代码
要素代码	YSDM	领证人姓名	LZRXM
业务号	YWH	领证人证件类别	LZRZJLB
发证人员	FZRY	领证人证件号	LZRZJH
发证时间	FZSJ	领证人电话	LZRDH
发证名称	FZMC	领证人地址	LZRDZ
发证数量	FZSL	领证人邮编	LZRYB
核发证书号	HFZSH	备注	BZ

（9）归档

"归档"要素包含的属性集见表 6.25，主要包括业务号及归档涉及的各类经办信息。

表 6.25 不动产登记数据库"归档"要素属性集

属性名称	属性代码	属性名称	属性代码
要素代码	YSDM	文件件数	WJJS
业务号	YWH	总页数	ZYS
登记大类	DJDL	档案号	DAH
登记小类	DJXL	归档人员	GDRY
坐落	ZL	归档时间	GDSJ
权证号码	QZHM	备注	BZ

6.1.3 不动产登记数据库标准的改进建议

（1）把不动产权利数据从不动产单元要素迁移到不动产权利要素。《不动产登记数据库标准（试行）》为了兼容历史上已有的各类不动产（自然资源）的登记数据库标准，实现低成本地复用存量登记数据的目的,将不动产的权利数据保留在不动产单元要素中,这是基于现实的技术妥协。但这种数据库的结构设计,不符合"人—权—地"的理论架构,存在数据结构的逻辑混乱。本书建议把不动产权利数据从不动产单元要素迁移到不动产权利要素。

(2)补充对依嘱托登记、依职权登记等动态要素的技术标准。在动态模型的设计中,主要考虑了依申请登记的登记要素的数据结构设计。依嘱托登记和依职权登记的登记要素的数据结构设计目前还是空白。本书认为,为了增强数据库标准的系统性和规范性,应当补充依嘱托登记和依职权登记等登记要素的数据结构。

(3)不动产单元的设计要兼容三维地籍的发展需要。目前不动产单元的设计,是按照三维标签的形式对房屋进行空间建模(Stoter,2004)。为了适应未来高经济密度/人口密度的三维空间开发(Guo et al.,2013),需要紧密跟踪国内外三维地籍的研究动态(Tekavec et al.,2018;应申等,2018;Van Oosterom,2013),适时在数据库标准中引入三维地籍模型。

6.2 土地用途管理的技术要素

农村集体建设用地的用途管理技术规范主要涉及土地利用规划、城乡规划和国土空间规划编制、实施和数据库建设的相关技术标准。本书全面检索历史上国土资源部、住房建设部和自然资源部曾经发布过的农村地区土地利用规划、城乡规划和国土空间规划的技术规范,对照"人—权—地—事"的逻辑结构解析农村集体建设用地的用途管理技术要素体系。目前来看,土地利用规划的技术标准相对更为成熟,本书以此作为技术要素分析的主体。农村地区的国土空间规划技术规范尚在建设过程中,本书基于行政法理论和历史实践经验,对农村地区国土空间规划数据库结构的设计提出针对性的技术建议。

6.2.1　土地利用规划技术规范

土地利用规划领域,与农村集体建设用地用途管理紧密相关的技术标准包括《乡(镇)级土地利用总体规划数据库标准》《乡(镇)级土地利用总体规划编制规程》《乡(镇)级土地利用总体规划制图规范》。《数据库标准》是规范建设用地审批系统的技术依据,《编制规程》主要规范规划编制的技术过程与技术参数,《制图规范》主要规范规划图件的展示方法和技术参数。因此,本书重点解析《数据库标准》的数据结构。土地利用规划数据库包括了诸多管理要素,与建设用地审批直接相关的管理要素包括"土地用途区""土地规划地类"和"建设用地管制分区",它们的属性集分别见表 6.26、表 6.27 和表 6.28。

表 6.26　土地利用规划数据库"土地用途区"要素属性集

属性名称	属性代码	属性名称	属性代码
标识码	BSM	土地用途区编号	TDYTQBH
要素代码	YSDM	土地用途区面积	TDYTQMJ
土地用途区类型代码	TDYTQLXDM	说明	SM

土地利用规划数据库采用了"地之编成主义"的登记簿编排方法,采用对土地区或土地块进行编码的形式,组织登记簿的结构。"土地用途区"要素是实行土地用途分区管制的法律依据,"土地用途区编号"采取在乡(镇)范围内流水号的形式进行编码。规范确定了 11 种土地用途分区,分别是基本农田保护区、一般农地区、城镇建设用地区、村镇建设用地区、独立工矿区、风景旅游用地区、生态环境安全控制区、自然与文化遗产保护区、林业用地区、牧业用地和其他用地区。

表 6.27   土地利用规划数据库"土地规划地类"要素属性集

表 6.27   土地利用规划数据库"土地规划地类"要素属性集

属性名称	属性代码	属性名称	属性代码
标识码	BSM	规划地类名称	GHDLMC
要素代码	YSDM	规划地类面积	GHDLMJ
图斑编号	TBBH	说明	SM

"土地规划地类"要素是更小尺度的地块用途管制的法律依据。"图斑编号"按乡(镇)范围的流水号进行编码,"规划地类名称"按《数据库标准》附录中的三级地类名称进行填充。《数据库标准》附录的地类设计是按《土地管理法》的"农用地""建设用地"和"其他土地"的架构进行编制。其实质是保护农业空间和生态空间,控制建设用地的蔓延(吴次芳等,2019)。"建设用地管制分区"要素是实现建设用地精明增长和精明收缩的空间指引。管制区的类型包括允许建设区、有条件建设区、限制建设区和禁止建设区。

表 6.28   土地利用规划数据库"建设用地管制分区"要素属性集

属性名称	属性代码	属性名称	属性代码
标识码	BSM	管制区面积	QZQMJ
要素代码	YSDM	说明	SM
管制区类型代码	QZQLXDM		

现有数据库设计存在的不足是缺少土地管理范式的理论指导,只是规划数据的简单存储。当然,相对于纸质的规划管理,或者非结构化的电子数据管理,现有的规划数据库已经有巨大进步。但规划数据库的设计,没有按照"地之编成主义"的"地—权—人"模式组织数据库架构,也没有考虑与不动产登记库进行有效集成。本书对这个不足进行补充完善。由于"不动产权利人"中存储了丰富的权利人信息,所以在规划数据库中应充分应用该要素的数据。不动产登记数据库静态模型部分,利用"不动产单元号"将"不动产单元""不动产权利"和"不动产权利人"关联起来。本书同样试图通过不动产单元号将土地利用规划数据

库与不动产登记数据库关联起来。由于存在三种规划管理要素，所以需要建构三种规划权利与之对应。这三种权利要素的属性集分别见表6.29、表6.30和表6.31，土地用途管制规划的属性集见表6.32。

表 6.29　土地利用规划数据库"土地分区管制"要素属性集

属性名称	属性代码	属性名称	属性代码
标识码	BSM	不动产单元号	BDCDYH
要素代码	YSDM	用途管制规则编码	YTGZGZBM
土地用途分区代码	TDYTFQDM	业务号	YWH

表 6.30　土地利用规划数据库"地块用途管制"要素属性集

属性名称	属性代码	属性名称	属性代码
标识码	BSM	不动产单元号	BDCDYH
要素代码	YSDM	用途管制规则编码	YTGZGZBM
图斑编号	TBBH	业务号	YWH

表 6.31　土地利用规划数据库"建设用地分区管制"要素属性集

属性名称	属性代码	属性名称	属性代码
标识码	BSM	不动产单元号	BDCDYH
要素代码	YSDM	用途管制规则编码	YTGZGZBM
管制区编号	QZQBH	业务号	YWH

表 6.32　土地利用规划数据库"用途管制规则"要素属性集

属性名称	属性代码	属性名称	属性代码
标识码	BSM	用途管制规则编码	YTGZGZBM
要素代码	YSDM	用途管制规则	YTGZGZ

本书试图改进规划数据库标准的设计。一是对土地用途分区代码、图斑编号和建设用地管制编号按照"乡级行政区划代码＋流水号"的形式进行编码，实现要素的唯一性识别。二是通过引入不动产单元号，实现土地利用规划库与不动产登记数据库的有机集成。三是用途管制规划编码是实现规划图则管理和"用途法定"管理理念的技术手

段。四是通过引入业务号，实现土地利用规划管理的动态模型与静态模型的有机集成。土地利用规划管理的动态模型与不动产登记的动态模型较为类似，为节约篇幅不详细讨论要素和属性集。

6.2.2　城乡规划技术规范

与村庄规划管理紧密相关的技术规范包括《村镇规划标准》《镇规划标准》和《村庄规划用地分类指南》，目前具有效力的是《镇规划标准》。这些技术标准的关注点在于规划的编制，关注规划实施的不多。村庄规划的编制和实施一直较为薄弱，总体情况是人员缺、经费少和机构不稳定（祁巍锋，2011）。村庄规划的编制和实施目前总体处于纸质管理或非结构化的电子数据管理阶段。因此，村庄规划没有结构化的管理数据库和管理信息系统。本书根据乡村规划许可证管理的需求，在《镇规划标准》和《村庄规划用地分类指南》的基础上，构建村庄规划的数据库结构。根据《乡村规划建设许可实施意见》的要求，乡村建设规划许可的内容应包括对地块位置、用地范围、用地性质、建筑面积、建筑高度等要求；另外，根据管理实际需要，对建筑风格、外观形象、色彩、建筑安全等提出要求。"土地用途分区""土地用途分区管制"和"用途管制规则"等要素的属性集分别见表 6.33、表 6.34 和表6.35。由于村庄规划数据库的设计思路与土地利用规划的设计思路类似，为节约篇幅不详细展开讨论。

表 6.33　村庄规划数据库"土地用途分区"要素属性集

属性名称	属性代码	属性名称	属性代码
标识码	BSM	土地用途区编号	TDYTQBH
要素代码	YSDM	土地用途区面积	TDYTQMJ
土地用途区类型代码	TDYTQLXDM	说明	SM

表 6.34　村庄规划数据库"土地用途分区管制"要素属性集

属性名称	属性代码	属性名称	属性代码
标识码	BSM	用地范围	YDFW
要素代码	YSDM	用地性质	YDXZ
土地用途分区代码	TDYTFQDM	占地面积	YDMJ
不动产单元号	BDCDYH	建筑面积	JZMJ
用途管制规则编码	YTGZGZBM	建筑高度	JZGD
业务号	YWH	层数	CS

表 6.35　村庄规划数据库"用途管制规则"要素属性集

属性名称	属性代码	属性名称	属性代码
标识码	BSM	用途管制规则编码	YTGZGZBM
要素代码	YSDM	用途管制规则	YTGZGZ

6.2.3　构建国土空间规划数据库标准的技术建议

（1）按照"人—权—地"的理论逻辑架构空间规划的数据库结构。目前土地利用规划数据库的数据结构设计，将"权—地"混合在"空间单元"要素当中。城乡规划体系的村庄规划甚至没有数据库标准。为了构建科学的数据库结构，本书建议按照"人—权—地—事"的理论逻辑来架构空间规划的数据库结构。一是分离土地利用规划数据库中存在的"权—地"混合的情况。把土地用途管制的数据从空间单元中分离出来，构成"地块用途管制""土地用途分区管制"和"建设用地分区管制"，空间单元保留为"土地规划地类""土地用途分区"和"建设用地管制分区"。"人—权—地"结构中"人"的部分，使用不动产登记中的权利人数据。二是城乡规划体系的村庄规划，要按照"人—权—地"的逻辑结构设计数据库数据结构。在村庄规划保留实施的地区，建设和使用村庄规划数据库。三是在形成国土空间规划技术规程之后，制定国土空间规划数据库标准。国土空间规划数据库技术标准的制定，需要融合土地利用规划和城乡规划中规划内容和用途许可的要求。

（2）按照"人—权—地—事"的理论逻辑架构土地用途许可的数据库结构。土地利用规划的用地审批、村庄规划的乡村规划许可和未来的国土空间规划的空间用途规划许可，本质上都是土地用途管制的行政过程。作者建议，把空间规划的土地用途管制的动态模型的结果数据按照"人—权—地—事"的理论逻辑架构数据库结构，形成数据库技术标准，规范土地管理信息系统的开发。

6.3　土地价值管理的技术要素

《土地增值税暂行条例》和《契税暂行条例》规定，一般采用房地产的交易价格作为税额确定的依据。但在下述两种情况下，税收部门可以委托具有资质的第三方中立评估机构，对拟征税的房地产的交易价值进行评估，采用评估的方法确定税额。（1）《土地增值税暂行条例》第四条规定，房地产交易在隐瞒、虚报房地产成交价格的，提供扣除项目金额不实的，转让房地产的成交价格低于房地产评估价格、又无正当理由的，采用评估价计算税额。（2）《契税暂行条例》第九条规定，土地使用权赠与、房屋赠与时，参照土地使用权出售、房屋买卖的市场价格核定房地产交换价格；土地使用权交换、房屋交换时，参照土地使用权出售、房屋买卖的市场价格评估所交换的土地使用权、房屋的价格差额。

6.3.1　土地税收

本书经过仔细检索，没有发现与土地税收相关的技术规范。但在《电子税务局建设规范》中，找到了"税务登记""清算申报"和"税款缴纳"的标准表式。税务登记的标准表式包括"个体税务登记表""单位

税务登记表"和"临时税务登记表"等表式。清算申报的标准表式包括
"土地增值税申报表"和"契税申报表"等表式。土地增值税的申报表
比较复杂,可以进一步分为"从事房地产开发的纳税人适用""从事房
地产开发的纳税人清算适用""从事房地产开发的纳税人清算后尾盘
销售适用""从事房地产开发的纳税人清算方式为核定征收适用""非
从事房地产开发的纳税人适用""非从事房地产开发的纳税人核定征
收适用"和"纳税人整体转让在建工程适用"等七种情形。农村集体建
设用地适合参考"非从事房地产开发的纳税人适用"和"非从事房地产
开发的纳税人核定征收适用"等两种情形的税务清算申报的表式。缴
纳税款的标准表式结构较为简单,采用统一的"税收完税证明"表式。
本书参考国家税务总局制定的表式,并与调研地区的税务主管部门进
行业务交流,初步确定了农村集体建设用地价值管理的"税务登记"
"清算申报"和"税款缴纳"要素的属性集。按"人—权—地"的逻辑结
构,"税务登记"记录"纳税人"的身份信息,"清单申报"和"缴纳税款"
分别核算和记录"纳税义务"的"应缴税款"和"实缴税款"信息,下文的
农用地和建设用地定级估价记录纳税对象的质量和估价信息。"税务
登记"区分"个体"和"单位"两种类型(见表 6.36 和表 6.37);"清算申
报"区分"土地增值税"和"契税"两种类型,核算和记录"应缴税款"信
息(见表 6.38 和表 6.39);缴纳税款采用统一的表式,核算和记录"实
缴税款"信息(见表 6.40)。

表 6.36　"税务登记"要素属性集(个体)

属性名称	属性代码	属性名称	属性代码
纳税人名称	NSRMC	固定电话	DDDH
纳税人识别号	NSRSBH	移动电话	YDDH
登记注册类型	DJZCLX	电子邮箱	DZYX
开业(设立)日期	KYSLRQ	身份证件名称	SFZJMC
批准设立机关	PZSLJG	证件号码	ZJHM
生产经营期限	SCJYQX	经营范围	JYFW

续表

属性名称	属性代码	属性名称	属性代码
证照名称	ZZMC	附报资料	FBZL
注册地址	ZCDZ	纳税人所处街乡	RSRSCJX
注册地址邮政编码	ZCDZYZBM	隶属关系	LSGX
生产经营地址	SCJYDZ	主管税务机关	ZGSWJG
生产经营地址邮政编码	SCJYDZYZBH	主管税务所(科)	ZGSWSK
合伙人数	HHRS	税务登记机关	SWDJJG
雇工人数	GGRS	税务机关经办人	SWJGJBR
网站网址	WZWZ	受理日期	SLRQ
国标行业	GBHY	核准日期	HZRQ
业主姓名	YZMC	主管税务机关	ZGSWJG
国籍或户籍地	GJHHJD	发证日期	FZRQ

表 6.37 "税务登记"要素属性集(单位)

属性名称	属性代码	属性名称	属性代码
纳税人名称	NSRMC	移动电话(财务负责人)	YDDHCWFZR
纳税人识别号	NSRSBH	纳税人识别号(总机构)	NSRSBHZJG
登记注册类型	DJZCLX	电子邮箱(财务负责人)	DZYXCWFZR
批准设立机关	PZSLJG	姓名(办税人)	XMBSR
批准设立证明	PZSLZM	身份证件种类(办税人)	SFZJZLBSR
开业(设立)日期	KYSLRQ	身份证件号码(办税人)	SFZJHMBSR
生产经营期限	SCJYQX	固定电话(办税人)	GDDHBSR
证照名称	ZZMC	移动电话(办税人)	YDDHBSR
证照号码	ZZHM	电子邮箱(办税人)	DZYXBSR
注册地址	ZCDZ	税务代理人名称	SWDLRMC
注册地址邮政编码	ZCDZYZBM	税务代理纳税人识别号	SWDLNSRSBH
生产经营地址	SCJYDZ	税务代理联系电话	SWDLLXDH
生产经营地址邮政编码	SCJYDZYZBM	税务代理电子邮箱	SWDLDZYX

续表

属性名称	属性代码	属性名称	属性代码
核算方式	HSFS	固定电话 （财务负责人）	GDDHCWFZR
从业人数	CYRS	注册资本币种	ZCZBBZ
单位性质	DWXZ	注册资本金额	ZCZBJE
网站网址	WZWZ	总机构名称	ZJGMC
国标行业	GBHY	总机构法定 代表人姓名	ZJGFDDBRXM
适用会计制度	YSKJZD	总机构联系电话	ZJGLXDH
经营范围	JYFW	总机构注册 地址邮政编码	ZJGZCDZYZBM
姓名（法定代表人）	XMFDDBR	附报资料	FBZL
身份证件种类 （法定代表人）	SFZJZLFDDBR	纳税人所处街乡	NSRSZJX
身份证件号码 （法定代表人）	SFZJHMFDDBR	隶属关系	LSGX
固定电话 （法定代表人）	GDDHFDDBR	主管税务机关	ZGSWJG
移动电话 （法定代表人）	YDDHFDDBR	主管税务所（科）	ZGSWSK
电子邮箱 （法定代表人）	DZYXFDDBR	税务机关经办人	SWJGJBR
姓名（财务负责人）	XMCWFZR	税务登记机关	SWDJJG
身份证件种类 （财务负责人）	SFZJZLCWFZR	受理日期	SLRQ
身份证件号码 （财务负责人）	SFZJHMCWFZR	核准日期	HZRQ

表 6.38　土地增值税"清算申报"要素属性集

属性名称	属性代码	属性名称	属性代码
项目名称	SMMC	城市维护建设税	CSWHJSS
项目编号	SMBH	增值额	ZZE
转让房地产收入总额	ZRFDCSRZE	增值额与扣除额之比	ZZEYKCEZB

续表

属性名称	属性代码	属性名称	属性代码
货币收入	HBSR	适用税率	SYSL
实物收入	SWSR	速算扣除系数	SSKCXS
其他收入	QTSR	应缴土地增值税税额	YJTDZZSSE
扣除项目金额合计	KCXMJEHJ	减免税额	JMSE
取得土地使用权所支付金额	QDTDSYQSZFJE	减免性质代码	JMXZDM
旧房建筑物评估价格	JFJZWPGJG	已缴土地增值税税额	YJTDZZSSE
旧房建筑物重置成本价	JFJZWCZCBJ	应补(退)土地增值税税额	YBTTDZZSSE
成新度折扣率	CXDZKL	代理人	DLR
评估费用	PGFY	代理人身份证号	DLRSFZH
购房发票金额	GFFPJE	受理人	SLR
发票加计扣除金额	FPJJKCJE	受理日期	SLRQ
购房契税	GFQS	受理税务机关	SLSWJG
营业税	YYS		

表 6.39　契税"清算申报"要素属性集

属性名称	属性代码	属性名称	属性代码
项目名称	SMMC	税率	SL
项目编号	SMBH	计征税额	JZSE
合同签订日期	HTQDRQ	减免性质代码	ZMXZDM
土地房屋坐落地址	TDFWZLDZ	应纳税额	YNSE
权属转移方式	QSZYFS	代理人	DLR
权属转移面积	QSZYMJ	代理人身份证号	DLRSFZH
成交单价	CJDJ	受理人	SLR
评估价格	PGJG	受理日期	SLRQ
计税价格	JSJG	受理税务机关	SLSWJG

表 6.40　"缴纳税款"要素属性集

属性名称	属性代码	属性名称	属性代码
纳税人名称	NSRMC	入库时间	LKSJ
纳税人识别号	NSRSBH	实缴金额	SJJE
税种	SZ	税务机关	SWJG
品目名称	PMMC	填票人	TPR
税款所属时期	SKSSSQ		

6.3.2　土地估价

经过系统检索,国际组织制订的估价标准主要有《国际估价标准》和《欧盟估价标准》。国际组织建议的估价方法有市场法、还原法和成本法等三种(见表 6.41)。市场法是将待估房地产与若干相似房地产的交易价格进行比较,通过交易期日、区域因素和个别因素的价格修正后,得到待估房地产交易价值的评估方法。还原法是通过核算房地产经营带来的收益和成本,并将净收益进行若干年期的资本化后得出的房地产交易价值的评估方法。成本法是将取得土地的成本、建筑物的开发成本、必要的开发利润和销售税费加总后得出的不动产交易价值的评估方法。国际组织进一步规范了单体不动产和片区不动产的估价工作程序。我国适用的估价标准有《房地产估价规范》《城镇土地估价规程》《农用地估价规程》和《集体土地使用权地价评估技术指引》。其中,中国房地产估价师和房地产经纪人学会主导制定了《房地产估价规范》。中国土地估价师与土地登记代理人协会主导制订了《城镇土地估价规程》《农用地估价规程》和《集体土地使用权地价评估技术指引》。

需要说明的是,评估房产交易价格一般适用中国房地产估价师和房地产经纪人学会制定的技术规范。评估土地交易价格一般适用中国土地估价师与土地登记代理人协会制定的技术规范。无论是中国房地产估价师和房地产经纪人学会,还是中国土地估价师与土地登记代理人协会,在制订技术规范时,都充分借鉴了国际估价标准和欧盟估价标准的技术约束,在确定市场法、还原法和成本法等评估方法的技术要求时,尽量与上述两项国际标准做好对接。中国的两个估价行业组织,都另行补充了剩余法和基准价修正法。剩余法是评估土地使用权交易价值的方法,主要思路是将房地产估算价值,减去开发成本、必要的开发利润和交易税金,减除后的剩余项为土地使用权的交易价值。基准价修正法的评估思路与市场法相类似,就是将待估不动产与评估片区的平均条件进行比较,在进行交易期日、区域因素和个别因素修正后,得出待估不动产交易价格的评估方法(Xu et al.,2019)。

表 6.41　国际组织和中国学会制定的估价标准及评估方法

估价方法	市场法	还原法	成本法	剩余法	基准价修正法
国际估价标准	√	√	√		
欧盟估价标准	√	√	√		
房地产估价标准	√	√	√	√	√
城镇土地估价标准	√	√	√	√	√
农用地估价标准	√	√	√	√	√
集体土地估价指引	√	√	√	√	√

　　市场法和还原法比较适用于靠近城镇地区或房地产市场发育较为成熟的乡村地区;成本法、剩余法和基准价修正法比较适用于偏远乡村或房地产市场发育较为不成熟的乡村地区。另外,市场法和还原法比较适用于居住、商业和服务业用地的价格评估;成本法、剩余法和基准价修正法比较适用于工业、旅游等用地的价格评估(Xu et al.,2019)。对于土地增值税的税基估价而言,正常核算方法需要根据具体条件选用适用的评估方法,针对每一个税目进行核算。一般将取得土地使用权所支付的金额设定为土地使用期间农用地使用权的取得价格,所以其评估适用农用地估价规程的相关规定。简易核算方法,只要采用适用的方法评估不动产的交易价格即可。对于契税而言,也是只要采用适用的方法评估不动产的交易价格即可。

为了支持不动产的价格评估,需要不动产交易的大量真实数据库,中国可供利用的数据库包括不动产登记数据库、房产交易合同备案数据库、土地交易合同备案数据库、农用地流转合同备案数据库(Xu et al.,2019)。这些交易数据可以为不动产的税基评估提供强有力的数据支持,"价值单元"(FM_FisUnit)记录纳税对象的质量和价格信息,应注意充分利用这些数据。要充分加以利用的是不动产登记数据库。农村集体建设用地不动产登记数据库中的"宗地""自然幢""户""建设用地使用权""房地产权"等要素,包含了大量的不动产权属和不动产利用的属性信息可以利用。

6.3.3 土地定级

中国土地估价师和土地登记代理人协会除了制订土地估价规程,还制订了土地定级规程,包括《城镇土地分等定级规程》《农用地定级规程》和《集体土地使用权地价评估技术指引》等。国土资源部部署了土地定级的相关工作任务,建设了大量的土地定级成果数据库,并要求工作成果符合上述各技术标准的要求。农村土地制度改革试点地区在划定土地征税的区片和级别时,充分应用了农村土地的定级成果。农村房地产的税基估价,应充分应用土地定级成果,以提高估价成果的准确性(Xu et al.,2019)。特别是在使用市场法进行区域因素修正时,应充分利用土地定级成果提供的区域背景情况。"价值单元"(FM_FisUnit)记录纳税对象的质量和价格信息,应充分利用农村建设用地和农用地的定级成果数据。由于缺少农村建设用地的定级规程,《集体土地使用权地价评估技术指引》建议采用《城镇土地分等定级规程》对定级的因素体系的规定,进而确定农村建设用地定级的因素体系。根据《城镇土地分等定级规程》的规定,建设用地定级评价的影响因素包括:(1)繁华度,(2)交通条件,(3)基础设施条件,(4)环境条件,(5)人口状况等。建设用地定级数据库的数据结构可以参考表

6.42 来设置。

表 6.42　建设用地定级评价的影响因素

第一级	第二级
C1 繁华度	C11 商服繁华度
C2 交通条件	C21 道路通达度,C22 公交便捷度, C23 对外交通便利度,C24 路网密度
C3 基础设施条件	C31 生活设施完善度,C32 公用设施完善度
C4 环境条件	C41 环境质量,C42 文体设施质量, C43 绿地覆盖度和自然条件优劣度
C5 人口状况	C51 人口密度

　　根据《农用地定级规程》的规定,农用地定级的影响因素包括:(1)局部气候条件,(2)地形地貌,(3)土壤条件,(4)水资源状况,(5)基础设施条件,(6)耕地便利条件,(7)区位条件,(8)交通条件等。上述定级因素的评分均采用百分制。在进行农村建设用地和农用地交易价值评估时,可以采用上述因素的标准化分值进行一般因素和区域因素的修正。农用地定级数据库的数据结构可以参考表 6.43 来设置。

表 6.43　农用地定级评价的影响因素

第一级	第二级
A1 局部气候条件	A11 温度,A12 积温,A13 降水量,A14 蒸发量,A15 酸雨,A16 灾害气候和无霜期
A2 地形地貌	A21 地貌类型,A22 地形部位,A23 海拔高度,A24 坡度,A25 坡向,A26 侵蚀程度
A3 土壤条件	A31 土层厚度,A32 障碍层深度,A33 土壤质地,A34 剖面构型,A35 土壤 pH 值,A36 土壤盐碱状况
A4 水资源状况	A41 地下水埋深,A42 水源保证率,A43 水质
A5 基础设施条件	A51 林网化程度,A52 灌溉保证率,A53 排水条件,A54 田道道路,A55 田间供电
A6 耕地便利条件	A61 田块大小,A62 田块形状,A63 田块平整度,A64 田面高差和耕作距离
A7 区位条件	A71 农贸市场影响度
A8 交通条件	A81 道路通达度,A82 对外交通便利度

7. 概念模型的理论构建

　　本章的任务是将农村集体建设用地管理法律约束和技术约束作为输入项,经过面向对象分析与设计,转换成 UML(Unified Modeling Language)表达的 LADM 概念模型。第 7.1 节讨论农村集体建设用地管理需求的识别方法和基于该方法得出的重要发现。第 7.2 节讨论模型的总体框架和作为基础支撑的特殊类。第 7.3 节在 LADM 的技术标准的基础上(ISO,2012;Lemmen,2012),提出农村集体建设用地的权属管理概念模型。第 7.4 节在 Lemmen et al.(2019)土地用途管理模型的基础上,提出农村集体建设用地的用途管理概念模型。第 7.5 节在 Çağdas et al.(2016)土地税收和土地估价模型的基础上,提出农村集体建设用地的价值管理概念模型。

7.1　需求识别

　　本书基于 LADM 技术标准构建符合中国农村集体建设用地法律约束和技术约束的概念模型(Chinese Rural Construction Land Administration Model,CN_RLAM)。CN_RLAM 的逻辑出发点是中国农村集体建设用地管理的现实需求。Lemmen(2012)详细研究了 LADM 模型应当回应的管理需求,这些管理需求是采用迭代开发法经过多轮国际会议讨论得出的具有国际普适性的用户需求。Lemmen(2012)的需求研究具有很强的借鉴意义。世界银行和国际测量师协会联合召开国际会议,讨论构建适合欠发达国家(地区)实际需要的土地管理系统的最佳实践,会议发布了《适用型土地管理》(*Fit-For-Purpose Land Management*)研究报告,提出六条政策宣言(Enemark et al.,2014)。这些政策宣言对于发展中国家建立土地管理系统具有重要启示作用。本书吸收上述两份研究的成果,并根据中国农村的实际进行深化创新。

为了构建有效回应中国农村现实需求的概念模型,本书花费约三个月的时间进行需求调研。调研方法为迭代法(Lemmen,2012;谭云杰,2012)。调研分为两个部分:第一部分是工作需求的调研,主要是掌握社会各界期望土地管理模型达到的经济社会效果。访谈的对象主要是省级、县级从事土地权属、用途和价值管理的公职人员,乡镇分管领导,自然资源所和城建办工作人员,村委经办人员,以及具有代表性的村民代表。第二部分是技术需求的调研,主要是掌握社会各界期望土地管理模型达到的技术水平。访谈的对象主要是省级、县级从事土地权属、用途和价值管理的公职人员,高等院校及科研机构的研究人员,不动产登记信息平台或自然资源管理信息平台开发企业的技术负责人,以及从事土地管理和城乡规划咨询业务的技术负责人。

7.1.1　工作需求

经过多轮现场访谈和会议座谈,得出社会各界(管理人员和社会公众)对农村集体建设用地管理概念模型的工作需求(见表7.1)。

表 7.1 农村集体建设用地管理概念模型的工作需求

编码	需求	内容
WR1	合法	模型的内容符合法律的要求,模型的流程符合法律的要求,模型的运行结果具有法律效力
WR2	安全	模型数据能有效保护权利人的财产安全,有效保障交易双方的资金安全,为裁决财产和交易纠纷提供有力的法律证据
WR3	高效	模型的运行简单高效,充分应用计算机和互联网技术,减少申请人现场办公和往返交通的时间。实现"最多跑一次"网上行政服务的目标,提供办理事项在互联网上完成的信息化条件,申请材料和补件材料可以在网上提交
WR4	透明	模型的内容透明公开,行政审批的结果向社会公开,涉及私人保密信息的,利益相关人可通过法定程序查询,实时向申请人反馈申请事项的审批进度
WR5	公平	模型的内容和程序应公平对待每一位申请人,平等地保护每一位申请人的合法权益
WR6	规范	模型符合国家颁布的制度规范和技术规范
WR7	低成本	模型的开发实施符合农村实际,系统的运行成本能够为农村社会所负担
WR8	支持改革	模型可以适应土地改革试点和未来的制度改革,为土地改革提供管理工具

7.1.2 技术需求

经过多轮现场访谈和会议座谈,得出业务主管部门、科研单位和技术单位对农村集体建设用地管理概念模型的技术需求(见表 7.2)。

表 7.2 农村集体建设用地管理概念模型的技术需求

编码	需求	内容
TR1	统一的登记簿	将分散的各种不动产登记簿集成到全国统一的不动产登记簿
TR2	统一的业务流程	将原先各个部门不同的登记(审批)流程集成到统一规范的登记(审批)流程
TR3	统一的信息平台	将原先分散的登记(审批)信息平台集成到全国统一的"一张图"管理信息平台

续表

编码	需求	内容
TR4	统一的主体编码	个人和组织身份信息的编码符合组织制度规定。个人使用统一的身份证号码或护照号码。使用统一的社会信用代码。主体信息可以与公安部门的个人身份数据交互,也可以与市场监督、民政等部门的组织机构登记数据交互
TR5	产权法定	所有产权都必须有法律依据。私权由物权法规定,公权由行政法或税法规定
TR6	客体划界与确权符合现有技术规范	产权客体的确界和裁定应当遵守土地和房屋测绘的技术规范
TR7	权源资料统一规范	所有权和使用权的权源文书要符合法律规定。集体所有权是土地改革期间颁发的权利证书。使用权以出让合同或行政审批为基础,如出让合同、划拨决定书和行政决定书等

7.1.3 需求回应策略

(1)注重遵守法律约束。对已有的实体和程序方面的法律规定进行结构化分析,充分对接法律约束。

(2)注重遵守技术标准。对已有的技术标准进行结构化分析,充分对接技术标准的约束性规范。

(3)加强信息安全建设。设计概念模型时,要有网络安全防备预案、数据备灾预案和事务处理能力,保障物权和资金的静态和动态安全。

(4)网络技术提高办事效率和透明度。充分应用互联网技术,减少申请人的时间成本、交通成本和财务成本,在网上依法公开公共权力运行的过程和结果。

(5)工作流技术提高办事过程的规范性,保证过程的公平正义。依据法律和技术规定开发规范的工作流脚本,运用工作流引擎驱动工作流脚本的执行,保证办事过程的统一规范,提高办事的公平正义。

（6）选用先进适用技术，降低系统开发运营成本。提出规范的概念模型，促进统一的信息平台的形成。选用成熟可靠、性价比高的技术实现概念模型。

（7）概念模型要为改革预留空间。设计模型要预测改革方向和技术趋势，为概念模型升级预留空间。

7.1.4 用例图

用例图（Use Case Diagram）是系统分析员与用户之间交流系统功能和需求的描述语言，用于展示用户与系统的互动关系和刻画用户对系统的使用需求（谭云杰，2012）。用例图包括角色和用例两个部分。角色和用例可以具有纵向的泛化关系（李勇、杨晓军，2015）。本书根据现场调研结果进行角色的抽象。用例图中角色的识别和界定对于管理系统界面层的组织具有重要作用。本书根据法律约束和技术约束进行用例的抽象。用例图中用例的识别和界定对于管理系统服务层的组织有重要作用（谭云杰，2012）。

7.1.4.1 土地权属管理

农村集体建设用地权属管理的用例图如图 7.1 所示。用户的角色可以抽象为申请人、嘱托人和登记人等三类。登记人可进一步细化为窗口、业务科室和档案等三类。各类角色的纵向泛化关系见图 7.1 右半部分。申请人使用"申请"用例，提交登记申请的各类材料。窗口使用"受理""接受嘱收"和"发证"用例。窗口是社会公众与登记机关进行交互的工作界面，窗口对申请材料进行完整性等形式审查。业务科室使用"审核""登簿"和"缮证"等用例。业务科室负责登记业务的实际实施，需要对材料真实性进行实质审查。档案使用"存档"用例。档案负责将申请材料和审核材料形成纸质档案，并按档案管理规定进行保管。"受理"和"审核"用例可做进一步的深化设计，但由于本书定位为框架性的概念模型研究，故用例的设计颗粒度限定于主干业务。

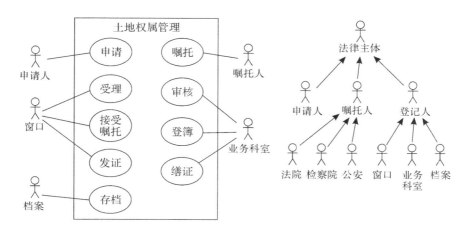

图 7.1 农村集体建设用地权属管理用例图

7.1.4.2 土地用途管理

农村集体建设用地用途管理的用例图如图 7.2 所示。用户角色大致可以分为申请人和行政主体两类。行政主体进一步分为村委、乡镇、窗口、业务科室、局领导和档案等。各类角色的纵向泛化关系见图 7.2 右半部分。申请人使用"申请"用例,提交申请材料。窗口使用"受理"和"发证(批文)"用例,对申请材料进行形式审查。村委、乡镇、业务科室、局领导等使用"审核"和"缮证"等用例,对申请材料进行实质审查,负责管理业务的实质性实施。档案使用"存档"用例,负责将申请材料和审核材料形成纸质档案,并按档案管理规定进行保管。"受理"和"审核"用例可做进一步的深化设计,但本书定位为框架性的概念模型研究,故用例颗粒度只涉及主干业务。在实际业务运行时,土地用途审核功能十分复杂,尤其是农转用及耕地占补平衡等用途管理业务的审批过程特别复杂。所以,本书对"审核"用例进行了必要的简化。

7.1.4.3 土地价值管理

农村集体建设用地价值管理的用例图见图 7.3。用户角色大致可以分为申请人、税务机关和评估人等三类。税务机关进一步细化为窗口、业务科室和档案等三类。各类角色的纵向泛化关系见图 7.3 的右

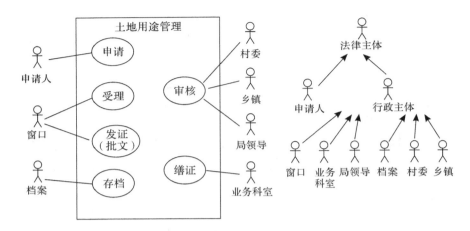

图 7.2　农村集体建设用地用途管理用例图

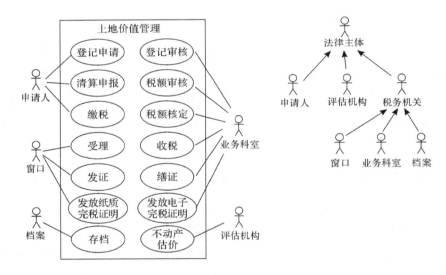

图 7.3　农村集体建设用地价值管理用例图

半部分。农村集体建设用地的价值管理分为税务登记、清算申报及缴（征）税款等业务，本书只展现了这三类业务的第一级业务。申请人使用"申请""清算申报"和"缴税"等用例。窗口使用"受理""发证"和"发放纸质完税证明"等用例，窗口对申请材料进行完整性等形式审查。业务科室使用"登记审核""税额审核""税额核定""收税""缮证"和"发证电子完税证明"等用例，对申请材料进行实质性审查。档案使用"存

档"用例,负责将申请材料和审核材料形成纸质档案。评估机构使用
"不动产估价"用例,负责独立对不动产的价格和成本进行第三方
评估。

7.2 总体框架与特殊类

7.2.1 总体框架

本书根据农村集体建设用地管理的法律和技术约束对 LADM 模
型进行延伸和深化。在总体架构上,分为"核心模块"(Core Module)
和"扩展模块"(Extension Module)两部分(见图 7.4)。"核心模块"对
应权属管理;"扩展模块"对应用途管理和价值管理,包括响应土地用
途管理需要的"空间规划包"(Spatial Planning Package)和响应土地价
值管理需要的"税收估价包"(Taxation and Valuation Package)。需要
说明的是,为更好地与 LADM 标准相衔接,"类"(Class)和"类代码"
(Code List)的英文命名采用以下规则:(1)如果沿用 LADM 标准中已
有的类,则类名前缀采用 LA。(2)如果采用 LADM 2.0 建议版中的
价值管理的类,则类名前缀采用 FM。(3)如果属于新建的类,则类名
前缀采用 CN。本书在各个软件包中提供了类名的中英文对照表。

CN_RLAM 的核心类包括"权利人"(LA_Party)、"权利责任限
制"(LA_RRR)、"基本行政单元"(LA_BAUnit)、"空间单元"(LA_
SpatialUnit)、"空间管制"(CN_SpatialRegulation)、"规划单元"(CN_
PlanningUnit)、"纳税人"(FM_TaxParty)、"税收"(FM_Taxation)、
"估价"(FM_Valuation)和"价值单元"(FM_FisUnit)等。这些核心类
除了承担自身重要的管理功能外,还起着组织和连接其他实体类的桥
梁作用,它们之间的关联关系见图 7.5。

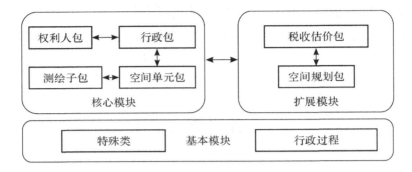

图 7.4　CN_RLAM 的总体架构

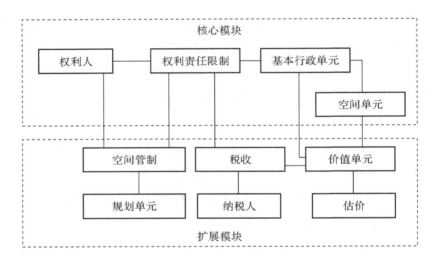

图 7.5　CN_RLAM 的核心类及关联关系

7.2.2　特殊类

特殊类提供核心模块和扩展模块共用的类库。LADM 定义的共用类包括"版本对象"(VersionedObject)、"对象标识码"(Oid)、"分数"(Fraction)、"当事人"(ReponsibleParty)和"来源"(Source)等。CN_RLAM 沿用了 LADM 定义的共用类,并进行了扩展(见图 7.6 和图 7.7)。沿用的特殊类的名称和语义见表 7.3。CN_RLAM 定义了行政过程实体类,提供对土地权属管理、用途管理和价值管理动态模型的基础支持(见图 7.8)。行政过程实体类的名称和语义见表 7.4。特殊类代码的名称及语义见表 7.5。

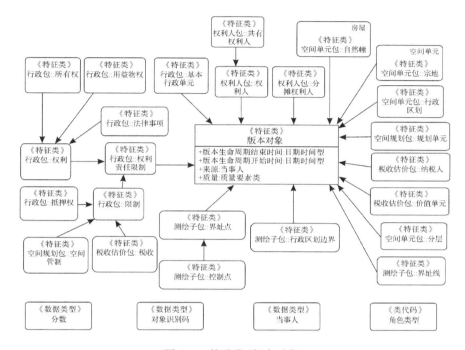

图 7.6　特殊类(版本对象)

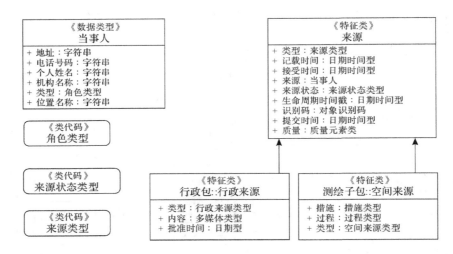

图 7.7　特殊类（来源）

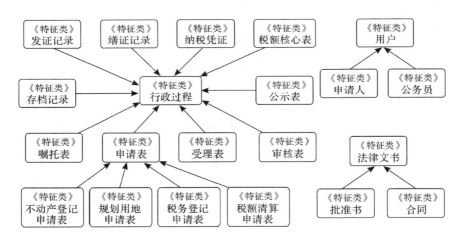

图 7.8　特殊类（行政过程）

表 7.3　特殊类(沿用)

中文名	英文名	说明	重要属性
版本对象	VersionedObject	管理和维护数据库的历史版本信息	版本开始时间,版本结束时间,版本质量,版本负责机构
分数	Fraction	提供分数的通用表达	分母,分子
对象编码	Oid	提供对象标识符的通用标识方式	局部标识符,命名空间
来源	LA_Source	提供管理文件的来源证明	来源生效时间,来源状态,版本操作时刻,来源类型,来源质量,来源登记时间,来源标识符,来源机构,来源提交时间
行政来源	LA_Administrative Source	提供法律文书的来源证明	描述文本,文本类型
空间来源	LA_SpatialSource	提供空间文书的来源证明	测量值,测量方法,测量类型
当事人	CN_ResponsibleParty	当事人的身份信息	个人姓名,机构名称,职位,电话,地址,当事人角色

表 7.4　特殊类(行政过程)

中文名	英文名	说明	数据库对应要素
行政过程	CN_Process	提供行政管理活动信息	—
申请表	CN_AppForm	申请表的抽象表达	—
不动产登记申请表	CN_RealAppForm	不动产登记申请表的抽象表达	不动产登记申请表
规划用地申请表	CN_PlanAppForm	建设用地规划申请表的抽象表达	规划用地申请表
税务登记申请表	CN_TaxAppForm	税务登记申请表的抽象表达	税务登记申请表
清算申报表	CN_Liquidation AppForm	税额清算申报表的抽象表达	—
嘱托	CN_EntrustForm	嘱托文书的抽象表达	嘱托表
受理表	CN_AcceptForm	受理或接受嘱托的表格	受理(接受嘱托)表
审核表	CN_ReviewForm	各种审核的通用模板	审核表

续表

中文名	英文名	说明	数据库对应要素
公示表	CN_PublishForm	规划用地公示的抽象表达	公示表
税额核定表	CN_RatifiedTaxBill	税额核定的表格	税额核定表
缴(收)税凭证	CN_TaxPayment	缴(收)税的正式记录	缴(收)税单
缮证记录	CN_Produce Certification	制作证件(批文)的记录	缮证
发证记录	CN_Deliver Certification	发放证件(批文)的记录	发证
存档记录	CN_Archive	行政程序与材料存档记录	档案
用户	CN_User	用户身份信息	—
申请人	CN_Applicant	申请人身份信息	申请人
公职人	CN_CivilServant	公职人员身份信息	经办人
文书	CN_Document	行政文件	—
决定书	CN_Approval	土地划拨决定书	划拨决定书
合同	CN_Contract	土地(房地产)出让(转让)合同	合同

表 7.5　特殊类的类代码(沿用)

中文名	英文名	说明	值
来源类型	CN_SourceType	证明文件来源的媒介类型	图件资料,文本资料
角色类型	CN_RoleType	当事人在权利关系中的角色	所有者,使用者,法人代表,联系人,测量员,核准机构,登记员
来源证明状态类型	CN_Availability StatusType	行政来源证明的状态类型	历史证明材料,完整,不完整,毁坏

7.3　土地权属管理的概念模型

Kaufmann 和 Steudler(1998)总结国际测量师协会在全球范围开展地籍系统的实施情况调查,提出全球地籍系统发展的愿景。他们着重指出地籍系统的模型化研究具有重要理论价值和现实需求。Van Oosterom 和 Lemmen(2001)沿续 Kaufmann 和 Steudler(1998)的工作,继续开展全球地籍系统实施情况的调查,持续推动地籍系统国际学术交流。Lemmen et al. (2003)根据 Kaufmann 和 Steudler(1998)提出的需求和国际学术交流获得的认知,着手为地籍系统构建国际通用的模型。在国际测量师协会、开放地理空间联盟和国际标准化组织等国际组织的支持下,Lemmen 和 Van Oosterom 持续推进这项工作,直到最后上升为国际标准(ISO,2012;Lemmen,2012;Van Oosterom et al. ,2006)。在国际测量师协会、世界银行和联合国等国际组织的推动下,LADM 模型在欧洲、非洲、亚洲等不少国家开展了经验研究,取得了显著的成效(Lemmen et al. ,2015)。总体而言,LADM 的经验研究主要集中在土地权属管理领域(Paulsson 和 Paasch,2015)。中国应用方面,Zhuo 率先将 LADM 应用于城市房地一体登记(Zhuo et al. ,2015,2013);Guo et al. (2013)将 LADM 应用于深圳市的三维地籍建设;Ying et al. (2018)和 Yu et al. (2017)将 LADM 引入不动产统一登记和自然资源资产登记领域;Xu et al. (2019)将 LADM 引入自然资源产权改革;Zhuo et al. (2020)将 LADM 引入承包地三权分置改革。本书吸收上述研究成果,在法律约束、技术约束研究的基础上,根据 LADM 的技术标准要求,提出适应农村权属管理改革需要的概念模型。

7.3.1 静态模型

静态模型包括"权利人包"（Party Package）、"行政包"（Administrative Package）和"空间单元包"（Spatial Unit Package），分别对应"人—权—地"模型（Lemmen et al.，2015；Henssen，1995）。"空间单元包"（Spatial Unit Package）另外还包含一个下属"测绘子包"（Surveying and Representation Sub Package），用于表达测绘和地籍图信息（Lemmen et al.，2015）。对静态模型各个软件包进行深化设计，分别按包内各种类的概念对类与类的纵向关系（泛化关系）和类与类的横向关系（关联、聚合和组成关系）进行讨论。

7.3.1.1 权利人包（Party Package）

权利人包（Party Package）对应"人—权—地"中的"人"，用于描述和记录产权主体的信息（Lemmen，2012），核心类及其关联关系详见图7.9。"权利人"（LA_Party）类对应不动产登记数据库中的"不动产权利人"要素。除 ISO 19152－2012 规定的必填属性外，"权利人"（LA_Party）类的其他属性均参考不动产登记数据库"不动产权利人"要素的数据结构进行设置。"共有权利人"（LA_PartyGroup）类用于表达共同所有或占有的关系，在存在共同所有或占有关系时发挥作用。"共有权利人"（LA_PartyGroup）类是一个集合类，既是"权利人"（LA_Party）类的子类，又是装载"权利人"（LA_Party）对象的容器。"分摊权利人"（LA_PartyMember）类是一个关联类，主要用于记录产权人共有关系的分配比例。"权利人包"（Party Package）的类和类代码的名称和语义分别见表7.6和表7.7。

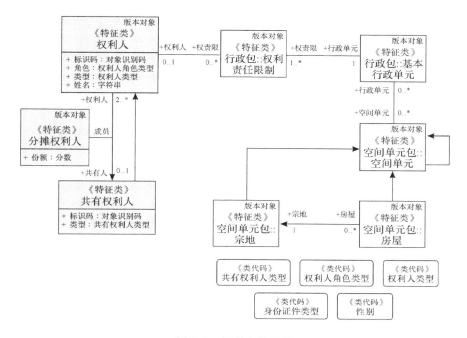

图 7.9　权利人包的类

表 7.6　权利包中的类

中文名	英文名	说明
权利人	LA_Party	不动产权利的持有人,包括自然人和法人
共有权利人	LA_PartyGroup	多个共有权人组成的团体
分摊权利人	LA_PartyMember	共有权人对应的分配比例

表 7.7　权利人包的类代码

中文名	英文名	说明	值
权利人类型	LA_Party Type	权利人的类型	个人,企业,事业单位,国家机关,其他
权利人角色类型	LA_Party RoleType	权属关系中权利人所扮演的角色	土地使用者,房屋所有者,抵押人,抵押权人,预告登记债务人/债权人,集体土地所有者/国有土地所有者,土地/房屋管理部门,其他

续表

中文名	英文名	说明	值
共有权利人类型	LA_Group PartyType	共有权利人的类型	宗地权利人－共有土地使用权,房屋权利人－共有房屋公共部分所有权
身份证件类型	CN_Id DocumentType	身份证件的类型	身份证,户口簿,军官证/士兵证,护照,组织机构代码,营业执照,其它
性别	CN_Sex	性别	男,女,未知

所有的法律都表现为从身份到契约的过程(梅因,1959),对土地产权人的记录,需要适应农村经济社会发展的阶段。一般的情况是,历史时期越早或农业经济成分比重越大地区的土地记录,越是以"农户"作为土地产权人的登记单位。工业经济或城市经济成分比重越大地区的土地记录,越是以"个人"作为土地产权人的登记单位(Larsson,1991)。"权利人包"(Party Package)被设计为既可以以"农户"和"企业"作为登记单位,也可以以"个人"和"企业"作为登记单位。如果以"农户"为登记单位,则户主的身份信息为"权利人"(LA_Party)的主要记录信息。如果以"个人"为登记单位,则家庭成员的身份信息为"权利人"(LA_Party)的主要记录信息。户主的身份信息为"共有权利人"(LA_PartyGroup)的记录信息。在存在"共有权利人"(LA_PartyGroup)对象的情况下,"分摊权利人"(LA_PartyMember)对象用以记载各个共有权人的财产分配信息。目前的不动产登记管理规定要求将土地权利记载至每个家庭成员,尤其需要记录和保护妇女、儿童、老人等社会弱势群体的土地权利(Deininger,2003)。本书认为是否将土地权利登记到个体,需要根据当地农村社会的实际社会结构而定。依据"适用导向"原则,当地农村社区对土地财产是什么观念,就采用与之相适应的登记方式(Enemark et al.,2014)。"权利人"(LA_Party)类与"行政包"(Administrative Package)的"权利责任限制"(LA_RRR)类进行关联,进而可以关联到该包的"基本行政单元"

(LA_BAUnit)类,从而将"人"的信息关联到"权"的信息。

7.3.1.2 行政包(Administrative Package)

"行政包"(Administrative Package)对应"人—权—地"中的"权",用于描述和记录权利内容的信息(Lemmen,2012),其核心类及关系详见图 7.10,对包中的类、类代码及与数据库中表的对应关系的说明和解释分别见表 7.8、表 7.9 和表 7.10。"行政包"(Administrative Package)包含了三种关键"类":一是"行政来源"(LA_AdministrativeSource)类,用于记录权源文件的原始信息;二是"基本行政单元"(LA_BAUnit)类,用于记录不动产登记的基本单元信息;三是"权利责任限制"(LA_RRR)类,用于记录权利内容的信息(ISO,2012)。根据 ISO 19152 — 2012 的术语界定,"行政来源"(Administrative Source)是描述产权人、产权和产权单元的法律文书。BAUnit 为 Basic Administrative Unit,即土地的基本行政单元。在该单元内,土地的"权利"(Right)、"责任"(Responsibility)和"限制"(Restriction)是均质的,有相同的权利、限制和责任。RRR 是"权利"(Right)、"责任"(Responsibility)和"限制"(Restriction)的英文首字母缩写,综合表达土地的权利和义务(Lemmen,2012;Williamson et al.,2010)。"权利"(Right)是在某个法律系统下法律主体可以实施某种或某些行为的自由和权利;"责任"(Responsibility)是在一个法律系统下法律主体必须实施某种行为的法律约束;"限制"(Restriction)是在某个法律系统下禁止法律主体实施某种行为的法律约束(ISO,2012;Lemmen,2012)。"权利"(Right)是从权利本位角度设置的法律规范,"责任"(Responsibility)和"限制"(Restriction)是从义务本位角度设置的法律规范(Williamson et al.,2010)。

表 7.8 行政包中的类

中文名	英文名	说明
行政来源	LA_Administrative Source	对权利人、权属以及基本行政单元具有法律效力的官方描述
基本行政单元	LA_BAUnit	由若干个空间单元组成的行政单元,这些空间单元享有同样的权利、责任和限制,被当作一个整体来处理
权利责任限制	LA_RRR	权利是对物行为的自由,责任是必须行为的约束,限制是禁止行为的约束
权利	LA_Right	权利是对物行为的自由
所有权	CN_Ownership	自物权,对物完整的占有、使用、收益和处分的权利
土地所有权	CN_LandOwnership	对土地完整的占有、使用、收益和处分的权利
房屋所有权	CN_HouseOwnership	对房屋完整的占有、使用、收益和处分的权利
用益物权	CN_UsufructRight	在他人之物上设定的使用和收益的权利
集体建设用地使用权	CN_CollectConstruction LandRight	在集体建设用地上设定的使用和收益的权利
宅基地使用权	CN_HomesteadUseRight	在集体建设用地上设定的建造和使用自有房屋的权利
宅基地资格权	CN_Homestead QualificationRight	向农村集体经济组织取得宅基地的权利
限制	LA_Restriction	公权或私权对土地(房屋)的限制
抵押权	CN_Mortgage	土地(房屋)抵押权
地役权	CN_Easement	在他人土地(房产)设置的便利自己土地使用的权利
法定事项	CN_LegalAffairs	法律规定对土地(房产)进行财产处分的事项
查封登记	CN_Sequestration Registration	限制土地(房产)流转
异议登记	CN_Dissidence Registration	记载权利争议事项
预告登记	CN_PreEmption	保障后续物权的交易

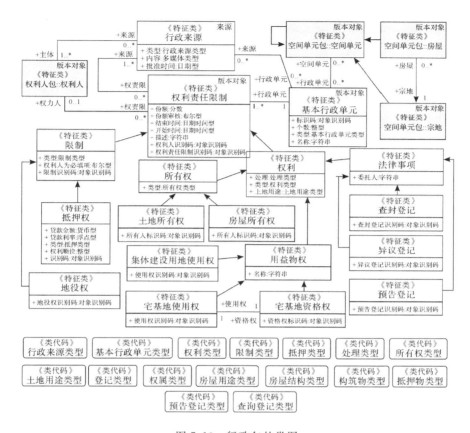

图 7.10　行政包的类图

表 7.9　行政包中的类代码

中文名	英文名	说明	值
行政来源类型	LA_Administrative SourceType	行政来源类型	申请表,身份证明材料,土地使用权证,房屋所有权证,变更证明材料,完税证明,减免税凭证,建筑工程规划许可证,批准文件,抵押合同,主债权合同,房地产权证,施工进度计划,预售许可证明
基本行政单元类型	LA_BAUnitType	基本行政单元类型	基本行政单元分为财产单元和产权单元(本书只研究后一种)

续表

中文名	英文名	说明	值
权利类型	LA_Right Type	土地和房产的权利组合后权利类型	集体土地所有权,宅基地使用权,宅基地使用权/房屋(构筑物)所有权,集体建设用地使用权,集体建设用地使用权/房屋(构筑物)所有权
所有权类型	LA_Ownership Type	所有权类型	集体所有权(collective),个人所有权(individual)
处理类型	CN_Disposal Type	物权处置类型	转让,互换,出资,赠与,抵押,征收
土地用途	CN_Land UseType	土地开发利用方式	按《土地利用现状分类》GB/T 21010 执行,填写主要用途的二级类编码
限制类型	LA_Restriction Type	限制类型	通行地役权,地上建造地役权,抵押权
登记类型	CN_Registration Type	物权登记类型	首次登记,转移登记,变更登记,注销登记,更正登记,异议登记,预告登记,查封登记,其它登记
权属状态	CN_Right StateType	权属状态	临时,现状,历史,终止
房屋用途类型	CN_Housing UseType	房屋用途	住宅,成套住宅,普通住宅,经济适用住房,高档公寓别墅,非成套住宅,非住宅,工业,办公,商服,车位,仓储,其他
房屋结构类型	CN_Housing StructureType	房屋结构	钢结构,钢和钢筋混凝土结构,钢筋混凝土结构,混合结构,砖木结构,其他
构筑物类型	CN_Structure Type	构筑物分类	隧道,桥梁,水塔,其它
抵押物类型	CN_Collateral Type	抵押物类型	土地,土地和房屋,土地和在建建筑物,其它

续表

中文名	英文名	说明	值
抵押权类型	LA_Mortgage Type	抵押权类型	一般抵押,最高额抵押
预告登记类型	CN_Pre EmptionType	预告登记类型	买卖预告登记,抵押权预告登记
查封登记类型	CN_Sequestration Type	查封登记类型	查封,轮候查封,预查封,轮候预查封

从类和类的纵向关系来看,主要是对"权利责任限制"(LA_RRR)类进行了细化。在对"权利责任限制"(LA_RRR)类进行细化时,重点参考了《物权法》《不动产登记暂行条例》对物权种类的设定,以及《不动产登记数据库标准(试行)》对"不动产权利"要素的分类。由于中国的法律较少对"责任"(Responsibility)做出规定。因此,本书只对"权利"(Right)和"限制"(Restriction)进行细化。首先"权利责任限制"(CN_RRR)派生了"权利"(CN_Right)、"限制"(CN_Ristriction)两个抽象类。"权利"(CN_Right)这一支分化得比较丰富,派生出"所有权"(CN_Ownership)、"用益物权"(CN_UsufructRight)和"法定事项"(CN_LegalAffairs)。"所有权"(CN_Owenership)派生了"土地所有权"(CN_LandOwnership)和"房屋所有权"(CN_HouseOwnership)两个子类。"用益物权"(CN_UsufructRight)是一个抽象类,派生了"集体建设用地使用权"(CN_CollectiveConstructionLandRight)、"宅基地使用权"(CN_HomesteadUseRight)和"宅基地资格权"(CN_HomesteadQulificationRight)等子类。"法定事项"(CN_LegalAffairs)是个抽象类,派生了"预告登记"(CN_PreEmption)、"查封登记"(CN_SequestrationRegistration)和"异议登记"(CN_DissidenceRegistration)等子类。"限制"(LA_Ristriction)这一支派生了"抵押权"(CN_Mortgage)和"地役权"(CN_Easement)等子类。"抵

押权"(CN_Mortgage)代表了物权体系中的担保物权的法律约束。

　　从类与类的横向联系来看,"权利责任限制"(LA_RRR)是包内的核心类。其上联"权利人"(LA_Party)类,串联起"权利人包"(Party Package);下联"基本行政单元"(LA_BAUnit)类,进而关联"空间单元"(LA_SpatialUnit),串联起"空间单元包"(Spatial Unit Package)。所以说,"权利责任限制"(LA_RRR)是十分重要的桥梁,是关联"权利人包"(Party Package)、"行政包"(Administrative Package)和"空间单元包"(Spatial Unit Package)的关键(Lemmen,2012)。由于"行政来源"(LA_AdministrativeSource)是权源描述的法律文本,必然涉及权利主体、权利内容和权利客体等方面内容。所以,"行政来源"(LA_AdministrativeSource)分别与"权利人"(LA_Party)、"权利责任限制"(LA_RRR)和"基本行政单元"(LA_BAUnit)等进行关联。"宅基地资格权"(LA_HomesteadQulificationRight)的设置,是为了支持地方土地改革和未来土地法律改革的需要。"宅基地资格权"(LA_HomesteadQulificationRight)与"宅基地使用权"(LA_HomesteadUseRight)形成依赖和关联关系(徐忠国等,2018)。

表 7.10　行政包中的类与不动产登记数据库要素的对应关系

LADM 类		不动产登记数据库要素	
名称	类型	名称	类型
CN_Ownership	抽象类	所有权	抽象要素
CN_LandOwnership	实类	土地所有权	实要素
CN_HouseOwnership	实类	房地产权	实要素
CN_UsufructRight	抽象类	用益物权	抽象要素
CN_CollectiveConstructLandRight	实类	建设用地使用权	实要素
CN_HomesteadUseRight	实类	宅基地使用权	实要素
CN_HomesteadQualificationRight	实类	宅基地资格权	实要素
CN_Easement	实类	地役权	实要素

续表

LADM 类		不动产登记数据库要素	
名称	类型	名称	类型
CN_LegalAffairs	抽象类	法定事项	抽象要素
CN_SequestrationRegistration	实类	查封登记	实要素
CN_DissidenceRegistration	实类	异议登记	实要素
CN_PreEmption	实类	预告登记	实要素
CN_Mortgage	实类	抵押权	实要素

7.3.1.3 空间单元包

"空间单元包"（Spatial Unit Package）对应"人—权—地"模型中"地"的部分，用于描述和记录权利客体的信息（Lemmen，2012），其核心类及关系详见图 7.11。"空间单元包"（Spatial Unit Package）中的类可分为三类：一是空间单元类，即"空间单元"（LA_SpatialUnit）及其子类，是"空间单元包"（Spatial Unit Package）的主体内容。二是行政区划单元类，即"行政区划"（CN_AdministrativeArea）。该类用于刻画行政主体的管辖范围。三是分层类，即"分层"（LA_Level）。该类用于刻画空间单元的层次。比如，零维、一维、二维和三维信息等，以及文本型、草图型、多边形图等。"空间单元包"（Spatial Unit Package）中的类和数据类型的名称及名义见表 7.11，类代码见表 7.12，类与数据库要素的对应关系见表 7.13。

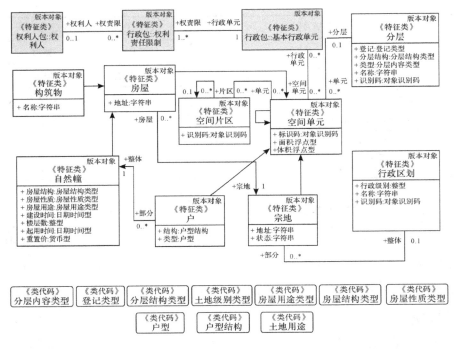

图 7.11 空间单元包的类图

表 7.11 空间单元包中的类

中文名	英文名	说明
空间单元	LA_SpatialUnit	由空间边界所界定的空间实体,可以是二维的,也可以是三维的
地籍区/地籍子区	LA_SpatialUnitGroup	地籍区是以乡(镇)、街道办事处为基础,结合明显线性地物划分的土地管理区域。地籍子区是在地籍区内,以行政村、居委会或街坊界线为基础,结合明显线性地物划分的土地管理区域
宗地	CN_Parcel	土地权属界线封闭的地块或空间
房屋	CN_LegalSpace Housing	土地上的建筑物、构筑物,包括独立成栋、有固定界线的封闭空间,以及区分幢、层、套、间等可以独立使用、有固定界线的封闭空间
自然幢	CN_LegalSpace Building	一座独立的,包括不同结构和不同层次的房屋

续表

中文名	英文名	说明
户	CN_LegalSpace BuildingUnit	幢内具有连续空间及边界的、具有独立户号、可独立登记的结构单元，也可称为套
构筑物	CN_LegalSpace Structure	不具备、不包含或不提供人类居住功能的人工建筑物
分层	LA_Level	一组具有一致性的空间单元集合。在本书的研究中，主要包括宗地层和房屋层两层
行政区划	CN_Administrative Area	行政区域划分的简称，是国家为了进行分级管理而实行的区域划分

表 7.12 空间单元包的类代码

中文名	英文名	说明	值
房屋结构类型	CN_Housing StructureType	房屋结构	钢结构，钢和钢筋混凝土结构，钢筋混凝土结构，混合结构，砖木结构，其他结构
户型	CN_Housing LayoutType	户型	一居室，二居室，三居室，四居室，五居室，其它
户型结构	CN_Housing VerticalType	户型结构	平层，错层，复式楼跃层，其它
土地等级	CN_LandGrade	土地等级	一等，二等，三等，四等，五等，六等，七等，八等，九等，十等
土地用途	CN_LandUse	土地用途	按《土地利用现状分类》GB/T 21010 执行，填写主要用途的二级类编码

从类之间的纵向关系看，"空间单元"(LA_SpatialUnit)进一步派生出"宗地"(CN_Parcel)和"定着物"(CN_LegalSpaceFixture)。这个分类是根据《不动产登记数据库》的要素概念模型的结构进行设计的(Xu et al.,2019)。"定着物"(CN_LegalSpaceFixture)是抽象类，进一步派生出"自然幢"（CN_LegalSpaceBuilding）、"户"（CN_

LegalSpaceBuildingUnit)和"构筑物"(CN_LegalSpaceStructure)等三个子类。"宗地"(CN_Parcel)、"自然幢"(CN_LegalSpaceBuilding)、"户"(CN_LegalSpaceBuildingUnit)和"构筑物"(CN_LegalSpaceStructure)是实类,按照《不动产登记数据库标准(试行)》相对应的要素的数据结构设置属性集。

从类之间的横向关系看,"宗地"(CN_Parcel)与"定着物"(CN_LegalSpaceFixture)构成了聚合关系,"自然幢"(CN_LegalSpaceBuilding)与"户"(CN_LegalSpaceBuildingUnit)构成了聚合关系(Xu et al.,2019)。宗地的划分是依据行政区划、地籍区和地籍子区来进行的,宗地与行政区划存在联系,所以设置"宗地"(CN_Parcel)与"行政区划"(CN_AdministrativeArea)的关联关系。"空间单元"(LA_SpaceUnit)与"空间单元群组"(LA_SpaceUnitGroup)自身构成聚合关系。"空间单元群组"(LA_SpaceUnitGroup)代表地籍区与地籍子区,与"宗地"(CN_Parcel)构成关联关系。

表 7.13　空间单元包中的类与不动产登记数据库要素的对应关系

LADM 类		不动产登记数据库要素	
名称	类型	名称	类型
CN_Parcel	实类	宗地	实要素
CN_LegalSpaceFixture	抽象类	定着物	抽象要素
CN_LegalSpaceBuilding	实类	自然幢	实要素
CN_LegalSpaceBuildingUnit	实类	户	实要素
CN_AdministrativeArea	实类	行政区划	实要素
CN_LegalSpaceUnitGroup	实类	地籍区及子区	实要素

7.3.1.4 测绘子包(Surveying and Representation Sub Package)

"测绘子包"是"空间单元包"(Spatial Unit Package)的子包,用于满足地籍测绘和制图的需要(Lemmen,2012),其核心类及关系详见图

7.12。测绘子包的类比较零散，包括"行政区划线"（CN_AABoundaryFaceString）、"界址线"（LA_BoundaryFaceString）、"界址点"（LA_Point）、"控制点"（LA_ControlPoint）和"地籍调查文件"（LA_SpatialSource）。测绘子包的类与数据类型的名称与语义见表 7.14，类代码见表 7.15，类与数据库要素的对应关系见表 7.16.

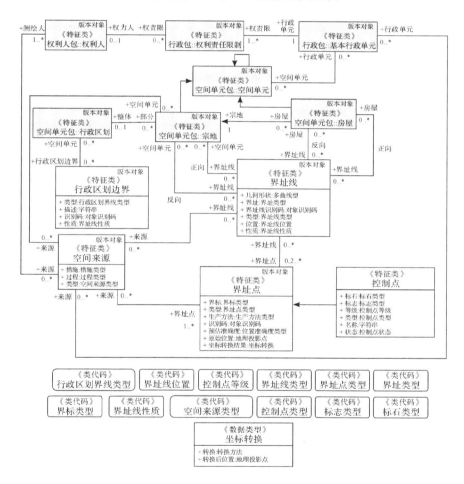

图 7.12　测绘子包的类

"空间单元包"（Spatial Unit Package）里的"宗地"（CN_Parcel）和"定着物"（CN_LegalSpaceFixture）由"界址线"（LA_BoundaryFaceString）对象予以表达，"界址线"（LA_BoundaryFaceString）对象进一步由"界址点"

(LA_Point)对象予以表达。"空间来源"(LA_SpatialSource)表达地籍调查结果,所以需要将其与"权利人"(LA_Party)、"基本行政单元"(LA_BAUnit)、"宗地"(CN_Parcel)和"自然幢"(CN_LegalSpaceBuilding)、"界址线"(LA_BoundaryFaceString)和"界址点"(LA_Point)等进行关联。世界银行和国际测量师协会在《适用型土地管理》研究报告中,强烈建议各国地籍调查不要选用费时费钱的高精度解析测量的方式(Enemark et al.,2014)。只要能达到界定土地权属边界的目的,地籍调查可以采用经济实用的调查方法,以节约时间、人力和经费(Dale 和 Mclaughlin,1999)。包括正射影像图、低精度的解析测量、图解测量等方法都可以应用于农村地区的地籍调查(Enemark et al.,2014)。

表 7.14 测绘子包的类与数据类型

中文名	英文名	说明
空间来源	LA_SpatialSource	空间数据的来源,包括解析测量、图解测量、遥感影像、GPS 测量等
宗址线	LA_Boundary FaceString	宗地、宗海或无居民海岛的边界线,是区分空间单元的外围边界
界址点	LA_Point	土地、海域或无居民海岛的权属界址线的转折点
控制点	LA_ControlPoint	地籍测量的控制点
行政区划线	LA_AABoundary FaceString	行政区划的外围界线
坐标转换	LA_Transformation	两种投影坐标系的数据转换

表 7.15 测绘子包的类代码

中文名	英文名	说明	值
空间来源类型	CN_Spatial SourceType	空间来源的类型	解析测量,图解测量,遥感影像,GPS 测量),测量方案
界址线类型	CN_Boundary FaceStringType	界址线的类型	宗地界址线,房屋界址线

续表

中文名	英文名	说明	值
界址类型	CN_Boundary LineType	现场界址的类型	围墙或墙壁,栅栏,铁丝网,滴水线,路涯线,两点连线,其他
界址线位置	CN_Boundary LineLocation	界址线位于现实地物的位置	左,中,右
界址线性质	CN_Boundary LineNature	界址线权属调查的性质	已定界,未定界,争议界,工作界,其他
行政区划界线类型	CN_ Administrative BoundaryType	行政区划边界的类型	海岸线,大海平均海潮线,零米等深线,江河入海口陆海分界线,国界、省、自治区、直辖市界,地区、自治州、地级市界,县、区、旗、县级市界,街道、乡(镇)界/开发区,开发区界线,街坊、行政村界
界址点类型	CN_PointType	不动产单元以及行政区划中的界址点类型	控制点,解析界址点,图解界址点,其他
界标类型	CN_L and MarkType	界标的类型	钢钉,水泥桩,石灰桩,喷涂,瓷标志,无标志,其他
控制点类型	CN_Control PointType	控制点的类型	测量控制点,平面控制点,大地原点,三角点,图根点,导线点,高程控制点,水准原点,水准点),卫星定位控制点,卫星定位等级点
控制点等级	CN_Control PointRanking	控制点的等级	一等,二等,三等,四等

新组建的自然资源部管理信息平台的空间数据的获取方式是通过整合在原有各个部门技术规范的基础上生产出的测绘数据。在新的技术规范没有制定出台以前,各类自然资源的测绘数据仍将依据原有的技术规范进行管理(Xu et al.,2019)。这些技术规范成为本包各个实类设计的依据。"界址点"(LA_Point)构成"界址线"(LA_BoundaryFaceString),"界址线"(LA_BoundaryFaceString)构成"宗

地"(LA_Parcel)、"定着物"(CN_Fixture)等"空间单元"(LA_Spatial Unit)(ISO,2012;Lemmen,2012)。新成立的自然资源部负责测绘和地理信息的行政管理,根据工作职责需要做好以下几个方面的工作:(1)接收其他部门移交的的登记数据,做好数据和档案的清点和登记造册。(2)对移交的数据进行数据清洗,对空缺、错误和重叠的数据按法定程序进行处理。如有必要,重新进行调查确权和登记。(3)根据原有数据库的语义与不动产统一登记数据库的语义对应关系,进行数据的转换。转换后的数据,经过质量检测合格后,纳入统一的不动产登记数据库。(4)进行测绘数据的坐标系转换,将原有投影西安 54 坐标系和北京 80 坐标系的数据统一转换到北京 2000 坐标系(Xu et al.,2019)。在坐标系的转换中,"空间转换"(CN_Transformation)起着关键性的作用(ISO,2012)。

表 7.16　测绘子包中的类与不动产登记数据库要素的对应关系

LADM 类		不动产登记数据库要素	
名称	类型	名称	类型
CN_AABoundaryFaceString	实类	行政区划线	实要素
LA_BoundaryFaceString	实类	界址线	实要素
LA_Point	实类	界址点	实要素
LA_Control	实类	控制点	实要素

7.3.2　动态模型

动态模型展示农村集体建设用地物权变动的法律过程。根据《不动产登记暂行条例》的规定,有依申请登记、依嘱托登记和依职权登记等三种情况(程啸,2011)。动态模型的表现视图有活动图、状态图、顺序图和协作图等四种类型(谭火彬,2019)。本书重点选择活动图和协作图两种视图来展示物权变动过程。需要说明的是,由于登记的工作流程在不同的工作环境中略有调整,加之本书的目的是提取通用性的法律程序动态模型,所以本书将关注主要的业务过程,省略部分细节。

7.3.2.1 依申请登记

根据不动产登记的法律约束、技术约束和现场调研,提出依申请登记的活动和协作(见图7.13和图7.14)。活动图除展示整体的工作流程外,还展示各种工作角色随着流程的推行所需实施的活动。活动图是展示角色与系统互动以及系统执行流的视图。从申请人提出申请,到窗口受理,再到业务科室审查、登簿和缮证,最后到窗口发证和档案存档。流程图展现了一般化的执行条件。协作图重点展示工作角色与系统对象之间、系统对象与系统对象之间的协作关系。系统对象分为动态模型实体对象和静态模型实体对象。"不动产申请表"(RealAppForm)、"权源文件"(Document)、"受理表"(AcceptForm)、"审查表"(ReviewForm)、"缮证表"(Produce Certification)、"发证表"(DeliverCertification)和"存档表"(Archive)对象属于动态模型实体对象,为"Special Classes"内对应的类所创建。"权利人"(Party)、"权利责任限制"(RRR)和"空间单元"(Spatial Unit)对象属于静态模型实体对象。系统对象与系统对象协作的消息流里,包含登记业务号和不动产单元号这两个关键参数。通过这两个参数,可以将动态模型的实体对象信息传递给静态模型的实体对象,实现动态模型实体对象与静态模型实体对象的有机协作。最为关键的是将申请表和权源文件(划拨决定书或出让/转让合同)的信息,传送到静态模型的"权利人"(Party)、"权利责任限制"(RRR)和"空间单元"(Spatial Unit)对象中。

7.3.2.2 依嘱托登记

依嘱托登记的活动见图7.15。依申请登记与依嘱托登记的工作流程较为相似。

7.3.2.3 依职权登记

依职权登记的活动见图7.16。

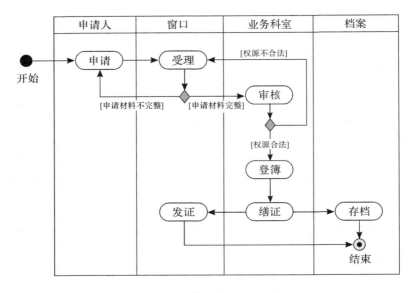

图 7.13　依申请登记活动

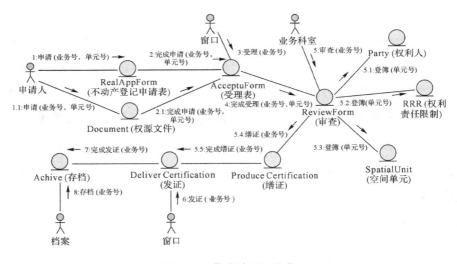

图 7.14　依申请登记协作

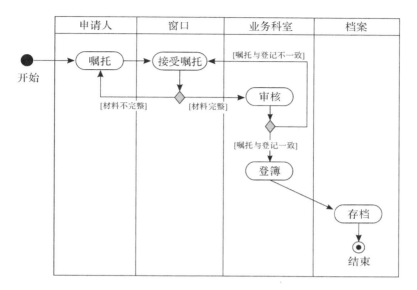

图 7.15 依嘱托登记活动

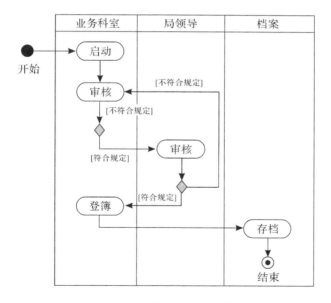

图 7.16 依职权登记活动

7.4 土地用途管理的概念模型

Dale 和 Mclaughlin(1999)在经典的《土地管理》一书中较早将土地用途管理的内容纳入土地管理学,并强调指出土地权属、土地用途和土地价值共同构成土地管理学的核心内容。Williamson et al. (2010)继承了 Dale 和 Mclaughlin(1999)的观点,并进一步在土地管理学科的核心内容中增加了土地开发管理。尽管国际土地管理学把土地利用规划纳入土地管理学的研究范围,但该学科对土地用途管理模型的研究较为薄弱(Lemmen et al. ,2018)。为了适应土地管理学建设的需要,Lemmen et al. (2019)组织起草并提交给 ISO/TC211 的 LADM 修订建议稿,开始建构土地用途管理模型。但这个模型中的内容仍然较为粗略,而且缺乏国家应用的经验研究(Xu et al. ,2019)。Xu et al. (2019)根据中国自然资源管理改革的需求,在 LADM 模型中引入土地用途管理的内容,并在全球率先开展土地用途管理的经验研究。国内对空间规划信息建模的研究较为薄弱,已有技术规程的起草欠缺"人—权—地"理论的指导,数据库的设计只是较为简单地存储规划地块的数据内容。本书试图应用"人—权—地"理论,提出农村集体建设用地用途管理的概念模型。用途管理模型包括静态模型和动态模型两部分。

7.4.1 静态模型

根据"人—权—地"理论的指导,静态模型应该包括权利主体、权利义务和权利客体三部分(Lemmen,2012)。权利主体可以直接复用权属管理的"权利人包"(Party Package),所以本节无须讨论权利主体的建模。土地权利部分是公权对私权的限制,表现为土地用途区的用途限制和地块的用途许可两部分。权利客体部分,表现为土地用途区和建设项目地块两部分。本节的讨论,按土地权利(用途管制)、权利客体(规划单元)和类与类的关联的结构进行组织。"空间规划包"(Spatial Planning Package)对应包含的类及结构关系见图 7.17。

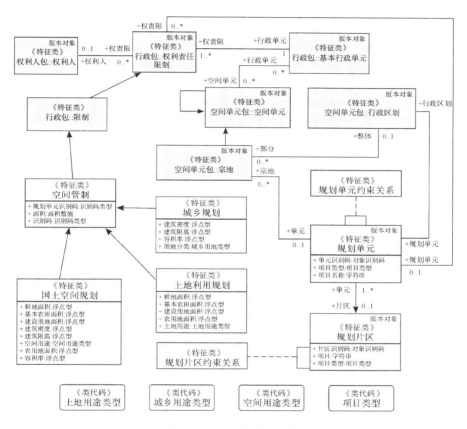

图 7.17　空间规划包的类

7.4.1.1 用途管制

土地用途管理的法律约束研究表明,当前及以后一段时间,土地用途管理的法律依据是土地利用规划、城乡规划和国土空间规划(Xu et al.,2019)。土地利用规划的政策导向是保护农业和生态空间,约束城镇空间;城乡规划的政策导向是引导居民和企业的建设行为;国土空间规划是土地利用规划和城乡规划的融合,其政策导向是既保护生态和农业空间,又引导居民和企业的建设行为。当前阶段,土地利用规划和城乡规划仍将在土地用途管理上发挥重要作用,未来土地用途管理的法律依据将是国土空间规划。用途管理类的设计要适应目前过渡阶段的形势,兼顾当前的法律规定和未来的法律修改。

土地用途管制是公权对私权的限制,所以"空间管制类"(CN_SpatialRegulation)类继承自"限制"(LA_Restriction)类。根据土地利用规划和城乡规划将逐步过渡到国土空间规划的社会现实,从"空间管制"(CN_SpatialRegulation)类派生出"土地利用规划"(CN_LandPlaning)、"城乡规划"(CN_URPlanning)和"国土空间规划"(CN_SpatialPlanning)三个子类。这些类的设计要考虑两方面的业务需求:(1)土地用途分区管制。在用途管制类中要设计保存土地用途分区管制的属性,比如农用地保护、生态保护和建设强度控制的分区管制相应指标。(2)建设项目规划许可。用途管制类中要设计保存建设许可涉及的用地指标控制,包括农转用和开发控制等。在设计"空间管制"(CN_SpatialRegulation)时,覆盖"土地利用规划"(CN_LandPlaning)、"城乡规划"(CN_URPlanning)和"国土空间规划"(CN_SpatialPlanning)的共有属性。它的"管制类型"(RegulationType)属性用于区别分区管制和规划许可。"权利人标识码"用于记录规划许可(用地批文)的权利人标识码。"规划单元标识码"用于记录土地用途分区管制单元或建设用地项目地块的标识码。"土地利用规划"(CN_LandPlaning)主要针对农用地保护、建设用地约束和农转用控制设计管制指标,包括"基本农田面积""耕地面积""农用地面积"和"建设用地面积"等指标。"城乡规划"(CN_URPlanning)主要针对引导乡村居民和乡镇企业建设行为的管理内容,包括"容积率""建筑密度""建筑高度""层高"等指标。"国土空间规划"(CN_SpatialRegulation)把两部分要求融合起来。

7.4.1.2 规划单元

规划单元是规划的空间组织单元。"规划单元"(CN_PlanningUnit)

对应一个土地用途分区或建设项目用地地块。"规划片区"(CN_PlanningBlock)对应乡镇土地利用规划的规划图、城乡规划的乡村规划图和国土空间规划的乡村规划图。"规划单元"(CN_PlanningUnit)与"规划片区"(CN_PlanningBlock)构成空间聚合关系。"规划单元约束关系"(CN_RequiredRelationshipPlanningUnit)和"规划片区约束关系"(CN_RequiredRelationshipPlanningBlock)从检查空间拓扑关系方面分别对"规划单元"(CN_PlanningUnit)和"规划片区"(CN_PlanningBlock)进行控制。从用途管制类与规划单元类的耦合机制来看,通过"空间管制"(CN_SpatialRegulation),经由"权利责任限制"(LA_RRR),"土地利用规划"(CN_LandPlaning)、"城乡规划"(CN_URPlanning)和"国土空间规划"(CN_SpatialPlanning)实现与"规划单元"(CN_PlanningUnit)的耦合。"空间规划包"(Spatial Planning Package)的"规划单元"类(CN_PlanningUnit)与"测绘子类"(Surveying and Representation Sub Package)的实体类的关联关系见图7.18。

7.4.2　动态模型

土地用途管理的动态模型较为复杂,为提高模型的复用性,本书对模型进行了适当的简化。土地利用规划和城乡规划的土地用途许可的流程具有一定的相似性,所以本书将两个规划的动态模型合并到一起进行设计。土地用途许可的活动如图7.19所示。活动图的设计包括两个方面:一是土地利用规划和城乡规划的法律约束,二是现场调研获得的实际需求。流程设计注意两条原则(孙笑侠、夏立安,2004):一是程序公义的原则。工作流程的执行,要平等地对待每个申请人,保障每个申请人在程序执行当中的合法权益。二是程序效率的原则。尽量节约申请人和经办人的时间和精力,用科技手段降低制度运行的成本。比如,采用网上办理的方式,节约申请人和经办人的交通时间和办理时间。

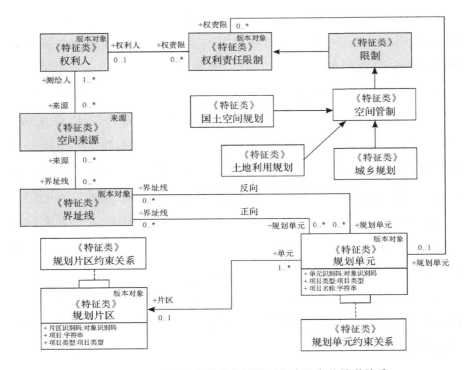

图 7.18 空间规划包中的类与测绘子包中的类的关联关系

7.5 土地价值管理的概念模型

土地税收和土地估价一直是地籍系统的核心内容（Williamson et al.，2010；Larsson，1991），但 LADM 研究长期聚焦于土地权属管理的概念建模，土地价值管理的概念建模没有得到应有的重视（Çagdas，2013）。Çagdas 准确地识别了这个领域的研究空白，开创性地推进了研究工作，实现了 0 到 1 的突破。Çagdas（2013）系统梳理了土耳其土地税收涉及的地方政府各个管理部门的信息需求和供给，在 OGC CityGML 标准的基础上提出了土地征税模型。Çagdas et al.（2016）进一步系统梳理了土地估价涉及的国际标准，对土地估价涉及的地理

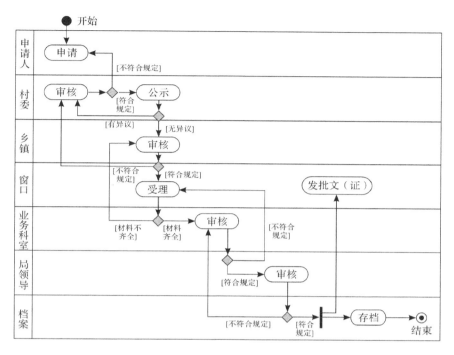

图 7.19　建设项目用地规划审批活动

信息国际标准也进行了详尽的讨论,在此基础上提出了具有国际普适性的土地税收和土地估价的信息模型。Kara 在后续研究中发挥了主力军的作用。Kara et al.(2017)对国际土地估价技术标准、技术方法和国际主流地理信息技术标准进行了比较分析,提出了具有国际普适性的土地税收和土地估价信息模型。Kara 基于上述国际模型和土耳其、荷兰的土地税收和土地估价法律规定,进行了土耳其和荷兰的国别研究,提出土耳其的土地税收与土地估价模型(Kara et al.,2019,2018a)。Kara 基于欧洲 INTERLIS 标准提出土地税收和土地估价的信息模型,并在土耳其进行了土地税收与土地估价标准的数据库实现(Kara et al.,2018)。Lemmen et al.(2019)概括了土地税收和土地估价领域的研究结果,将它纳入 LADM 2.0 版的建议稿。Xu et al.(2019)基于中国农村集体建设用地制度改革的需求,构建了中国农村集体建设用地的税收和估价模型,进行了中国的经验研究,将大尺度地理信息引入土地税收和土地估价模型。本书将吸收上述研究成果，在法律约束、技术约束研究的基础上，根据 LADM 的技术标准要求，提出适应我国农村土地价值管理改革需要的概念模型。

7.5.1　静态模型

与不动产登记的"人—权—地"结构相对应，土地税收与土地估价也可以划分为"人—权—地"三个部分（Xu et al.，2019）。"纳税人"部件主要表述税务部门在税务登记时记录的纳税主体的身份信息；"纳税义务"部件主要表述纳税的税基及其评估的信息；"纳税对象"部件主要表述纳税客体的空间位置、经济区位、基础设施配套和物理形态等地理空间信息（Xu et al.，2019；Çağdas et al.，2016）。财税扩展模块（Fiscal Extension Module）根据国际估价标准和欧洲估价标准提出，具有国际通用性（Kara et al.，2017；Çağdas et al.，2016）。本书在扩展模型时，不打破它已有的基本结构，而是在它的基础上扩展形成"税收估价包"（Taxation and Valuation Package）（见图 7.20）。"纳税人"（CN_TaxParty）、"税收"（FM_Taxation）和"价值单元"（FM_FisUnit）构成土地税收的"人—权—地"结构。通过"估价"（FM_Valuation）与"价值单元"（FM_FisUnit）的关联，使用土地估价手段核定土地的应缴税额。

7.5.1.1　纳税人

为了表述中国税务机关对纳税人身份信息的登记情况，对 LADM 附录中的"扩展权利人"（ExtParty）进行扩展，派生"纳税人"（CN_TaxParty）子类。根据《税收征收管理法》《税收征收管理法实施条例》和《税务登记管理办法》的规定，税务登记的内容包括：纳税人名称、纳税人识别号、法定代表人或负责人、生产经营地址、登记类型、核算方式、生产经营范围（主营、兼营）、发证日期等。税务登记的类型包括：设立登记、变更登记、停业复业登记、注销登记和外出经营登记（Xu et

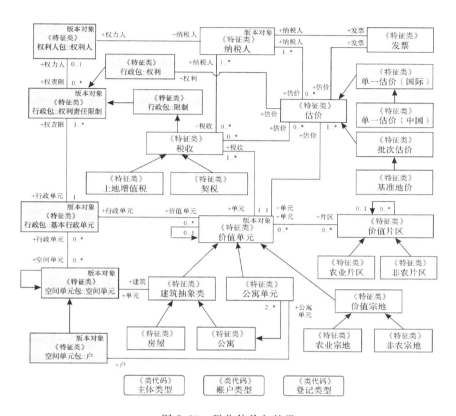

图 7.20 税收估价包的类

al.,2019)。纳税人识别号具有唯一性:已领取组织机构代码的纳税人,其纳税人识别号共 15 位,由"纳税人登记所在地 6 位行政区划码+9 位组织机构代码"组成。以业主身份证件为有效身份证明的组织,即未取得组织机构代码证书的个体工商户以及持回乡证、通行证、护照办理税务登记的纳税人,其纳税人识别号由"身份证件号码+2 位顺序码"组成。

为了核定纳税人的身份信息,税务管理部门与机构编制管理部门、市场管理部门、民政管理部门、公安管理部门等实现管理系统的网上互联,保证纳税人信息的一致性(Xu et al.,2019)。为了协调部门协作,国家标准委员会出台《法人和其他组织统一社会信用代码编码规则》(GB32100—2015)和《公民身份号码》(GB11643—1999),统一规范组织信用代码和个人身份代码的编码规则。这种部门合作有利于核定家庭税收扣除项目和免税项目。为了不动产的征税,税务部门需要与不动产登记部门合作,交换纳税人登记和不动产登记信息。2015年以后,组织机构代码实行了全国统一代码,有利于两个部门进行跨网交互。但不动产登记部门的身份信息变更登记较为迟滞,一般是在不动产转移时才会对身份信息进行更新。所以,目前不动产登记部门保存的身份信息比税务登记部门保存的身份信息更为陈旧,需要两个部门加强合作,促进身份信息的在线更新。

7.5.1.2 土地税收

根据中国集体建设用地征税管理的需要,对"税收"(FM_Taxation)进行扩展,纳税义务的表达分为"土地增值税"(CN_LandAddedValueTaxation)和"契税"(CN_DeedTaxation)两个部分。"土地增值税"(CN_LandAddedValueTaxation)主要记录不动产交易(评估)价和扣除项的信息。"契税"(CN_DeedTaxation)主要记录不动产交易(评估)价格信息。一般纳税所涉及的字段,"税收"(FM_Taxation)类已经覆盖,本书根据中国税法对征税信息管理的要求,增加下列信息。"土地增值税"(CN_LandAddedValueTaxation)类中,增加下列属性:(1)转移房地产所得收入;(2)取得土地使用权所支付的金额;(3)房地产开发成本;(4)房地产开发费用;(5)与转移房地产有关的税金;(6)其他扣除项目。另外,在"土地增值税"(CN_LandAddedValueTaxation)和"契税"(CN_DeedTaxation)类中,增加税种、纳税人名称、开户银行、银行账号、征税机关等属性。

7.5.1.3 土地估价

根据中国估价技术规程的要求,对"估价"(FM_Valuation)及其子类进行扩展,在"单体估价(国际)"(FM_SinglePropertyAppraisal)下,派生出"单体估价(中国)"(CN_SinglePropertyAppraisal)子类,借此补充剩余法的评估信息。剩余法是在国际估价规程中没有采纳,但在中国的主要估价规程中都列明可用的估价方法。原因是适应中国法律规定的土地实行公有制,房地产市场上交易的只能是土地使用权和房屋所有权的法律约束。剩余法对评估土地使用权较为适用,房地产整体价值减去房屋的重置成本和必要的开发费用、利润和税金,剩余部分就是土地使用权的市场价值(Xu et al.,2019)。剩余法在不成熟的农村土地市场尤其适用,所以本书根据中国的实际将剩余法补充进估价方法中。应当说,剩余法在实行土地公有制的国家都具有一定的适用性。根据中国实行大规模房地产估算的需要,在"批次估价"(FM_MassAppraisal)下派生"基准价评估"(CN_LandBenchPriceValuation)子类,以增加对基准地价评估方法的技术支持。中国政府为了管理土地市场价格和规范征税估价,每隔四五年就会部署农用地和建设用地的土地定级和基准地价评估工作。估价机构为了评估一宗土地价格,采用与市场法相类似的方法,将待估土地属性与级别或片区的基准条件进行比较,在级别或片区基准价的基础上,进行交易期间、一般情况、区域情况和个别情况的修正,得出这宗土地的评估价格。

7.5.1.4 价值单元

"财税扩展模块"(Fiscal Extension Module)对建筑物等微观地理信息提供了较详细的刻画,所以本书根据中国农村集体建设用地征税和估价的实际需要,增加对土地等不动产的宏观地理信息的刻画(Xu et al.,2019;Kara et al.,2017)。重点根据农用地定级和农村建设用地定级提供的基础评价信息,分别在"价值片区"(FM_FisUnitGroup)下扩展"农业片区"(CN_AgriFisUnitGroup)和"非农片区"(CN_NonAgriFisUnitGroup)两个子类,在"价值宗地"(FM_Parcel)下派生"非农宗地"(CN_NonAgriParcel)和"农业宗地"(CN_AgriParcel)两个子类。价值单元类需要添加的建设用地定级因素属性见表7.17,需要添加的农用地定级因素属性见表7.18,价值单元类与测绘与图件类的关联关系见图7.21。

表 7.17 空间规划包的类

中文名	英文名	说明
空间管制	CN_SpatialRegulation	记录各类空间开发权
土地利用规划	CN_LandPlanning	记录根据土地利用规划授予的土地开发权
城乡规划	CN_URPlanning	记录根据城乡规划授予的土地开发权
国土空间规划	CN_SpatialPlanning	记录根据国土空间授予的土地开发权
规划单元	CN_PlanningUnit	记录各类空间规划的空间单元
规划片区	CN_PlanningBlock	记录各类空间规划的片区
规划单元空间约束	CN_Required PlanningUnit	记录各类空间规划单元的空间拓扑关系
规划片区空间约束	CN_Required PlanningBlock	记录各类空间规划片区的空间拓扑关系

表 7.18 税收估价包的类

中文名	英文名	说明
纳税人	CN_TaxParty	记录纳税人的税务登记信息
税收	FM_Taxation	记录纳税人的缴税记录
土地增值税	CN_LandValue AppreciationTaxation	记录纳税人缴纳土地增值税的记录
契税	CN_DeedTaxation	记录纳税人缴纳契税的记录
估价	FM_Valuation	记录土地财产的估价信息
单体估价（国际）	FM_SingleProperty Appraisal	记录单体财产（国际）的估价信息
单体估价（中国）	CN_SingleProperty Appraisal	记录单体财产（中国）的估价信息
批次估价	FM_MassAppraisal	记录一个批次和一个片区财产的估价信息
基准价评估	CN_LandBench PriceValuation	记录一个批次和一个片区财产的基准地价信息
价值单元	FM_FisUnit	记录价值单元信息
价值片区	FM_FisUnitGroup	记录价值片区信息
农业片区	CN_AgriFisUnitGroup	记录农用地纳税片区信息

续表

中文名	英文名	说明
非农片区	CN_NonAgriFis UnitGroup	记录非农用地纳税片区信息
价值宗地	FM_Parcel	记录纳税宗地信息
非农宗地	CN_NonAgriParcel	记录农用地纳税宗地信息
农业宗地	CN_AgriParcel	记录非农用地纳税宗地信息

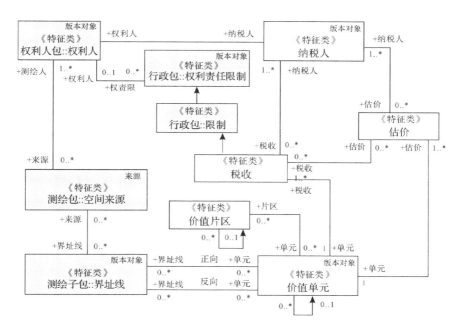

图 7.21　税收估价包的纳税单元类与测绘子包的类的关联关系

7.5.2　动态模型

　　土地价值管理的动态模型较为复杂，为提高动态模型的复用性，本书做了必要的简化。根据价值管理的法律约束，将动态模型划分为税务登记、清算申报和征缴税款三部分，用活动图和协作图来表达。土地价值管理的实体类的技术参数严格遵守税务各类管理表格的技术规定。动态模型的管理目标在于保障当事人程序正义和程序效率两个方面(孙笑侠、夏立安,2004)。(1)程序正义。根据规范、透明的工作规则和工作程序进行征税和缴税。法律程序统一平等适用所有当事人,保障当事人合法的权益,违反法律程序的法律行为不具备法律效力。(2)程序效率。减少工作程序的环节和材料要求,运用网络等科技手段降低当事人缴税或征税的制度成本。

7.5.2.1 税务登记

税务登记是将纳税人的身份信息登记在税务机关,包括开业登记、变更登记、停业登记、复业登记、注销登记和外出经营报验登记等(Xu et al.,2019)。除申请材料有所差别外,登记程序基本相似。本书将这些登记程序进行了抽象和简化,形成了税务登记的活动(见图7.22)和协作(见图7.23)。申请人将登记材料提交给窗口后,由窗口对材料的完整性和规范性进行形式审查。在窗口受理后,转交业务科室对材料真实性进行实质审查。业务科室审查通过后,进行登簿和制证工作,最后由窗口将税务登记证发放给申请人。活动图展示了审查的一般条件。对象间传递消息中的"业务号"参数是工作流程中各个对象间协作的关键,也是联系动态模型与静态模型的关键。通过业务号的消息传递,"申请表"(TaxAppForm)对象的信息最终传送到"权利人"(TaxParty)对象。

7.5.2.2 清算申报

税额的清算申报就是纳税人对影响土地税额的各个因素进行财务核算后提交核算结果,上报税务部门审核,税务部门根据审核情况最终确定税额数目的法律过程。清算申报的活动见图7.24,协作见图7.25。与税务登记相类似,传递消息中的业务号是关键参数,连接动态模型中的各个对象和静态模型中的各个对象。业务科室审核过程中,通过调用"纳税人"(TaxParty)、"税收记录"(Taxation)、"估价"(Valuation)和"价值单元"(Fisunit)等对象对"税额"进行核查。

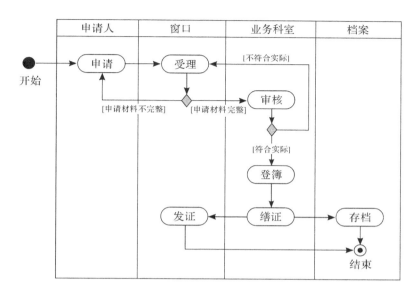

图 7.22 税务登记活动

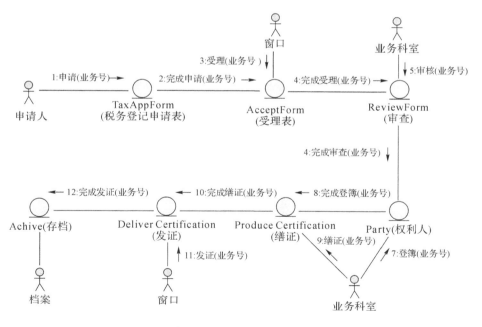

图 7.23 税务登记协作

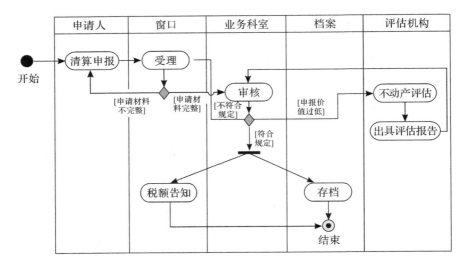

图 7.24　清算申报活动

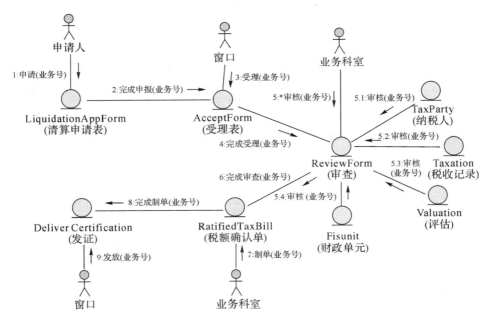

图 7.25　清算申报协作

7.5.2.3 缴纳税款

缴纳税款就是纳税人根据经税务机关确认过的申报税额上缴税

款,税务机关接收税款并发放完税证明的法律过程。缴纳税款的活动
见图 7.26,协作见图 7.27。在协作图中,传递消息中的业务号是关键
参数,连接动态模型中的各个对象和静态模型中的各个对象。

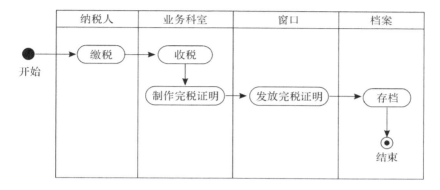

图 7.26　缴纳税款活动

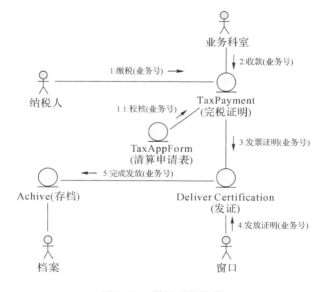

图 7.27　缴纳税款协作

8. 概念模型的原型检验

　　本章的研究任务是开展实验研究以检验概念模型的实用性和回应性。第 8.1 节介绍试验地区的概况和农村集体建设用地管理的现状,进一步分析土地管理的数据基础。第 8.2 节展示了实验系统的基本框架,包括基础软件和开发框架两部分。基础软件部分讨论了操作系统、数据库服务器、Web 服务器、WebGIS 服务器、应用服务器、工作流引擎的选择及其对实验系统的基础支撑作用。本书的实验系统采用分层体系结构,运用敏捷开发方法实现表现层、服务层、数据层和实体层等构件。第 8.3 节展开了静态模型实现的技术细节,即运用 Spring Data JPA 中间件实现静态模型的数据持久化技术方案。第 8.4 节展开了动态模型实现的技术细节,即运用 Activiti 中间件实现动态模型的数据持久化技术方案。第 8.5 节通过问卷调查检验概念模型对于土地管理的实用性和回应性。

8.1　实验地区与实验数据

8.1.1　实验地区的选择

　　为了检验概念模型的可实施性,需要选择具有代表性的实验地区开展实验。实验的代表性有以下考虑:(1)地理区位适中。农村集体建设用地管理的行政主体一般为县政府。因此,实验地区选择县级行政单元。这个县的地理位置既不能太靠近大城市,也不能太远离大城市。在县域内部,分别选择城郊、一般和远郊等三个村进行实验。(2)经济发展水平适中。实验区的经济发展水平处于适中的位置,能够代表一般行政区域管理农村集体建设用地的要求。(3)土地管理系统完整。实验地区的土地管理职责是完整的,能够代表一般的土地管理业务能力和需求。经过多方比较后,作者认为杭州市下属的桐庐县符合这些选择的基准。从地理位置看,桐庐县在杭州市域范围内属于离市中心比较适中的位置,在经济发展水平上也处于中游水准。桐庐县的土地管理处于正常状态,管理职责和结构比较完整和系统。

8.1.2　实验地区概况

桐庐县属杭州市下辖县,位于浙江省西部、杭州市中部低山丘陵区,分水江和富春江交汇之处,四面环山,中部为狭小河谷平原,其间丘陵错落。全县陆域面积 1829.59 平方千米,其中村庄用地 6704 公顷,每个行政村平均面积 37 公顷。2018 年,全县辖 4 个街道、6 个镇和 4 个乡,共有 21 个社区和 181 个行政村。全县家庭总户数 14.91万户,户籍总人口 41.72 万人。其中,城镇人口 20.12 万人,乡村人口21.60 万人,平均每个社区约 9600 人,每个行政村约 1190 人。全县实现生产总值(GDP)391.99 亿元,其中,第一产业增加值 23.53 亿元,第二产业增加值 195.56 亿元,第三产业增加值 172.90 亿元,三次产业结构为 6.0∶49.9∶44.1。按户籍人口计算,人均 GDP 达 94221 元,农村常住居民人均可支配收入 29222 元,工资性收入 15897 元。乡村全面振兴启动,美丽乡村发展基金规模发展至 8 亿元,撬动社会资本和金融资本 6.5 亿元,盘活农村闲置资源 1000 余亩。美丽乡村建设优质项目总投资 2.4 亿元,完成基金投资 5555 万元。农旅深度融合发展,全县民宿经营户总量达到 603 家、床位 10689 张,精品民宿项目营业数达到 69 个。

为了检验概念模型对于经济发达村、中等村和欠发达村的社会需求的响应情况,分别按离县城近、中和远各选一个行政村作为实验地区。经与桐庐县规划和自然资源局的土地管理人员协商,最终选择桐君街道浮桥埠村、江南镇环溪村和百江镇翰坂村作为区位条件近、中和远的实验样本。浮桥埠村位于桐庐县老城区北大门的位置,沿分水江北岸狭长地带分布,是一个典型的城郊村。村域内多低丘山地,是城市和乡村的过渡地带。村庄建设用地主要沿 16 省道和山体分布,有浮桥埠、徐家、大湾里、公司、高岭、上高岭、杨家岭等 7 个自然村,涉及农户 461 户,总人口 1845 人,村庄用地面积 17.41 公顷。环溪村位于江南镇区东南方向,天子岗北麓,离桐庐县城约 20 千米,距杭新景高速深澳互通 3 千米。环溪村四周山体连绵,中部为狭小河谷平原,山地与平原间丘陵错落分布。村庄内部依靠乡道徐青线、横屏线联系徐畈、荻浦、青源等周边村庄。环溪村共有农户 606 户,户籍人口 2034 人,村庄建设用地面积 26.35 公顷。环溪村现有 2 个自然村,分别为环溪和屏源。其中环溪自然村现状有 12 个村民小组,户籍人口为 467 户,1568 人;屏源自然村现状有 4 个村民小组,户籍人口为 139 户,466 人。翰坂村位于百江镇西北部,地处与淳安县接壤的群山深处,是桐庐县最西北的一个行政村。村内山体绵亘,重峦叠嶂,溪涧纵横,幽谷深壑。全村共有 285 户,人口 860 人,下设 9 个村民小组。村庄建设用地沿坑翰线延展布局,村庄建设用地面积 4.57 公顷。

8.1.3 实验地区土地管理

从行政机构方面而言,农村集体建设用地的行政管理分散在县规划和自然资源局(规资局)、县农业农村局(农业局)、县税务局和乡镇政府。其中土地权属管理的职责集中在县规资局,县建设局已经将农村房籍的资料和数据移交至桐庐县规资局。目前,县规资局正在根据

《不动产登记数据整合建库技术规范》的要求，对农村地籍数据和房籍数据进行整合建库，工作进度已到中间数据库阶段。土地用途管理的职责集中在乡镇政府、县规资局和县农业局。乡镇政府负责宅基地和集建地的行政审批。县规资局负责土地利用规划、城乡规划和国土空间规划的编制和审查，以及用地审批和建设规划许可。县农业局负责申请人的资格认定。土地价值管理的职责主要集中在县税务局和县规资局。县税务局负责征收土地增值税和契税。县规资局负责组织集体建设用地的出让和转让，以及集体建设用地使用权基准地价的核定。

从法律政策方面而言，除要遵守国家制定的法律和政策外，还需要遵守浙江省和杭州市的有关管理规定。这些管理规定一般为补充性的操作规定。权属管理方面比较重要的规定有《浙江省不动产登记工作规则（试行）》《浙江省人民政府办公厅关于做好农村宅基地及住房确权登记发证工作的通知》《浙江省人民政府办公厅关于加快全省农村宅基地确权登记发证工作的意见》《浙江省自然资源厅关于进一步加快农村宅基地及住房确权登记发证工作的通知》《杭州市国土资源局关于进一步加快农村宅基地及住房确权登记发证工作的通知》和《杭州市国土资源局关于加快推进农村宅基地及房屋确权登记发证工作的实施意见》等。用途管理方面比较重要的规定有《浙江省土地利用总体规划条例》《浙江省城乡规划条例》《浙江省村镇规划建设管理条例》《浙江省自然资源厅关于全面推行建设项目规划选址和用地预审合并办理的实施意见》和《杭州市城乡规划条例》等。

从技术规范方面而言，除要遵守国家制定的技术规范外，还要遵守浙江省制定的有关技术规定。权属管理方面比较重要的技术规定有《浙江省不动产登记数据库标准（试行）》《浙江省数字地籍调查技术规范》和《浙江省房屋建筑面积测算实施细则（试行）》等。用途管理方面比较重要的技术规定有《浙江省县（市）级土地利用总体规划数据库标准（试行）》《浙江省土地利用规划数据质量检查细则》《浙江省村庄规划编制导则(试行)》《杭州市中心村规划编制导则》等。目前桐庐县农村集体建设用地管理基础数据的数学基础主要是 1980 西安大地坐标系和 1985 国家高程基准,采用 3 度分带,中央经线为 120°,县域大部分处于第 40 带。在土地管理信息系统方面,已经有不动产登记信息平台和建设用地审批信息平台,土地税收信息平台没有和不动产登记信息平台和建设用地审批信息平台实现互联。目前,桐庐县的不动产登记数据的整合建库和国土空间规划数据库的建库工作已通过公开招投标的方式委托给十余家技术单位承担。

8.1.4 实验地区基础数据

笔者在 2019 年 5 月至 12 月间,针对农村集体建设用地管理问题,分 50 余次前往桐庐县进行现场调研和资料收集。访谈的对象包括县规资局、县农业局、县建设局、县税务局、桐君街道办事处、江南镇政府、百江镇政府、桐君街道国土所、江南镇国土所、百江镇国土所、桐君街道浮埠桥村村委和部分村民、江南镇环溪村村委和部分村民、百江镇翰坂村村委和部分村民。笔者同时访谈了解情况和收集基础资料。农村集体建设用地权属管理方面,收集了浮埠桥村、环溪村、翰坂村等三个村的不动产登记的全部数据。这些数据从农村地籍和房籍的整合不动产登记数据的中间数据库中提取出来,数据质量符合《不动产登记数据整合建库技术规范》的要求,数学基础采用 2000 国家大地坐标系(3 度分带,第 40 带)和 1985 国家高程基准。用途管理方面,收集了桐君街道、江南镇和百江镇的乡级土地利用总体规划基础数据库。这份数据基于《浙江省土地利用总体规划数据库技术规范》制作,数学基础为 1980 西安坐标系(3 度分带,第 40 带)和 1985 国家高程基准。另外,收集了浮埠桥村、环溪村、翰坂村等三个村的村庄规划。村庄规划没有制作数据库,但有 AutoCAD 格式的电子数据,数学基础为独立坐标系。本书根据第 6 章的数据库格式,将 AutoCAD 格式的电

子数据转换成 ArcGIS 格式的地理数据库,并根据控制点进行了空间
配准。价值管理方面,收集了桐庐县城镇基准地价、征地区片地价和
农用地分等成果。这些基础资料的成果图以 JPG 形式提供,没有数学
基础。笔者利用控制点坐标,对上述成果进行了空间配准,并形成基
础数据库。由于 2000 国家大地坐标系是自然资源部规定的法定坐标
系,因此本书将全部数据统一到这个数学基础上。

8.2　实验系统的基本架构

为了快速开发实验原型,本书采用敏捷开发方法,在桐庐县现场
与管理人员交流实验系统的需求和功能,通过快速开发、快速提交、快
速测试和快速迭代的方式实现系统原型。本书尽量采用常用成熟的
基础软件或中间件,通过搭积木的方式快速实现实验原型。由于实验
原型需要实现分布式计算,所以开发语言选择适合分布式应用开发的
Java 语言。Java 语言生态圈为本书提供了丰富的网络框架和中间件
(Walls,2015)。本书是学术研究,因此采用免费开源的基础软件和中
间件。在选用基础软件或中间件时,还同时考虑其在工业界的使用情
况,为评估概念模型的实用性提供现实基础。

8.2.1　基础软件

(1)操作系统

本书的实验原型在 Linux CentOS 7.0 上部署。选择理由为:
(i)稳定可靠。Red Hat 有两个版本的 Linux 系统:RHEL(Red Hat
Enterprise Linux,收费版本)和 CentOS(Community Enterprise
Operating System,开源版本)。CentOS 源于 RHEL,依据开放源代码
规定释出的源代码编译,CentOS 有和 RHEL 一样的稳定性和可靠

性。RHEL 和 CentOS 的生命周期是 7～10 年,可以覆盖硬件的生命周期。(ii)免费开源。CentOS 7.0 是 Red Hat Linux 免费开源社区版,是互联网应用的首选平台。

(2)数据库服务器

本书采用 PostgreSQL 作为数据库服务器。选择理由为:(i)免费开源。PostgreSQL 免费开源,为业界常用。Oracle 和 MS SQLServer 虽也为业界常用,但运行费用过高。(ii)支持地理数据库。PostgreSQL 是对象关系型数据库,通过引进 PostGIS 可以支持地理数据库的运作。(iii)性能卓越。PostgreSQL 可以达到甚至部分领域超过 Oracle 和 MS SQLServer 的数据管理性能。

(3)Web 服务器

本书采用 Apache Tomcat 7.0 作为 Web 服务器。选择理由为:(i)免费开源。(ii)轻量级。由于目标系统的访问强度较低,选用 Apache Tomcat 7.0 符合业务实际需求。

(4)WebGIS 服务器——GeoServer

本书采用 GeoServer 作为 WebGIS 服务器。选择理由为:(i)免费开源。(ii)服务器协作。GeoServer 可以和 PostgreSQL 相互配合,形成良好的协作关系。

(5)应用服务器

应用服务器选用常用应用框架 Spring 4.X。选择理由为:(i)免费开源。(ii)轻量容器。Spring 是轻量级应用服务器,启动和测试较为容易。(iii)无缝集成。Spring 框架提供了依赖注入和面向切面技术,使得 Spring 框架可以与各种 Java 应用框架进行有机集成。Spring 已经发育成庞大的开发生态圈,本书根据原型开发的需要,引入了 Spring IoC、Spring AOP、Spring MVC、Spring ORM 和 Spring Data JPA 组件(Walls,2015)。Spring Core 和 Spring Context 提供了依赖注入和 bean 容器功能;Spring AOP 提供了面向切面的功能;Spring MVC 提供了前端网页路由功能;Spring ORM 和 Spring Data JPA 提供了数据访问和对象关系映射功能。

（6）工作流引擎

Activiti 6.X 是实现 BPMN 2.0 标准的开源免源工作流引擎，具有活跃且广泛的社群用户（杨恩雄，2018）。选择理由为：（i）免费开源。（ii）轻量容器。（iii）无缝集成。Activti 6.X 提供了"Repository""Identity""Task""Form""Runtime""History""Management"等七大组件，分别用于"资源仓库""用户""任务""表单""运行时""历史"和"配置"等七个方面的管理（闫洪磊，2015）。Activiti 6.X 的作用是实现动态模型。

8.2.2　应用框架

本书采用 Web 应用开发经典的四层架构：表现层、服务层、数据层和实体层（Walls，2015）。表现层实现系统的人机交互，提供系统的操作界面。服务层实现业务逻辑，提供用户所需要的功能。数据层负责用户数据访问，提供数据的增删改查（CRUD）功能。实体层实现实体类对象与数据库对象的关系映射（ORM），实现内存数据与外存数据的映射逻辑。表现层通过调用服务层获得使用功能，服务层通过调用数据层获得数据访问，数据层通过调用实体层获得对象关系映射。本书源代码的开发在 Jetbrains 的 WebStorm 2019 和 IntelliJ IDEA 2019 上完成。WebStorm 2019 用于 Web 前台代码编写，IntelliJ IDEA 用于 Web 后台代码编写。

（1）表现层

表现层主要负责展现和提交数据，是用户的工作界面。使用通用的脚本语言开发用户界面，包括使用超文本标志语言（HTML）提供用户界面基本要素，使用层叠样式表（CSS）为界面要素提供修饰样式，BootStrap 提供流式布局和标准样式，JavaScript 增加 Web 界面人机交互的动态性，JQuery 提供识别界面要素和增加交互动态便利。

Spring 4.X MVC 是生成动态 Web 界面的重要中间件，视图（View）组件负责产生动态页面，控制器（Controller）组件负责页面跳转的路由，模型（Model）组件负责在页面跳转过程中传递重要控制参数。视图（View）组件采用 Thymeleaf 作为渲染引擎，采用理由是 Thymeleaf "所见即所得"的可视化开发可以加快原型的开发进度。表现层最重要的是对视图（View）和控制器（Controller）的有序组织。本书根据第 7 章的用户图的角色设置组织视图（View）和控制器（Controller）。首先，分土地权属（LandRight）、土地用途（LandUse）和土地价值（LandValue）三个包。然后，在每个包下为每个用户角色创建一个控制器（Controller）和视图（View）。控制器（Controller）的一个方法为用户的一个交互动作提供支持。视图（View）的一个 html 文件为户的一个交互动作提供 Web 界面。

（2）服务层

服务层负责实现业务逻辑，原型的功能实现代码主要集中于此。本书使用 Spring 生态圈的常用中间件来快速实现系统功能，包括用 Spring IoC 实现基于依赖注入的 JavaBean 容器功能，Spring AOP 提供面向切面的编程，Spring Security 提供细粒度的对象和方法安全保护，Activiti 提供工作流引擎驱动功能。服务层严格按照第 7 章的用例图进行组织。首先，分土地权属（LandRight）、土地用途（LandUse）和土地价值（LandValue）三个包。然后，在每个包下为每个用例创建一个 ServiceBean。ServiceBean 的方法为用例提供子用例的功能。

（3）数据层

数据层负责数据库访问，包括对数据库要素增删改查（CRUD）的功能。Spring 4.X Data JPA 提供了快速实现数据库访问的基础功能。本书采用 JPA 的 JpaRepository 接口来实现数据访问功能。首先，根据实体层的包组织创建包结构。然后，为每个实体类创建一个数据访问类。

（4）实体层（Spring Data JPA）

实体层负责领域对象的实现及领域对象的对象关系映射。本书采用 Spring 4. X Data JPA 规定的注解（Annotation）进行对象关系映射。使用注解进行映射，简明清晰，避免了冗长的 XML 脚本配置，便于编码、检查和调试。实现层的结构组织严格按照第 7 章的概念模型进行设置。下节将详述实体层的实现，此处不赘述。

8.3　静态模型的原型实现

8.3.1　技术路径

Hespanha(2012)在其博士学位论文中对葡萄牙的 LADM 国家模型(Country Profile)使用 Hibernate 进行了 ORM 实现。Hespanha 的 Hibernate 实现采用的是 XML 格式的 ORM。Spring 4. X Data SPA 是 Hibernate 的 SPA 标准简化升级版，采用注解（Annotation）方式，更加简明易用(Walls,2016)。本书静态模型的原型采用 Spring 4. X Data SPA 来实现。静态模型的 ORM 过程，分为 3 个步骤：(1)类与要素的对应关系。需要明确静态模型中的类与管理数据库中的要素的映射关系。(2)纵向泛化关系。按从底向上逐步归纳的方法进行。先把子类的公共属性提取到父类，再把父类的属性提取到祖父类，最后把祖父类的公共属性提取到曾祖父类(见图 8.1)。(3)横向关联和依赖关系。横向的关联和依赖关系使用 Spring SPA 中的 JPARepository 提供的动态查询功能进行设置。

在 EA 中做好模型的属性设置后，使用 EA 的 MDA 的正向工程功能生成 Java 源码，然后在 Java 源码中加上 JPA 注解。静态概念模型的对象关系映射使用了以下几个常用的注解。@Entity 注解表明

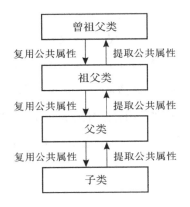

图 8.1 概念模型的属性设置过程

该类在 Spring 4. X 框架里是实体类;@Table(value＝"abc")注解用于将模型中的"类"映射到数据库中的"要素";@Column(name＝"abc")用于将类的属性映射到要素的字段;@MappedSupperClass 用于标识该类是父类,其属性与字段的映射关系为子类所继承;@Id 用于指明某要素字段为标识字段;@Transient 注解用于标明该属性不进行对象关系映射;@Data 是 lombok 中间件,用于减少类似 setter 和 getter 等方法编码的注解,有助于提高代码的简洁性;@Autowired 注解用于向类的属性注入外部依赖对象(JavaBean)。

8.3.2　权利人包(Party Package)

将"权利人包"(Party Package)中的类与不动产登记数据库中的要素进行对照分析,形成类与要素的对应关系表,详见表8.1。依据概念模型的继承关系,将权利人类的属性进行纵向归纳整理,形成了类属性的配置结果,详见表8.2。依据概念模型的关联关系,将权利人类的属性进行横向的归纳整理,形成类属性的配置结果,详见表 8.3。"权利人"(LA_Party)中的属性主要是身份信息和通信信息。"共有权利人"(LA_PartyGroup)通过继承,得到了"权利人"的全部属性。"分摊权利人"(LA_PartyMember)是关联类,记录权属共有人的共有产权信息。依据表8.1、表8.2和表8.3,对"权利人""共有权利人"和"分摊权利人"进行 ORM,源码分别见源码清单8.1、8.2和8.3。

表 8.1　权利人包(Party Package)的类与数据库要素的对应关系

类			数据库要素	
编码	名称	类型	名称	类型
PP-1	LA_Party	实类	权利人	实要素
PP-1.1	LA_PartyGroup	实类	权利人	实要素
PP-2	LA_PartyMember	关系类	权利人	实要素

ORM 映射的说明:(1)表8.2已经详细列明了各个类的属性集,所以源码清单只展现了代码结构和一部分类属性。为节约篇幅,源码清单省略了部分类属性,但省略不影响读者理解映射逻辑。(2)按 Spring Data JPA 的标准规定,类上有@Entity 注解的条件下,在类的属性上省略@Column 注解,要素的字段名称将与类的属性名称相同(Walls,2016)。本书的类属性名称和要素字段名称为同名形式,为节省篇幅,除在源码清单8.1中使用@Column 进行显式注解外,其余部分采用省略注解的方式。(3)关联关系的类属性将通过实体查询的方式获得。(4)类编码 PP 是"权利人包"(Party Package)英文首字母缩写。第一个数字表示一级类编码,第二个数字表示二级类编码。(5)源码清单中的阴影部分用于显示类与类之间的继承关系或关联关系。(6)源码上"//"引出的注释用于说明需要映射的要素名或字段名。

表 8.2　权利人包(Party Package)的类属性设置表

类编码	类名	属性
PP-1	LA_Party	bsm(标识码,long),ysdm(要素代码,int),bdcdyh(不动产单元号,String),sxh(顺序号,int),qlrmc(权利人名称,String),bdcqzh(不动产权证号,String),qzysxlh(权证印刷序列号,String),sfczr(是否持证人,String),zjzl(证件种类,String),zjh(证件号,String),fzjg(发证机关,String),sshy(所属行业,String),gjdq(国家/地区,String),hjszsy(户籍所在省市,String),dh(电话,String),dz(地址,String),yb(邮编,String),gzdw(工作单位,String),dzyj(电子邮件,String),qlrlx(权利人类型,String),qlbl(权利比例,String),gyfs(共有方式,String),gyqk(共有情况,String),bz(备注,String)
PP-1.1	LA_Party Group	qtlx(群体类型,String)
PP-2	LA_Party Member	qlbl(权利比例,float),gyfs(共有方式,String),gyqk(共有情况,String)

注:本表属性列中的 int、long、float 和 String 数据类型是 Java 语言的内置数据类型,分别表示整型、长整型、单精度浮点型和字符串型。

表 8.3　权利人包(Party Package)的类联系

类 1	类 2	联系名	角色 1	角色 2	多样性 1	多样性 2
LA_Party	LA_RRR	rrrParty	party	rrr	0..1	0..*
LA_Party	LA_PartyGroup	members	parties	group	2..*	0..1
LA_Party	LA_TaxParty	paTP	pa	tp	0..1	0..1

源码清单 8.1　权利人(LA_Party)ORM 源码

```
@Entity //表明 Spring 框架中的实体类
@Data //用于对类自动生成 setter、getter 和 toString 方法
@Table(name = "QLR")　//映射"不动产权利人"要素
public class LA_Party extends VersionedObject {
        @Transient//该属性不进行 ORM
        private List<LA_RRR>rrr；//实现对 LA_RRR 的关联
        @Transient//该属性不进行 ORM
        private LA_PartyMember member；//实现对 LA_PartyMember 的关联
        @Id //数据库要素的标识字段
        @GeneratedValue(strategy = GenerationType. IDENTITY) //标识字段自增
        @Column(name="bsm") //映射字段"标识码"
        private long bsm; //属性标识码
        @Column(name="ysdm") //映射字段"要素代码"
        private int ysdm; //要素代码
        @Column(name="bdcdyh") //映射字段"不动产单元号"
        private String bdcdyh; //不动产单元号
        @Column(name="sxh") //映射字段"顺序号"
        private int sxh；//顺序号
        //以下属性省略
}
```

源码清单 8.2　共有权利人(LA_PartyGroup)ORM 源码

```
@Data
public class LA_PartyGroup extends LA_Party {
        private List<LA_PartyMember> members;
        @Transient
        private String  qtlx；　//群体类型
}
```

源码清单 8.3　分摊权利人(LA_PartyMermber)ORM 源码

```
@Data
public class LA_PartyMember extends VersionedObject {
        @Transient
        private LA_Party party；//实现对 LA_Party 的关联
        @Transient
        private LA_PartyGroup group；//实现对 LA_Party 的关联
        private float qlbl; //权利比例
        private String gyfs;// 共有方式
        private String gyqk;// 共有情况
}
```

8.3.3 行政包(Administrative Package)

(1)总体情况

将"行政包"(Administrative Package)中的类与不动产登记数据库中的要素进行对照分析,形成了类与要素的对应关系表,详见表8.4。类似的,根据概念模型的继承关系,将"行政包"中类的属性进行纵向归纳整理,形成了类属性的配置结果,详见表8.5。根据概念模型的关联关系,将行政包类的属性进行横向的归纳整理,形成了类属性的配置结果,详见表8.6。表8.5中的类代码表示了类与类之间的继承关系,类编码 AP 是"行政包"(Administrative Package)的英文首字母缩写。第一个数字表示一级类编码,第二个数字表示二级类编码,其余以此类推。类编码用于查询子类如何复用父类的属性集。

表 8.4 行政包(Administrative Package)的类与数据库要素的对应关系

类			数据库要素	
类代码	名称	类型	名称	类型
AP-1	LA_RRR	虚类	无	无
AP-1	LA_Right	虚类	无	无
AP-1.1	CN_Ownership	虚类	所有权	虚要素
AP-1.1.1	CN_Land Ownership	实类	土地所有权	实要素
AP-1.1.1.1	CN_House Ownership	实类	房地产权	实要素
AP-1.1.1.2	CN_UsufructRight	虚类	用益物权	虚要素
AP-1.1.2	CN_CollectiveConstruct LandRight	实类	建设用地使用权	实要素
AP-1.1.2.1	CN_Homestead UseRight	实类	宅基地使用权	实要素
AP-1.1.2.2	CN_Homstead QualificationRight	实类	宅基地资格权	实要素
AP-1.1.2.3	CN_LegalAffairs	虚类	法定事项	虚要素
AP-1.1.3	CN_Sequestration Registration	实类	查封登记	实要素

续表

类			数据库要素	
类代码	名称	类型	名称	类型
AP-1.1.3.1	CN_Dissidence Registration	实类	异议登记	实要素
AP-1.1.3.2	LA_Restriction	虚类	无	无
AP-1.2	CN_Easement	实类	地役权	实要素
AP-1.2.1	CN_Morgage	实类	抵押权	实要素

表 8.5　行政包类（Administrative Package）**的类属性设置表**

类编码	类名	属性
AP-1	LA_RRR	bsm(标识码,long),ysdm(要素代码,String),ywh(业务号,String)
AP-1	LA_BAUnit	bsm(标识码,long),bdcdyh(不动产单元号,String)
AP-1.1	LA_Right	qxdm(区县代码,String),djjg(登记机构,String),dbr(登簿人,String),djsj(登记时间,String),fj(附记,String),qszt(权属状态,String)
AP-1.1.1	CN_Ownership	bdcdyh(不动产单元号,String),qllx(权利类型,String),djlx(登记类型,String),djyy(登记原因,String),bdcqzh(不动产权证号,String)
AP-1.1.1.1	CN_Land Ownership	zddm(宗地代码,String),mjdw(面积单位,String)nydmj(农用地面积,float),gdmj(耕地面积,float),ldmj(林地面积,float),cdmj(草地面积,float),qtnydmj(其他农用地面积,float),jsydmj(建设用地面积,float),wlydmj(未利用地面积,float)
AP-1.1.1.2	CN_House Ownership	fdzl(房地坐落,String),tdsyqr(土地使用权人,String),dytdmj(独用土地面积,float),fttdmj(分摊土地面积,float),tdsyqssj(土地使用起始时间,Date),tdsyjssj(土地使用结束时间,Date),fdcjyjg(房地产交易价格,float),ghyt(规划用途,String),fwxz(房屋性质,String),fwjg(房屋结构,String),szc(所在层,int),zcs(总层数,int),jzmj(建筑面积,float),zyjzmj(专有建筑面积,float),ftjzmj(分摊建筑面积,float),jgsj(竣工时间,Date)

续表

类编码	类名	属性
AP-1.1.2	CN_Usufruct Right	zddm（宗地代码，String），bdcdyh（不动产单元号，String），qllx（权利类型，String），djlx（登记类型，String），djyy（登记原因，String），bdcqzh（不动产权证号，String）
AP-1.1.2.1	CN_Collective Construction LandRight	syqmj（使用权面积，float），syqqssj（使用权起始时间，Date），syqjssj（使用权结束时间，Date），qdjg（取得价格，float）
AP-1.1.2.2	CN_Homestead UseRight	syqmj（使用权面积，float），syqqssj（使用权起始时间，Date），syqjssj（使用权结束时间，Date），qdjg（取得价格，float）
AP-1.1.2.3	CN_Homestead Qualification Right	syqmj（使用权面积，float），syqqssj（使用权起始时间，Date），syqjssj（使用权结束时间，Date）
AP-1.1.3	CN_LegalAffairs	bdcdyh（不动产单元号，String）
AP-1.1.3.1	CN_Sequestration Registration	cfjg（查封机关，String），cflx（查封类型，String），cfwj（查封文件，String），cfwh（查封文号，String），cfqssj（查封起始时间，Date），cfjssj（查封结束时间，Date），cffw（查封范围，String），jfywh（解封业务号，String），jfjg（解封机关，String），jfwj（解封文件，String），jfwh（解封文号，String），jfdbr（解封登簿人，String），jfdjsj（解封登记时间，Date）
AP-1.1.3.2	CN_Dissiedence Registration	yysx（异议事项，String），bdcdjzmh（不动产登记证明号，String），zxyyywh（注销异议业务号，String），zxyyyy（注销异议原因，String），zxyydbr（注销异议登簿人，String），zxyydjsj（注销异议登记时间，Date）
AP-1.2	LA_Restriction	qxdm（区县代码，String），djjg（登记机构，String），dbr（登簿人，String），djsj（登记时间，String），djyy（登记原因，String），djlx（登记类型，String），fj（附记，String），bdcdjzmh（不动产登记证明号，String），qszt（权属状态，String）

类编码	类名	属性
AP-1.2.1	CN_Mortgage	bdcdyh(不动产单元号,String),dybdclx(抵押不动产类型,String),dyr(抵押人,String),dyfs(抵押方式,String),zjjzwzl(在建建筑物坐落,String),zjjzwdyfw(在建建筑物抵押范围,String),bdbzzqse(被担保主债权数额,float),zwlxqssj(债务履行起始时间,Date),zwlxjssj(债务履行结束时间,Date),zgzqqdss(最高债权确定事实,String),zgzqse(最高债权数额,float),zxdyywh(注销抵押业务号,String),zxdyyy(注销抵押原因,String),zxsj(注销时间,Date)
AP-1.2.2	CN_Easement	gydbdcdyh(供役地不动产单元号,String),gydqlr(供役地权利人,String),gydqlrzjzl(供役地权利人证件种类,String),gydqlrzjh(供役地权利人证件号,String),xydbdcdyh(需役地不动产单元号,String),xydzl(需役地坐落,String),xydqlr(需役地权利人,String),xydqlrzjzl(需役地权利人证件种类,String),xydqlrzjh(需役地权利人证件号,String),dyqnr(地役权内容,String),qlqssj(权利起始时间,Date),qljssj(权利结束时间,Date)

注:本表属性列中的 int、long、float、String 和 Date 数据类型是 Java 语言的内置数据类型,分别表示整型、长整型、单精度浮点型、字符串型和日期型。

表 8.6　行政包(Administrative Package)的类联系

类 1	类 2	联系名	角色 1	角色 2	多样性 1	多样性 2
LA_RRR	LA_Party	rrrParty	rrr	party	0..*	0..1
LA_RRR	LA_BAUnit	rrrBAUnit	rrr	baunit	1..*	1
LA_BAUnit	LA_Spatial Unit	suBAUnit	baunit	su	0..1	0..*
CN_Homestead UseRight	CN_Homestead QualificationRight	huHQ	hu	hq	0..*	1
LA_RRR	CN_Planning Unit	puRRR	rrr	pu	0..*	0..1
LA_BAUnit	FM_FisUnit	fuBAUnit	baunit	fu	0..*	0..*

"权利责任限制"(LA _ RRR)是"行政包"(Administrative Package)里的一级类,聚集了下属子类、孙类的全部公共属性。从提取结果来看,包括标识码、要素代码和业务号等。除此之外,"权利责

任限制"（LA_RRR）的属性"权利人"（party）和"基本行政单元"（baunit）提供与"权利人"（LA_Party）和"基本行政单元"（LA_BAUnit）对象的关联。"权利责任限制"的 ORM 源码结构见源码清单 8.4。

源码清单 8.4 "权利责任限制"（LA_RRR）ORM 源码

```
@Data
@MappedSuperclass //父类，提供公共属性，不映射具体的数据库表
public class LA_RRR extends VersionedObject {
    @Transient
    private LA_Party party; // 与 LA_Party 关联
    @Transient
    private LA_BAUnit baUnit; //与 LA_BAUnit 关联
    @Id
    @GeneratedValue(strategy = GenerationType.IDENTITY)
    private long bsm;
    private String ysdm; //属性"要素代码"
    private String ywh; // 业务号
}
```

"权利"（LA_Right）是行政包里的二级类，聚集登簿时的经办信息，包括区县代码、登记机构、登簿人、登簿时间、附记和权属状态等。除此之外，"权利"（LA_Right）作为中间类，还将传递一级类"权利责任限制"（LA_RRR）的属性给下属子类。"权利"（LA_Right）的 ORM 源码结构见源码清单 8.5。

源码清单 8.5 "权利"（LA_Right）ORM 源码

```
@Data
@MappedSuperclass //父类，提供公共属性，不映射具体的数据库表
public class LA_Right extends LA_RRR{
    private String qxdm; //属性"区县代码"
    private String djjg; //登记机构
    private String dbr; //登簿人
    private String djsj; // 登记时间
    private String fj; // 附记
    private String qszt; // 权属状态
}
```

（2）所有权（CN_Ownership）

"所有权"（CN_Ownership）是行政包里的三级类，聚集登簿时的登记信息，包括不动产单元号、权利类型、登记类型、登记类型和不动产权证号等。除此外，"所有权"作为中间类，还将上级类的属性传递给下级类。"所有权"的 ORM 源码结构见源码清单 8.6。经过多层提取后，"土地所有权"（CN_LandOwnership）和"房屋所有权"（CN_HouseOwnership）中只保留了与土地所有权和房产所有权紧密相关的权属信息。其中，"土地所有权"属性主要是地类面积，"房屋所有权"为土地用途管理和建筑管理的相关信息。"土地所有权"的 ORM 源码见源码清单 8.7。"房屋所有权"的代码结构与"土地所有权"相似，此处予以省略。

源码清单 8.6　所有权（CN_Ownership）ORM 源码

```
@Data
@MappedSuperclass //父类,提供公共属性,不映射具体的数据库表
public class CN_Ownership extends LA_Right {
    private String bdcdyh; //不动产单元号
    private String qllx; // 权利类型
    private String djlx; // 登记类型
    private String djyy; // 登记原因
    private String bdcqzh; //不动产权证号
    }
```

源码清单 8.7　土地所有权（CN_LandOwnership）ORM 源码

```
@Entity
@Data
@Table(name = "TDSYQ")　//土地所有权
public class CN_LandOwnership extends CN_Ownership{
    private String zddm; // 宗地代码
    private String mjdw; // 面积单位
    //以下属性省略
    }
```

（3）用益物权（CN_UsufructRight）

"用益物权"（CN_UsufructRight）是行政包里的三级类，聚集登簿时

的登记信息,包括宗地代码、不动产单元号、权利类型、登记类型、登记原因和不动产权证号等。除此外,"用益物权"作为中间类,还将上级类的属性传递给下级类。"用益物权"的 ORM 源码结构见源码清单 8.8。经过多层提取后,"集体建设用地使用权"(CN_CollectiveConstructionLandRight)、"宅基地使用权"(CN_HomesteadUseRight)和"宅基地资格权"(CN_HomesteadQualificationRight)中只保留了与使用权紧密相关的权属信息。"集体建设用地使用权""宅基地使用权"和"宅基地资格权"的 ORM源码结构分别见源码清单 8.9、8.10、8.11。为了跟踪宅基地使用权和宅基地资格权的变化关系,模型中增加了这两者的关联关系,分别在源码清单 8.10 和 8.11 中予以展示。

源码清单 8.8　用益物权(CN_UsufructRight)ORM 源码

```
@Data
@MappedSuperclass //父类,提供公共属性,不映射具体的数据库表
public class CN_Usufruc extends LA_Right{
    private String zddm; //宗地代码
    private String bdcdyh; // 不动产单元号
    //以下属性省略
    }
```

源码清单 8.9　集体建设用地使用权(CN_CollectiveConstructionLandRight)ORM 源码

```
@Entity
@Data
@Table(name="JSYDSYQ")
public class CN_Usufruc extends CN_Usufruc {
    private String zddm; //宗地代码
    private String bdcdyh; // 不动产单元号
    //以下属性省略
    }
```

源码清单 8.10　宅基地使用权(CN_HomesteadUseRight)ORM 源码

```java
@Entity
@Data
@Table(name="JSYDSYQ2")    //建设用地使用权
public class CN_HomesteadUseRight extends CN_Usufruc{
    @Transient    //关联 CN_HomesteadQualificationRight
    private CN_HomesteadQualificationRight hq；
    private float syqmj；//使用权面积
    private Date syqqssj；// 使用权起始时间
    //以下属性省略
    }
```

源码清单 8.11　宅基地资格权(CN_HomesteadQualificationRight)ORM 源码

```java
@Entity
@Data
@Table(name="JSYDSYQ2")    //建设用地使用权
public class CN_HomesteadQualificationRight extends CN_Usufruc{
    //关联 CN_HomesteadUseRight
    @Transient //关联 CN_HomesteadQulificationRight
    private CN_HomesteadUseRight hu；
    private float syqmj；//使用权面积
    //以下属性省略
    }
```

（4）法定事项(CN_LegalAffairs)

"法定事项"(CN_LegalAffairs)的业务异质性很强,法定事项提取到的公共属性只有一项:不动产单元号。所以,"法定事项"只有一个属性,见源码清单 8.12。"查封登记"(CN_SequestrationRegistration)记载了查封登记和解封登记的信息,见源码清单 8.13。"异议登记"(CN_DissidenceRegistration)记载了异议登记和注销异议登记的信息。"异议登记"代码结构和"查封登记"相似,此处予以省略。

源码清单 8.12　法定事项(CN_LegalAffairs)ORM 源码

```java
@Data
@MappedSuperclass //父类,提供公共属性,不映射具体的数据库表
public class CN_LegalAffairs extends LA_Right{
    private String bdcdyh；//不动产单元号
    }
```

源码清单 8.13 查封登记(CN_SequestrationRegistration)ORM 源码

```
@Entity
@Data
@Table(name="CFDJ") //查封登记
public class CN_SequestrationRegistration extends CN_LegalAffairs{
    private String cfjg; //查封机关
    private String cflx; // 查封类型
    //以下属性省略
    }
```

(5)限制(LA_Restriction)

"限制"(LA_Restriction)是行政包里的二级类,经过提取后,聚集的是登簿时的登记信息,包括区县代码、登记机构、登簿人、登记时间、登记原因、登记类型、附记、不动产登记证明号和权属状态等。由于权属限制的类的层次相对更少,所以权属限制可以提取到更多的公共属性。除此之外,"限制"还将上级类的属性传递给下级类,见源码清单8.14。经过提取后,"抵押权"(CN_Morgage)只保留了与抵押权有关的信息,见源码清单8.15。"地役权"(CN_Easement)只保留了与地役权有关的信息。"地役权"代码结构与"抵押权"相似,此处予以省略。

源码清单 8.14 限制(LA_Restriction)ORM 源码

```
@Data
@MappedSuperclass //父类,提供公共属性,不映射具体的数据库表
public class LA_Restriction extends LA_RRR{
    private String qxdm; //属性"区县代码"
    private String djjg; //登记机构
    //以下属性省略
    }
```

源码清单 8.15　抵押权(CN_Mortgage)ORM 源码

```
@Entity
@Data
@Table(name="DYQ") //抵押权
public class CN_Mortgage extends LA_Restriction{
    private String bdcdyh; //不动产单元号
    private String dybdclx; //抵押不动产类型
    //以下属性省略
    }
```

8.3.5 空间单元包(Spatial Unit Package)

将"空间单元包"(Spatial Unit Package)的类与不动产登记数据库的要素进行对照分析,得出类与要素的对应关系,详见表 8.7。类似地,依据概念模型的继承关系,将空间单元包类的属性进行纵向归纳整理,形成了类属性的配置结果,详见表 8.8。依据概念模型的关联关系,将空间单元包类的属性进行横向的归纳整理,形成了类属性的配置结果,详见表 8.9。空间单元的子类的异质性比较强,提取到的公共属性较少,只有标识码、要素代码和不动产单元号等三项,源码详见清单 8.16。"宗地"(CN_Parcel)、"自然幢"(CN_LegalSpaceBuilding)和"户"(CN_LegalSpaceBuildingUnit)记载宗地、自然幢和户的空间信息,它们的 ORM 代码分别见源码清单 8.17、8.18 和 8.19。

表 8.7　空间单元包(Spatial Unit Package)的类与数据库要素的对应关系

类		数据库要素	
名称	类型	名称	类型
CN_SpatialUnit	虚类	不动产单元	虚要素
CN_Parcel	实类	宗地	实要素
CN_LegalSpaceBuilding	实类	自然幢	实要素
CN_LegalSpaceBuildingUnit	实类	户	实要素

表 8.8　空间单元包(Spatial Unit Package)的类属性设置表

类编码	类名	属性
SUP-1	LA_Spatial Unit	bsm(标识码,long),ysdm(要素代码,String),bdcdyh(不动产单元号,String)
SUP-1.1	CN_Parcel	zddm(宗地代码,String),zdtzm(宗地特征码,String),zl(坐落,String),zdmj(宗地面积,float),mjdw(面积单位,String),yt(用途,int),ytmc(用途名称,String),dj(等级,String),jg(价格,float),qllx(权利类型,int),qlxz(权利性质,int),qlsdfs(权利设定方式,int),rjl(容积率,float),jzmd(建筑密度,float),jzxg(建筑限高float,),zdszd(宗地四至一东,String),zdszn(宗地四至一南,String),zdszx(宗地四至一西,String),zdszb(宗地四至一北,String),zdt(宗地图,String),tfh(图幅号,String),djh(地籍号,String),dah(档案号,String),bz(备注,String),zt(状态,String)
SUP-1.2	CN_LegalSpace Building	zddm(宗地代码,String),dah(档案号,String),zt(状态,String),zrzh(自然幢号,String),xmmc(项目名称,String),jzwmc(建筑物名称,String),jgrq(竣工日期,Date),jzwgd(建筑物高度,float),zzdmj(幢占地面积,float),zydmj(幢用地面积,float),ycjzmj(预测建筑面积,float),scjzmj(实测建筑面积,float),zcs(总层数,int),dscs(地上层数,int),dxcs(地下层数,int),dxsd(地下深度,float),ghyt(规划用途,String),fwjg(房屋结构,int),zts(总套数,int),jzwjbyt(建筑物基本用途,String),bz(备注,String)

续表

类编码	类名	属性
SUP-1.3	CN_LegalSpace BuildingUnit	fwbm(房屋编码,String),zrzh(自然幢号,String),ljzh(逻辑幢号,String),ch(层号,String),zl(坐落,String),mjdw(面积单位,String),sjcs(实际层数,float),hh(户号,String),shbw(室号部位,String),hx(户型,String),hxjg(户型结构,String),ycjzmj(预测建筑面积,float),yctnjzmj(预测套内建筑面积,float),ycftjzmj(预测分摊建筑面积,float),ycdxbfjzmj(预测地下部分建筑面积,float),ycqtjzmj(预测其他建筑面积,float),fwyt1(房屋用途1,String),fwyt2(房屋用途2,String),fwyt3(房屋用途3,String),ycftxs(预测分摊系数,String),czjzmj(实测建筑面积,float),sctnjzmj(实测套内建筑面积,float),scftjzmj(实测分摊建筑面积,float),scdxbfjzmj(实测地下部分建筑面积,float),scqtjzmj(实测其他建筑面积,float),scftmj(实测分摊系数,float),gytdmj(共有土地面积,float),fttdmj(分摊土地面积,float),dytdmj(独用土地面积,float),fwlx(房屋类型,String),fwxz(房屋性质,String),fwfht(房产分户图,String),zt(状态,String)

注:本表属性列中的 int、long、float、String 和 Date 数据类型是 Java 语言的内置数据类型,分别表示整型、长整型、单精度浮点型、字符串型和日期型。

表 8.9　空间单元包(Spatial Unit Package)的类联系

类 1	类 2	联系名	角色 1	角色 2	多样性 1	多样性 2
LA_SpatialUnit	LABAUnit	suBAUnit	su	baunt	0..*	0..*
CN_Parcel	CN_LegalSpace Bulding	parcel Building	parcel	building	1	0..*
CN_LegalSpace Bulding	CN_LegalSpace BuldingUnit	apartment	whole	part	1	0..*
CN_Parcel	CN_Administrative Area	pacelAA	parcel	aa	0..*	0..*
LA_SpatialUnit	LA_SpatialUnit Group	suSuG	su	sug	0..*	0..1

　　根据表 8.9,设置包内的关联关系。"空间单元"(LA_SpatialUnit)类中的"基本行政单元"(baunit)属性用于关联"基本行政单元"(LA_BAUnit)对象。"宗地"(CN_Parcel)类中的"楼房"(building)属性用于记录形成组成关系的"自然幢"(CN_

LegalSpaceBuilding)对象。"自然幢"(CN_LegalSpaceBuilding)类中的"宗地"(parcel)属性用于引用构成组成关系的"宗地"(CN_Parcel)对象,"户"(buildingunit)属性用于引用构成组成关系的"户"(LegalSpaceBuildingUnit)对象。"户"(CN_LegalSpaceBuildingUnit)的"自然幢"(building)属性用于引用构成组成关系的"自然幢"(CN_LegalSpaceBuilding)对象。

源码清单 8.16　空间单元(LA_SpatialUnit)ORM 源码

```
@Data
@MappedSuperclass
public class LA_SpacialUnit extends VersionedObject {
    @Transient   //关联 LA_BAUnit
    private List<LA_BAUnit>   baunit;
    @Id
    @GeneratedValue(strategy = GenerationType. IDENTITY)
    private long bsm;
    private int ysdm; //要素代码
    private String bdcdyh; // 不动产单元号
    }
```

源码清单 8.17　宗地(CN_Parcel)的 ORM 源码

```
@Entity
@Data
@Table(name = "ZD")//宗地
public class CN_Parcel extends LA_SpacialUnit{
    @Transient   //关联 CN_LegalSpaceHousing
    private List<CN_LegalSpaceHousing> buildings;
    private String zddm;// 宗地代码
    private String zdtzm;// 宗地特征码
    //以下属性省略
    }
```

源码清单 8.18　自然幢(CN_LegalSpaceBuilding)ORM 源码

```
@Entity
@Data
@Table(name = "ZRZ")//自然幢
public class CN_LegalSpaceBuilding extends LA_SpacialUnit{
    @Transient //关联 CN_Parcel
    private CN_Parcel parcel;
    @Transient   //关联 CN_LegalSpaceBuildingUnit
    private List<CN_LegalSpaceBuildingUnit> buildingunits;
    private String zddm;// 宗地代码
    private String dah;// 档案号
    //以下属性省略
    }
```

源码清单 8.19　户(CN_LegalSpaceBuildingUnit)ORM 源码

```
@Entity
@Data
@Table(name = "H")//户
public class CN_LegalSpaceBuildingUnit extends LA_SpacialUnit{
    @Transient //关联 CN_LegalSpaceBuilding
    private CN_LegalSpaceBuilding building;
    private String fwbm; //房屋编码
    private String zrzh; //自然幢号
    //以下属性省略
    }
```

8.3.6　空间规划包(Spatial Planning Package)

将空间规划包(Spatial Planning Package)的类与空间规划数据库的要素进行对比分析,得出类与要素的对应关系,详见表 8.10。空间规划数据库的土地规划相关要素是依据土地利用规划数据库标准进行设计的。而城乡规划数据库要素的设置是参考土地规划的设计以及当地管理的实际需要进行。依据概念模型的继承关系,将空间规划包类的属性进行纵向归纳整理,形成了类属性的配置结果,详见表8.11。依据概念模型的关联关系,将空间规划包类的属性进行横向归纳整理,形成了类属性的配置结果,详见表 8.12。

需要说明以下情况:(1)空间规划包复用了"权利人包"(Party Package)的权利主体管理功能。(2)由于国土空间规划在本书开展时还处于编制阶段,村庄规划相关的技术规程和管理规定仍然不够成熟,所以本书没有包含村庄规划的内容。(3)实验地区的城乡规划体系中的村庄规划成果,只有用途地块的管理,所以本书没有设置村庄规划用途的类。

表 8.10 空间规划包(Spatial Planning Package)的类与数据库要素的对应关系

类		数据库要素	
名称	类型	名称	类型
CN_SpatialRegulation	虚类	无	无
CN_LandPlanning	实类	土地规划	实要素
CN_URPlanning	实类	城乡规划	实要素
CN_PlanningUnit	虚类	无	无
CN_LandPlanningParcel	实类	土地规划用途	实要素
CN_LandPlanningUseZone	实类	土地规划用途分区	实要素
CN_LandPlanningFunctionZone	实类	建设用地管制分区	实要素
CN_URPlanningParcel	实类	城乡规划用途	实要素
CN_PlanningBlock	实类	规划片区	实要素

表 8.11 空间规划包(Spatial Planning Package)的类属性设置表

类编码	类名	属性
PP-1	CN_SpatialRegulation	bdcdyh(不动产单元号,String),ytgzgzbm(用途管制规则编码,String),ghlx(规划类型,String)
PP-1.1	CN_LandPlanning	tdytfqdm(土地用途分区代码,String),tbbh(图斑编号,String),zsydgzqbh(建设用地管制区编号,String)
PP-1.2	CN_URPlanning	dkdm(地块代码,String),ydfw(用地范围,String),ydxz(用地性质,String),zdmj(占地面积,String),jzmj(建筑面积,float),jzgd(建筑高度,float),cs(层数,int)

续表

类编码	类名	属性
PP-2	CN_PlanningUnit	bsm(标识码,String),ysdm(要素代码,String),sm(说明,String)
PP-2.1	CN_LandPlanning Parcel	tbbh(图斑编号,String),ghdlmc(规划地类名称,String),ghdlmj(规划地类面积,float)
PP-2.2	CN_LandPlanning UseZone	tdytqlxdm(土地用途区类型代码,String),tdytqbh(土地用途区编号,String),tdytqmj(土地用途区面积,float)
PP-2.3	CN_LandPlanning FunctionZone	gzqlxdm(管制区类型代码,String),gzqmj(管制区面积,float)
PP-2.4	CN_URPlanning Parcel	tbbh(图斑编号,String),ghdlmc(规划地类名称,String),ghdlmj(规划地类面积,float)
PP-3	CN_PlanningBlock	bsm(标识码,long),qymc(区域名称,String),kssj(开始时间,Date),jssj(结束时间,Date),hpsj(获批时间,Date),pzjg(批准机构,String)

注:本表属性列中的 int、long、float、String 和 Date 数据类型是 Java 语言的内置数据类型,分别表示整型、长整型、单精度浮点型、字符串型和日期型。

表 8.12 空间单元包(Spatial Planning Package)的类联系

类 1	类 2	联系名	角色 1	角色 2	多样性 1	多样性 2
CN_Planning Unit	LA_RRR	puRRR	pu	rrr	0..1	0..*
CN_Planning Unit	CN_Planning Block	puPuG	pu	pb	0..*	0..1

(1)空间用途管制

设计"空间用途管制"(CN_SpatialRegulation)时有两方面的考虑:一是记录空间规划的用途管理等公权限制内容。二是记录空间规划的用地规划审批的批文或许可证等用途许可信息。当业务号为空白时,表明该对象记录的是空间规划的用途管理的内容。当业务号不为空时,表明该对象记录的是空间规划的审批管理的内容。需要注意的是,"空间用途管制"是"限制"(LA_Restriction)的子类,继承了"限制"的所有属性,这些继承的属性可以用于记录空间规划审批管理的内容。"空间用途管制"(CN_SpatialRegulation)的源码见清单 8.20。"土地规划"(CN_LandPlanning)侧重土地资源(耕地)的保护,"城乡规划"(CN_URPlanning)侧重对建设行为的引导,所以加入相应的管理指标。"土地规划"的源码见清单 8.21。"城乡规划"具有和"土地规划"相似的结构,此处予以省略。

源码清单 8.20 空间用途管制(CN_SpatialRegulation)ORM 源码

```
@Data
@MappedSuperclass
public class CN_SpatialRegulation extends LA_Restriction {
    @Id
    @GeneratedValue(strategy = GenerationType. IDENTITY)
    private long bsm;//标识码
    private String ywh; //业务号
    //以下属性省略
    }
```

源码清单 8.21 土地规划(CN_LandPlanning)ORM 源码

```
@Entity
@Data
@Table(name="TDGH")//土地规划
public class CN_LandPlanning extends CN_SpatialRegulation {
    private String tdytfqdm;//土地用途分区代码
    private String tbbh; // 图斑编号
    private String zsydgzqbh; // 建设用地管制区编号
    }
```

(2)规划单元

"规划单元"(CN_PlanningUnit)集中了空间规划单元的公共要素,包括标识码、要素代码和说明,详见源码清单 8.22。按表 8.12 的要求,设置包内的类的关联关系。"土地规划用途"(CN_LandPlanningParcel)、"建设用地管制分区"(CN_LandPlanningFunctionZone)、"土地规划用途分区"(CN_LandPlanningUseZone)和"城乡规划用途"(CN_URPlanningParcel)对应不同的规划分区类型。"土地规划用途"源码见清单 8.23。"规划片区"(CN_PlanningBlock)对应乡镇土地利用规划的规划图、城乡规划的乡村规划图和国土空间规划的乡村规划图,源码见清单 8.24。"建设用地管制分区""土地规划用途分区""城乡规划用途"具有和"土地规划用途"相似的代码结构,此处予以省略。

源码清单 8.22　规划单元(CN_PlanningUnit)ORM 源码

```
@Data
@MappedSuperclass
public class CN_PlanningUnit extends VersionedObject {
    @Transient //关联 LA_RRR
    Private LA_RRR rrr;
    @Transient //关联 CN_PlanningBlock
    Private CN_PlaningBlock pb;
    @Id
    @GeneratedValue(strategy= GenerationType. IDENTITY)
    private String bsm; //标识码
    private String ysdm; //要素代码
    private String sm; //说明
    }
```

源码清单 8.23　土地规划用途(CN_LandPlanningParcel)ORM 源码

```
@Entity
@Data
@Table(name="TDGHYT") //土地规划用途
public class CN_LandPlanningParcel extends CN_PlanningUnit{
    private String tbbh; //图斑编号
    private String ghdlmc; //规划地类名称
    private float ghdlmj; // 规划地类面积
    }
```

源码清单 8.24　规划片区(CN_PlanningBlock)ORM 源码

```
@Data
@Table(name="GHPQ")//规划片区
public class CN_PlanningBlock extends VersionedObject {
    @Transient //关联 CN_PlanningUnit
    Private List<CN_PlaningUnit> pu;
    @Id
    @GeneratedValue(strategy = GenerationType. IDENTITY)
    private long bsm; //标识码
    private String qymc; //区域名称
    //以下属性省略
    }
```

8.3.7 税收估价包(Taxation and Valuation Package)

将税收估价包的类与税收管理数据库的要素进行对比分析,得出类与要素的对应关系,详见表 8.13。依据概念模型的继承关系,将税收估价包类的属性进行纵向归纳整理,形成类属性的配置结果,详见表 8.14。依据概念模型的关联关系,将税收估价包进行横向归纳整理,形成类属性的配置结果,详见表 8.15。需要做以下几个方面的说明:(1)作者没有检索到税务登记的有关数据库标准,所以作者通过国家税务总局公开发布的税务申请登记的表式,并结合与桐庐县税务局专业人士的交流,确定了税务登记的数据内容。(2)作者没有检索到纳税申报的数据库标准,所以作者通过国家税务总局公开发布的土地增值税和契税的清算申报表的表式,确定了缴(收)税的内容。(3)同理,设置了完税证明的数据内容。(4)作者没有检索到建设用地、农用地定级和估价的数据库标准,所以作者根据建设用地和农用地定级和估价技术的规程,设置了基准地价和价值单元的数据内容。

表 8.13 税收估价包(Taxation and Valuation Package)的类与数据库要素的对应关系

类		数据库要素	
名称	类型	名称	类型
CN_TaxParty	虚类	纳税人	虚要素
CN_TaxPerson	实类	纳税人个体	实要素
CN_TaxOrganization	实类	纳税人单位	实要素
FM_Taxation	虚类	无	无
CN_LandValue AppreciationTaxation	实类	土地增值税	实要素
CN_DeedTaxation	实类	契税	实要素
CN_BenchPrice	实类	基准地价	实要素
FM_FisUnit	虚类	无	无
CN_AgriParcel	实类	农地片区	实要素
CN_NonAgriParcel	实类	非农片区	实要素

表 8.14 税收估价包(Taxation and Valuation Package)的类属性设置表

类编码	类名	属性
TVP-1	CN_TaxParty	bsm(标识码,long),nsrmc(纳税人名称,String),nsrsbh(纳税人识别号,String),djzclx(登记注册类型,String),kyslrq(开业/设立日期,Date),pzsljg(批准设立机关,String),scjyqx(生产经营期限,String),zzmc(证照名称,String),zzhm(证照号码,String),zcdz(注册地址,String),zcdzyzbm(注册地址邮政编码,String),scjydz(生产经营地址,String),scjydzyzbm(生产经营地址邮政编码,String),wz(网站,String),gbhy(国标行业,String),jyfw(经营范围,String),fbzl(附报资料,String),nsrscjx(纳税人所处街乡,String),lsgx(隶属关系,String),zgswjg(主管税务机关,String),zgswsk(主管税务所/科,String),swdjjg(税务登记机关,String),swjgjbr(税务机关经办人,String),slrq(受理日期,Date),hzrq(核准日期,Date),fzrq(发证日期,Date)
TVP-1.1	CN_Tax Person	hhrs(合伙人数,int),ggrs(雇工人数,int),yzxm(业主姓名,String),gjhhjd(国籍或户籍地,String),gddh(固定电话,String),yddh(移动电话,String),dzyx(电子邮箱,String),sfzjmc(身份证件名称,String),zjhm(证件号码,String)
TVP-1.2	CN_Tax Organization	hsfs(核算方式,String),cyrs(从业人数,int),dwxz(单位性质,String),sykjzd(适用会计制度,String),fddb_xm(姓名-法定代表,String),fddb_sfzjzl(身份证件种类-法定代表,String),fddb_sfzjhm(身份证件号码-法定代表,String),fddb_gddh(固定电话-法定代表,String),fddb_yddh(移动电话-法定代表,String),fddb_dzyx(电子邮箱-法定代表,String),bsr_xm(姓名-办税人,String),bsr_sfzjzl(身份证件种类-办税人,String),bsr_sfzjhm(身份证件号码-办税人,String),bsr_gddh(固定电话-办税人,String),bsr_yddh(移动电话-办税人,String),bsr_dzyx(电子邮箱-办税人,String),zczbbz(注册资本币种,String),zczbje(注册资本金额,float)
TVP-2	FM_Taxation	bsm(标识码,long),nsrsbh(纳税人识别号,String),dlr(代理人,String),dlrsfzh(代理人身份证号,String),slr(受理人,String),slrq(受理日期,Date),sljg(受理机关,String),ywh(业务号,String)

续表

类编码	类名	属性
TVP-2.1	CN_LandValue Appreciation Taxation	xmmc（项目名称，String），xmbh（项目编号，String），zrfdcsrze（转让房地产收入总额，float），hbsr（货币收入，float），swsr（实物收入，float），qtsr（其他收入，float），kcxmjehj（扣除项目金额合计，float），qdsyqje（取得使用权金额，float），jfjjzwpgjg（旧房及建筑物评估价格，float），jfjjzwczcbj（旧房及建筑物重置成本价，float），cxdzkl（成新度折扣率，float），pgfy（评估费用，float），gffpje（购房发票金额，float），fpjjkcje（发票加计扣除金额，float），gfqs（购房契税，float），zzrygsj（与转让有关税金，float），yys（营业税，float），cswhjss（城市维护建设税 float，），zze（增值额，float），zzeykczb（增值额与扣除之比，float），sysl（适用税率，float），sskcxs（速算扣除系数，float），yjtdzzsse（应缴土地增值税税额，float），jmse（减免税额，float），jmxzdm（减免性质代码，float），yjse（已缴税额，float），ybtse（应补/退税额，float）
TVP-2.2	CN_Deed Taxation	htqdrq（合同签订日期，Date），tdfwzldz（土地房屋坐落地址，String），qszyfs（权属转移方式，String），qszymj（权属转移面积，float），cjdj（成交单价，float），pgjg（评估价格，float），jsjg（计税价格，float），sl（税率，float），jzse（计征税额，float），jmxzdm（减免性质代码，String），ynse（应纳税额，float）
TVP-2.3	CN_Bench Price	pqbm（片区编码，String），tdyt（土地用途，String），jzdj（基准地价，float），jzfj（基准房价，float），fzwjzj（附着物基准价，float）
TVP-3	FM_FisUnit	bsm（标识码，long），ysdm（要素代码，String），pqbh（片区编号，String）

续表

类编码	类名	属性
TVP-3.1	CN_Agri Parcel[注2]	A1(局部气候条件),A11(温度),A12(积温),A13(降水量),A14(蒸发量),A15(酸雨),A16(灾害气候和无霜期),A2(地形地貌),A21(地貌类型),A22(地形部位),A23(海拔高度),A24(坡度),A25(坡向),A26(侵蚀程度),A3(土壤条件),A31(土层厚度),A32(障碍层深度),A33(土壤质地),A34(剖面构型),A35(土壤 pH 值),A36(土壤盐碱状况),A4(水资源状况),A41(地下水埋深),A42(水源保证率),A43(水质),A5(基础设施条件),A51(林网化程度),A52(灌溉保证率),A53(排水条件),A54(田道道路),A55(田间供电),A6(耕地便利条件),A61(田块大小),A62(田块形状),A63(田块平整度),A64(田面高差和耕作距离),A7(区位条件),A71(农贸市场影响度),A8(交通条件),A81(道路通达度),A82(对外交通便利度)
TVP-3.2	CN_Non AgriParcel[注2]	C1(繁华度),C1(商服繁华度),C2(交通条件),C21(道路通达度),C22(公交便捷度),C23(对外交通便利度),C24(路网密度),C3(基础设施条件),C31(生活设施完善度),C32(公用设施完善度),C4(环境条件),C41(环境质量优劣),C42(文体设施质量),C43(绿地覆盖度和自然条件优劣度),C5(人口状况),C51(人口密度)

注:1. 本表属性列中的 int、long、float、String 和 Date 数据类型是 Java 语言的内置数据类型,分别表示整型、长整型、单精度浮点型、字符串型和日期型。2. 列于本表中的 CN_AgriParcel 和 CN_NonAgriParcel 的属性都为 float 值,所以此两处省略了数据类型。

表 8.15 税收估价包(Taxation and Valuation Package)**的类联系**

类 1	类 2	联系名	角色 1	角色 2	多样性 1	多样性 2
CN_TaxParty	FM_Taxation	tpTax	tp	tax	1	0..*
FM_Taxation	FM_FisUnit	fuTax	tax	fu	0..*	0..*
FM_Taxation	FM_Valuation	tax Valuation	tax	valuation	0..*	1
FM_Valuation	CN_TaxParty	tp Valuation	valuation	tp	1	0..*
FM_Valuation	FM_FisUnit	fu Valuation	valuation	fu	1	0..*
CN_TaxParty	CN_Party	lpTP	tp	lp	0..1	0..1
FM_FisUnit	LA_BAUnit	fuBAUnit	fu	baunit	0..1	0..*

（1）纳税人

根据税务登记申请表式的要求，申请人需要提交的信息十分丰富，所以"纳税人"（CN_TaxParty）及其子类包含的属性数量比较多。"纳税人"是税收估价包的一级类，经过提取在其内聚集了通用型的税务信息，包括纳税人的概况、主管税务机关的概况和受理概况等，"纳税人"的ORM 源码见清单 8.25。经过提取后，"个体纳税人"（CN_TaxPerson）保留了个人的信息，"单位纳税人"（CN_TaxOrganization）保留了财务和税务管理的信息。"个体纳税人"的 ORM 源码见清单 8.26。"单位纳税人"具有与"个体纳税人"相似的结构，此处予以省略。

源码清单 8.25　纳税人（CN_TaxParty）ORM 源码

```
@Data
@MappedSuperclass
public class CN_TaxParty extends VersionedObject {
    @Transient
    private LA_Party lp;
    @Transient
    private List<FM_Taxation> taxation;
    @Id
    @GeneratedValue(strategy = GenerationType. IDENTITY)
    private long bsm; //标识码
    private String nsrmc; //纳税人名称
    private String nsrsbh; // 纳税人识别号
    //以下属性省略
    }
```

源码清单 8.26　个体纳税人（CN_ TaxPerson）ORM 源码

```
@Entity
@Data
@Table(name="NSRGT")//纳税人个体
public class CN_TaxPerson extends CN_TaxParty{
    private int hhrs; //合伙人数
    private int ggrs; // 雇工人数
    //以下属性省略
    }
```

（2）税收（FM_Taxation）

在设计"税收"（FM_Taxation）及其子类时有两个方面的考虑：一

是记录征(缴)税的过程;二是记录核算税基的基准价格。"税收"集中了一般税务办理事项(包括清算申报和缴纳税款),其 ORM 源码见清单 8.27。"土地增值税"(CN_LandValue AppreciationTaxation)和"契税"(CN_DeedTaxation)记录土地增值税和契税的核算事项。"基准地价"(CN_BenchPrice)核算农用地和建设用地的基准地价(征收标准)以及地上物的基准价格。"土地增值税"的 ORM 源码见清单 8.28。"契税"和"基准地价"具有和"土地增值税"相似的程序结构,此处予以省略。

源码清单 8.27　税收(FM_ Taxation)ORM 源码

```
@Data
@MappedSuperclass
public class FM_Taxation extends VersionedObject {
    @Transient
    private CN_TaxParty tp;
    @Transient
    private FM_Valuation fv;
    @Id
    @GeneratedValue(strategy = GenerationType. IDENTITY)
    private long bsm; //标识码
    private String nsrsbh; // 纳税人识别号
    private String dlr; // 代理人
    }
```

源码清单 8.28　土地增值税(CN_LandValueAppreciationTaxation)ORM 源码

```
@Entity
@Data
@Table(name="TDZZS")//土地增值税
public class CN_LandValueAppreciationTaxation extends FM_Taxation{
    private String xmmc; //项目名称
    private String xmbh; // 项目编号
    }
```

（3）价值单元(FM_FisUnit)

"价值单元"(FM_FisUnit)的设计,参考了建设用地和农用地的定级和估价技术规程。"价值单元"是税收和估价的一级类,其中包含了通用型的属性,包括标识码、要素代码和片区编号等。"价值单元"的 ORM 源码见清单 8.29。"农地单元"(CN_AgriParcel)记录农用地定级的评估分值,从 A1 到 A8;"非农地单元"(CN_NonAgriParcel)记录建设用地定级的评估分值,从 C1 到 C5。"农地单元"的 ORM 源码见清单 8.30,"非农单元"具有与"农地单元"相似的源码结构,此处予以省略。

源码清单 8.29 价值单元(FM_FisUnit)ORM 源码

```
@Data
@MappedSuperclass
public class FM_FisUnit {
    @Transient
    private List<LA_BAUnit> baunits;
    @Transient
    private List<FM_Taxation> taxations;
    //以下属性省略
    }
```

源码清单 8.30 农地单元(CN_AgriParcel)ORM 源码

```
@Entity
@Data
@Table(name="NDPQ") //农地片区
public class CN_AgriParcel extends FM_Parcel{
    private float a1;
    private float a11;
    //以下属性省略
    }
```

8.3.8 行政过程包(Administrative Process Package)

将"行政过程包"(Administrative Process Package)与不动产登记数据库、规划管理数据库和税收估价管理数据库中的要素进行对照分析,形成"行政过程包"的类与数据库要素的对应关系(见表 8.16)。将数据库要素的字段根据类的纵向继承关系进行提取和整理,形成"行政过程包"的属性设定方案(见表 8.17)。将"行政过程包"类的横向关联类进行整理,形成行政过程包的关联表(见表 8.18)。有以下几点说明:(1)"行政过程包"的类尽量采用不动产登记数据库的过程数据表。(2)规划和税收管理的过程表可以复用不动产登记数据表的尽量复用。(3)由于作者没有检索到规划和税收管理的数据库标准,所以对于不能复用的,作者通过收集国家主管机构出台的规划和税收管理相应的表式设置相应的属性。

表 8.16 行政过程包(Administrative Process Package)的类与数据库要素的对应关系

类		数据库要素	
名称	类型	名称	类型
Process	虚类	无	无
CN_AppForm	虚类	无	无
CN_RealAppForm	实类	不动产登记申请	实要素
CN_PlanAppForm	实类	规划申请	实要素
CN_TaxAppForm	虚类	无	无
CN_TaxPerForm	实类	个人税收登记申请	实要素
CN_TaxOrgForm	实类	单位税收登记申请	实要素
CN_EntrustForm	实类	嘱托	实要素
CN_AcceptForm	实类	受理申请	实要素
CN_ReviewForm	实类	审核	实要素
CN_PublishForm	实类	公示	实要素
CN_RatifiedBill	实类	税额核定	实要素
CN_TaxPayment	实类	完税证明	实要素
CN_ProduceCertification	实类	缮证	实要素
CN_DeliverCertification	实类	发证	实要素
CN_Archive	实类	归档	实要素
CN_Applicant	实类	申请人	实要素

表 8.17 行政过程包(Administrative Process Package)的类属性设置表

类编码	类名	属性
APP-1	CN_Process	bsm(标识码,long),ywh(业务号,String),ysdm(要素代码,String),bz(备注,String)
APP-1.1	CN_AppForm	sqlb(申请类别,String)
App-1.1.1	CN_Real AppForm	zl(坐落,String),bdcdyh(不动产单元号,String),bdclx(不动产类型,String),mj(面积,float),yt(用途,String),原不动产权证书号(ybdcqzsh,String),bdbzqse(被担保债权数额,float),zwlxqx(债务履行期限,String),zjjzwdyfw(在建建筑物抵押范围,String),xydzl(需役地坐落,String),xydbdcdyh(需役地不动产单元号,String),djyy(登记原因,String)
APP-1.1.2	CN_Plan AppForm	xm(姓名,String),xb(性别,String),sfzh(身份证号,String),jtzz(家庭住址,String),sqly(申请理由,String),mj(面积,float),fjzdmj(房基占地面积,float),dz(东至,String),nz(南至,String),xz(西至,String),bz(北至,String),zfjzmj(住房建筑面积),jzcs(建筑层数,int),jzgd(建筑高度,float),jsdw(建设单位,String),jsxmmc(建设项目名称,String),jswz(建设位置,String),jsgm(建设规模,String)
APP-1.1.3	CN_TaxAppForm	同 TVP-1,CN_TaxParty
APP-1.1.3.1	CN_TaxPerForm	同 TVP-1.1,CN_TaxPerson
APP-1.1.3.2	CN_TaxOrgForm	同 TVP-1.2,CN_TaxOrganization
APP-1.2	CN_EntrustForm	cfjg(查封机关,String),cflx(查封类型,String),cfwj(查封文件,String),cfwh(查封文号,String),cfqssj(查封起始时间,Date),cfjssj(查封结束时间,Date),cffw(查封范围,String),jfjg(解封机关,String),jfwj(解封文件,String),jfwh(解封文号,String)

续表

类编码	类名	属性
APP-1.3	CN_AcceptForm	djdl（登记大类，String），djxl（登记小类，String），sqzsbs（申请证书版式，String），sqfbcz（申请分别持证，Boolean），qxdm（区县代码，String），slry（受理人员，String），slsj（受理时间，Date），zl（坐落，String），tzrxm（通知人姓名，String），tzfs（通知方式，String），tzrdh（通知人电话，String），tzryddh（通知人移动电话，String），tzrdzyj（通知人电子邮件，String），sfwtaj（是否问题案件，Boolean），jssj（结束时间，Date），ajzt（案件状态，String）
APP-1.4	CN_ReviewForm	jdmc（节点名称，String），sxh（顺序号，int），shryxm（审核人员姓名，String），shkssj（审核开始时间，Date），shjssj（审核结束时间，Date），shyj（审核意见，String），czjg（操作结果，String）
APP-1.5	CN_PublishForm	gssj（公示时间，Date），gsdd（公示地点，String），jsdw（建设单位，String），jsxmmc（建设项目名称，String），jswz（建设位置，String），jsgm（建设规模，String）
APP-1.6	CN_RatifiedBill	jsjs（计税基数，float），sl（税率，float），jzse（计征税额，float），jmxzdm（减免性质代码，String），jmse（减免税额，float），ynse（应纳税额，float）
APP-1.7	CN_TaxPayment	nsrsbh（纳税人识别号，String），nsrmc（纳税人名称，String），sz（税种，String），pmmc（品目名称，String），skssq（税款所属时期，String），rksj（入库时间，Date），sjje（实缴金额，float），tfrq（填发日期，Date），swjg（税务机关，String）
APP-1.8	CN_Produce Certification	szmc（缮证名称，String），szzh（缮证证号，String），ysxlh（印刷序列号，String），szry（缮证人员，String），szsj（缮证时间，Date）
APP-1.9	CN_Deliver Certification	fzry（发证人员，String），fzsj（发证时间，Date），fzmc（发证名称，String），fzsl（发证数量，int），hfzsh（核发证书号，String），lzrxm（领证人姓名，String），lzrzjlb（领证人证件类别，String），lzrzjh（领证人证件号，String），lzrdh（领证人电话，String），lzrdz（领证人地址，String），lzryb（领证人邮编，String）

续表

类编码	类名	属性
APP-1.10	CN_Archive	djdl（登记大类，String），djxl（登记小类，String），zl（坐落，String），qzhm（权证号码，String），wjjs（文件件数，int），zys（总页数，int），dah（档案号，String），gdry（归档人员，String），gdsj（归档时间，Date）
APP-2	CN_Applicant注2	qlrmc（权利人名称），qlrzjzl（权利人证件种类），qlrzjh（权利人证件号），qlrtxdz（权利人通讯地址），qlryb（权利人邮编），qlrfrmc（权利人法人名称），qlrfrdh（权利人法人电话），qlrdlrmc（权利人代理人名称），qlrdlrdh（权利人代理人电话），qlrdljg（权利人代理机构），ywrmc（义务人名称），ywrzjzl（义务人证件种类），ywrzjh（义务人证件号），ywrtxdz（义务人通讯地址），ywryb（义务人邮编），ywrfrmc（义务人法人名称），ywrfrdh（义务人法人电话），ywrdlrmc（义务人代理人名称），ywrdlrdh（义务人代理人电话），ywrdljg（义务人代理机构）

注：1. 本表属性列中的 int、long、float、String 和 Date 数据类型是 Java 语言的内置数据类型，分别表示整型、长整型、单精度浮点型、字符串型和日期型。2. 列于本表中的 CN_Applicant 属性都为 String 值，所以本书对此进行了省略。

表 8.18　行政过程包（Administrative Process Package）的类联系

类1	类2	联系名	角色1	角色2	多样性1	多样性2
CN_Process	LA_RRR	pRRR	process	rrr	1	0..*

"行政过程"（CN_Process）ORM 源码见清单 8.31。"申请表"（CN_AppForm）、"税务登记申请表"（CN_TaxAppForm）与"行政过程"（CN_Process）代码相似，此处省略。"不动产登记申请表"（CN_RealAppForm）的 ORM 源码见清单 8.32，"行政过程包"（Administrative Process Package）的"规划申请表"（CN_PlanAppForm）等实类与"不动产登记申请表"（CN_RealAppForm）的代码结构相似，此处全部予以省略。

源码清单 8.31　行政过程(CN_Process)ORM 源码

```
@Data
@MappedSuperclass
public class CN_Process extends Versionedobject{
    @Transient
    LA_RRR rrr;
    @ID
    @GeneratedValue(strategy = GenerationType.IDENTITY)
    private long bsm; //标识码
    private String ywh; //业务号
    //以下属性省略
    }
```

源码清单 8.32　不动产登记申请表(CN_ RealAppForm)ORM 源码

```
@Entity
@Data
@Table(name="BDCDJSQ") //不动产登记申请
public class CN_RealAppForm extends CN_AppForm{
    private String zl; //坐落
    private String bdcdyh; //不动产单元号
    //以下属性省略
    }
```

8.4　动态模型的原型实现

8.4.1　技术路径

国内较早就有研究人员探索集成工作流引擎系统与地理信息系统的方法,提高地籍管理(土地登记)的办公自动化水平(何江斌,2004;张晓东等,2004)。这种集成方法在后来的研究中得到了延续和深化(邱海泉,2016;喻成林、宋韦剑,2012)。还有研究人员把工作流引擎系统和地理信息系统的有机集成方法推广到国土资源的电子政务系统，证明了这种开发方式具有更广泛的适用性（孙亚琴等，2008；李钢等，2007）。但这些研究目前还停留在较早时期的工作流标记语言，动态模型的可移植能力不够强。本书应用国际工业界广泛使用的 BPMN 2.0 标记语言来实现农村集体建设用地管理的动态模型。这条技术路径有两个方面的优势：一是可移植性强。本书开发的动态模型可以在遵守 BPMN 2.0 标准的工作流引擎中广泛使用，比如 Activiti 6.X 和 JBPM。二是开发速度快。使用基于 BPMN 2.0 标准的工作流编辑器可以快速地将 UML 的活动图转换成 BPMN 2.0 模型。本书在 Enterprise Architecture 13 中将农村集体建设用地管理动态模型的活动图转换成 BPMN 2.0 模型，经过检查无误后导入 Activiti 6.X 中进行测试。经过现场测试，发现模型具有良好的适用性。需要说明的是，BPMN 2.0 模型包括描述图形和 XML 文档两部分。本书展示的是 BPMN 2.0 模型描述图形部分，导入 Activiti 6.X 的是 XML 文档。

8.4.2　权属管理

根据权属管理的活动图模型，需要转换成 BPMN 的登记类型包括依申请登记、依嘱托登记和依职权登记等三类。需要在 BPMN 模型中传递登记类型和业务号等流程参数，为人工任务和脚本任务有条件地处理不动产权利人、不动产权利和不动产单元等信息提供关键控制参数。依申请登记的 BPMN 模型见图 8.2。依申请登记可能涉及的登记类型包括首次登记、变更登记、转移登记、注销登记、更正登记、异议登记和预告登记等。依嘱托登记的 BPMN 模型见图 8.3。依嘱托登记可能涉及的登记类型包括变更登记、转移登记、注销登记和查封登记等。依职权登记的 BPMN 模型见图 8.4。依职权登记可能涉及的登记类型包括注销登记和更正登记。需要说明的是，由于审核涉及的控制十分复杂，所以本书将审核设计成子流程，依申请登记、依嘱托登记和依职权登记可以复用该子流程。在模型的设计中,充分地增加流程执行动态信息,以便让申请人能够动态透明地追踪登记的实施进度。

8.4.3 用途管理

将用途管理的活动模型转换成 BPMN 模型,见图 8.5。由于实务中的用途管理十分复杂,本书对此进行了适当简化。需要在 BPMN 模型中传递规划类型和业务号等流程参数,为人工任务和脚本任务有条件地处理空间权利人、空间权和规划单元等信息提供关键控制参数。BPMN 模型中涉及的空间规划类型包括土地利用规划、村庄规划(城乡规划)和国土空间规划。

8.4.4 价值管理

根据价值管理的活动模型,需要转换成 BPMN 的业务类型包括税务登记(见图 8.6)、清算申报(见图 8.7)和缴纳税款(见图 8.8)等三类。需要在 BPMN 模型中传递登记类型、税收类型和业务号等流程参数,为人工任务和脚本任务有条件地处理纳税人、纳税义务和价值单元等信息提供关键控制参数。税务登记的类型包括开业登记、变更登记、停业登记、复业登记、注销登记和外出经营报验登记等。税收类型包括土地增值税和契税等。

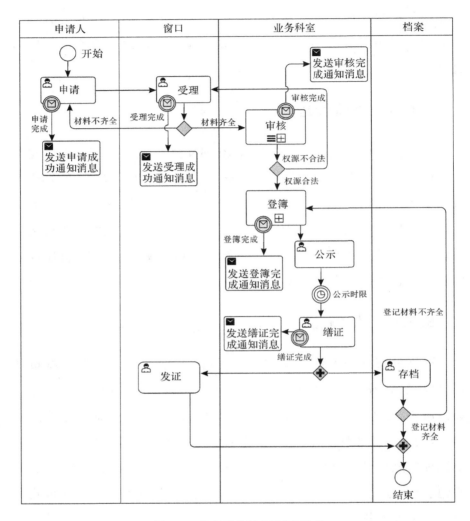

图 8.2 依申请登记 BPMN 模型

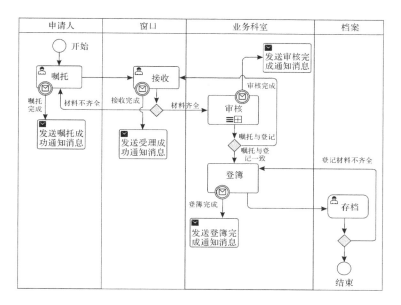

图 8.3 依嘱托登记 BPMN 模型

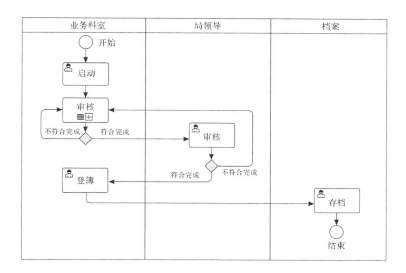

图 8.4 依职权登记 BPMN 模型

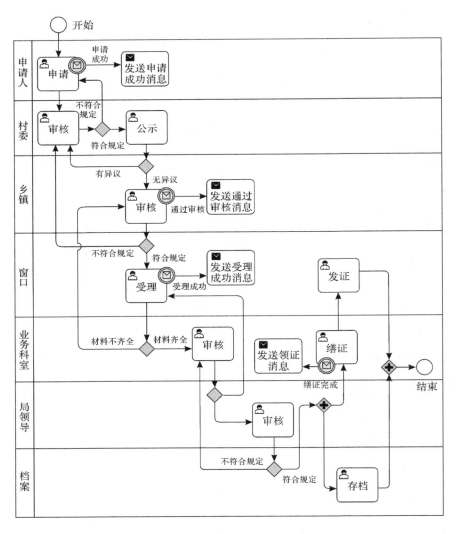

图 8.5　土地用途管理 BPMN 模型

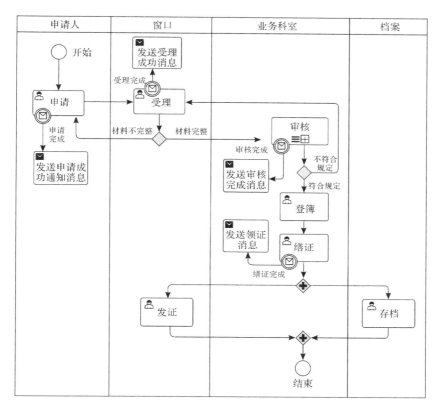

图 8.6 税务登记 BPMN 模型

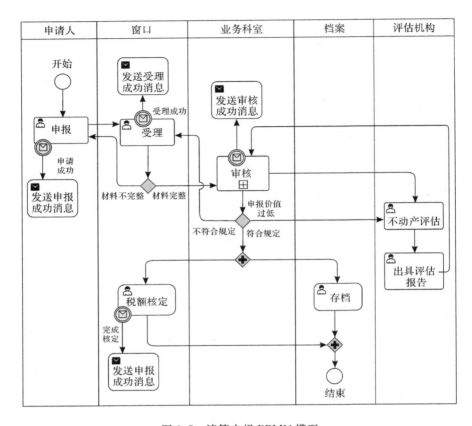

图 8.7 清算申报 BPMN 模型

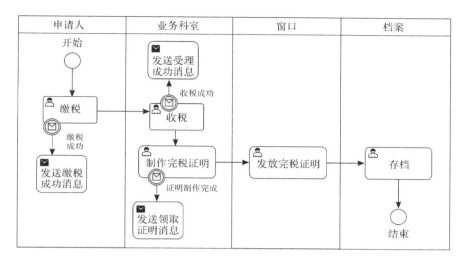

图 8.8　缴纳税款 BPMN 模型

8.5　概念模型回应性检验

设计五分制的调查问卷,对概念模型的需求回应性进行调查。调查对象为管理人员和被管理人员。其中,向管理人员发放问卷 50 份,回收有效问卷 32 份;向被管理人员发放问卷 150 份,回收有效问卷 137 份。调查结果显示,管理人员和被管理人员大多数认为实验原型较好地回应了管理需求。

8.5.1　工作需求

农村集体建设用地管理模型的工作需求回应性评价结果见表 8.19。

表 8.19　概念模型工作需求回应性检验

编码	需求	内容	回应性
WR1	合法	模型的内容符合法律的要求,模型的流程符合法律的要求,模型的运行结果具有法律效力	4.8
WR2	安全	模型数据能有效保护权利人的财产安全,有效保障交易双方的资金安全,为裁决财产和交易纠纷提供有力的法律证据	4.2
WR3	高效	模型的运行简单高效,充分应用计算机和互联网技术,减少申请人现场办公和往来交通的时间。实现"最多跑一次"的网上行政服务的目标,提供办理事项在互联网上完成的信息化条件,申请材料和补件材料可以在网上提交	4.6
WR4	透明	模型的内容透明公开,行政审批的结果向社会公开,涉及私人保密信息的,利益相关人可通过法定程序查询。申请事项的审批进度,实时向申请人反馈	4.7
WR5	公平	模型的内容和程序应公平对待每一位申请人,平等地保护每一位申请人的合法权益	4.6
WR6	规范	模型符合国家颁布的制度规定和技术规范	4.8
WR7	低成本	模型的开发实施符合农村实际,系统的运行成本能够为农村社会所负担	4.1
WR8	支持改革	模型可以适应土地改革试点和未来的制度改革,为土地改革提供管理工具	4.5

8.5.2　技术需求

农村集体建设用地管理概念模型技术需求的回应性评价结果见表 8.20。

表 8.20　概念模型技术需求回应性检验

编码	需求	内容	回应性
TR1	统一的登记簿	分散的各种类不动产登记簿被集成到全国统一的不动产登记簿	4.8
TR2	统一的业务流程	将原来各个部门不同的登记(审批)流程集成到统一规范的登记(审批)流程	3.9
TR3	统一的信息平台	将原有分散的登记(审批)信息平台集成到全国统一的"一张图"管理信息平台	4.6
TR4	统一的主体编码	个人和组织身份信息的编码符合制度规定。个人使用统一的身份证号码或护照号码。组织使用统一的社会信用代码。主体信息可以与公安部门的个人身份数据交互,也可以与市场监督、民政等部门的组织机构登记数据交互	4.7
TR5	产权法定	所有产权都必须有法律依据。私权由物权法规定,公权由行政法或税法规定	4.7
TR6	客体划界与确权符合现有技术规范	产权客体的定界和裁定应当遵守土地和房屋测绘的技术规范	4.2
TR7	权源资料统一规范	所有权和使用权的权源文书要符合法律规定。集体所有权是土地改革期间颁发的权利证书。使用权遵循以出让合同或行政审批为基础的各种行政文件,如出让合同、划拨决定书和行政决定书等	4.2

9. 研究结论与政策含义

本章的任务是简要回顾绪论中提出的研究问题和对此问题得到的研究结果,完成科学研究的逻辑闭环。基于研究结论,提出研究成果的应用方向。第 9.1 节在回顾研究问题的基础上,形成本书的研究结论,讨论本书存在的不足和未来进一步的研究计划。第 9.2 节根据本书的研究发现,提出如何在管理实践中应用本书的研究成果。

9.1 研究结论与未来计划

9.1.1 研究结论

在评述研究背景的基础上,本书提出的研究目标是:揭示农村集体建设用地管理系统的构成要素、组成结构和动态变化等动力学机理,在现行法律法规和技术规范的约束下,应用地理信息科学的系统论研究范式和面向对象设计方法,提出符合国际地理信息标准 LADM 规范要求、适合我国农村建设用地管理实际需要的概念模型。为了实现上述研究目标,本书提出了三个研究问题。本章将根据研究结果回应这三个研究问题。

问题一:我国农村集体建设用地管理制度经历了什么样的历史变化?为什么发生了这样的变化?

　　为了回答问题一,本书对农村集体建设用地管理制度的历史变迁开展了描述性和解释性相结合的研究。本书在国家治理和制度变迁理论的基石上,构造了"中央—地方—个体"互动共演的制度变迁模型,对新中国成立以来农村集体建设用地的制度史展开了理论分析。通过理论分析,本书揭示了国家治理结构与制度变迁方式的因果关系:(1)不同的国家治理结构引起不同的制度变迁方式。当统治风险上升时,中央政府上收国家治理控制权。当统治风险下降时,中央政府下放国家治理控制权。中央政府的收权和放权行为,引起国家治理结构的改变,相应地引起制度变迁方式的变化。(2)集中制引起从上至下型的制度变迁方式。在集中制的条件下,务实型的社会主义意识形态产生高效率的产权制度,理想型的社会主义意识形态产生低效率的产权制度。(3)发包制引起中间扩散型的制度变迁方式。在发包制的条件下,地方政府是创造有效率的产权制度的推动者,但具有偏离统治目标、形成统治风险的行为倾向。(4)分散制引起从下至上型的制度变迁方式。在分散制的条件下,市场个体是创造有效率的产权制度的推动者,但具有偏离统治目标、形成统治风险的行为倾向。

　　将新中国成立后历史划分为四个历史阶段,分阶段检验前文提出的学术假说。(1)第一阶段的国家治理结构是集中制,制度变迁方式是从上到下型。中央决策层务实的社会主义意识形态指导产生了符合国情的土地政策。中央政府制定土地农民所有的政策,地方政府落实土地政策,农民实现了平等拥有土地的愿望。这些制度对于改善人民的居住和生活状况发挥了重要作用,土地制度取得了良好的治理绩效。(2)第二阶段的国家治理结构是集中制,制度变迁方式是从上到下型。中央决策层激进的社会主义意识形态脱离了中国农村实际。中央政府制定了集体所有和集体经营的土地政策,地方政府机械地执行中央制定的政策,个体采取各种措施对中央的政策进行软抵制。这些土地制度对农村人居环境建设缺乏引导作用,农村人居环境长期处于维持现状甚至退步的状况,土地制度形成了较差的治理绩效。

（3）第三阶段的国家治理结构是分散制，制度变迁方式是从下到上型。中央决策层务实的社会主义意识形态有利于将人民的意愿逐步上升为党的政策和国家的法律。中央决策层逐步承认农民的智慧创造，最终建立了权利较为充分的农村土地使用制度。这些制度改善了农民的居住条件和环境，但也导致了粮食安全问题。（4）第四阶段的国家治理结构是发包制，制度变迁方式是中间扩散型。中央政府为了降低统治风险，采取严格措施控制耕地流失和建设用地扩张，最终建立了权利较小的土地使用制度。地方政府为了推进城镇化和工业化，推动宅基地发展权转移等制度创新。农民改进美好生活的愿望得不到制度回应，农村集体建设用地管理处于失序状态。四个历史阶段的经验研究表明，本书提出的理论假说具有经验基础，揭示了我国农村集体建设用地制度变迁的因果机理。

问题二：我国农村集体建设用地管理有什么法律和技术约束？这些约束是如何构成的？

为了回答问题二，本书对农村集体建设用地管理的法律和技术约束开展了专门的调查和分析。法律约束方面，本书在土地管理范式和"人—权—地"理论的基础上，对土地权属、土地用途和土地价值管理的"人—权—地—事"关系结构进行了系统研究。第一，土地权属管理方面，权利主体和权利义务受到种种限制，权利客体界定模糊不清，登记程序统一透明。权利主体受到限制，土地所有权人限定为农村集体经济组织成员，宅基地使用权人限定为农村集体组织成员，经营性建设用地使用权人可以是合法的城乡市场主体。土地权利受到限制，集体土地所有权不可以上市交易，宅基地使用权的交换范围限制在农村集体经济组织，经营性建设用地使用权向全社会开放。权利客体由于历史的原因，界定得不够充分，存在模糊不清的状况。农民实际占用土地与合法用地之间存在一定差距，房屋的权属界定工作进度较为缓慢。不动产登记的统一流程为集体建设用地权属登记提供了规范统一的法律过程。第二，土地用途管理方面，权利主体和权利义务受到限制,权利客体界定得比较清晰,管理程序较为复杂。我国政府采用了"地之编成主义"进行土地用途管制。土地利用规划的关注点在于农用地保护和建设用地控制,城乡规划的关注点在于人居环境的建设,两种规划都通过划定空间分区实现对土地用途和开发方式的限制。农业农村主管部门和自然资源主管部门的协作,产生了统一规范的用途许可(用地审批)行政过程。第三,土地价值管理方面,权利主体和权利义务受到限制,权利客体界定得比较清晰,管理程序较为规范。我国政府采用了"人之编成主义"进行土地价值管理。权利主体方面,税务部门对纳税人进行严格规范的税务登记管理。权利义务方面,法律法规对纳税对象、核算方法、税率、减免政策等进行了严格规范,并进行登记管理。权利客体方面,限定为不动产登记簿上的土地和房产。法律法规对征(缴)税的行政过程做出了统一规范。

技术约束方面,本书对土地权属、土地用途和土地价值管理的技术规范进行了系统的检索和解析。第一,土地权属管理方面,技术要素和结构比较完整和规范。系统完整的技术规范为建设数据库数据结构提供了坚实的技术基础。本书对不动产登记数据库标识的不动产权利人、不动产权利、不动产单元、不动产登记过程的数据结构进行了结构化解析,揭示了数据库表间的语义逻辑关系。另外,本书还对不动产单元的划分与编码方法进行了结构化解析,为不动产单元的建模提供了技术依据。第二,土地用途管理方面,技术要素和结构残缺不全。技术规范侧重于土地利用规划和城乡规划的编制,土地用途管制的技术规范没有得到应有的重视。土地利用规划虽然有数据库标准,但缺少用地审批的数据规范。本书在参考不动产登记数据库数据标准的基础上,对土地用途管理的数据库规范提出了建议方案。该技术方案参考了用地审批和用途许可的示范表式。第三,土地价值管理方面,技术要素和结构要素残缺不全。我国目前缺少土地价值管理的数据库技术规范。本书通过搜集税务管理部门在税务登记和征(缴)税过程的示范表式来构建土地价值管理的数据库结构。此外,本书结构化解析了建设用地和农用地定级和估价技术规范,为构建估价模型提供技术依据。

问题三:我国农村集体建设用地管理系统的组成要素是什么? 组成要素是如何相互作用的? 组成要素是如何动态变化的?

为了回答问题三,本书构建了农村集体建设用地管理的概念模型。本书一方面注重遵守我国农村集体建设用地管理的制度和技术约束,另一方面注重接轨 LADM 新的学术研究成果。在概念模型的架构上,分为静态模型和动态模型两个部分。

第一,静态模型揭示了土地权属、土地用途和土地价值管理的"人—权—地"组成要素和结构关系,刻画了土地权属、土地用途和土地价值管理的法律关系。(1)土地权属管理包含"权利人包"(Party Package)、"行政包"(Administrative Package)和"空间单元包"(Spatial Unit Package)。"权利人"(LA_Party)、"权利责任限制"(LA_RRR)和"空间单元"(LA_SpatialUnit)是包与包之间形成关联关系的核心类。(2)土地用途管理包含"空间规划包"(Spatial Planning Package)。"用途管制"(CN_SpatialRegulation)和"规划单元"(CN_PlanningUnit)是形成关联关系的关键类。权利主体方面复用"权利人包"(Party Package)。(3)土地价值管理包含"税收评估包"(Taxation and Valuation Package)。"纳税人"(FM_Party)、"税收"(FM_Taxation)、"估价"(FM_Valuation)和"价值单元"(FM_FisUnit)是形成关联关系的核心类。

第二,动态模型揭示了农村集体建设用地管理系统动态变化的动力学机理,刻画了土地权属、土地用途和土地价值管理的行政过程。(1)土地权属管理覆盖了依申请登记、依嘱托登记和依职权登记的行政管理过程。(2)土地用途管理覆盖了土地利用规划和城乡规划的规划许可(用地审批)的行政管理过程。(3)土地价值管理覆盖了税务登记、清算申报及缴纳税款的行政管理过程。(4)"行政过程包"(Administrative Process Package)主要包括土地权属、土地用途和土地价值管理的行政过程信息。

9.1.2　研究可能的创新

LADM 是目前国际土地管理科学学术活动的焦点。LADM 学术社群非常活跃,取得了丰富的研究成果(Paulsson 和 Paasch,2015)。这个学术社群积极参与国际测量师协会、世界银行和联合国等国际组织的学术活动,对国际土地问题研究产生了重要的学术影响(Lemmen et al.,2015)。本书是 LADM 学术社群内首次对农村地区的土地管理进行的系统性概念建模。本书的概念模型,既涵盖了土地权属、土地用途和土地价值等要素,又涵盖了系统的静态和动态领域。因此,本书在研究的创新性方面做到了全面追踪 LADM 研究的国际前沿。本书的概念模型符合国际统一的语义标准,全面揭示了农村集体建设用地管理系统的构成要素、组织结构和动态变化等动力学机理,可以让国际同行更好地理解中国农村集体建设用地制度。本书的概念模型符合中国法律法规和技术规范,可以用于指导中国农村集体建设用地管理系统的建设,为实现土地善治提供政策工具。LADM 研究的学术领头人 Lemmen 和 Van Oosterom 强调,目前 LADM 研究在规划管理、价值管理和动态管理建模等方面仍然比较薄弱,需要组织学术力量予以重点突破(Lemmen et al.,2019,2018)。本书响应了这些领衔科学家给出的学术指引,在一定程度上填补了这些方面的研究不足。

(1)深化了 LADM 领域土地用途管理概念模型的研究。虽然国际著名学者 Williamson et al.(2010)、Dale 和 Mclaughlin(1999)早已指出,土地管理应该包括土地权属、土地用途和土地价值等领域,但 LADM 目前的研究范围局限在土地权属领域。Lemmen et al.(2018)提出,随着 LADM 研究的深入和成熟,应将研究范围扩大到规划管理。随后,Lemmen et al.(2019)提出了规划管理概念模型的初步框架。但目前 LADM 学术社群还没有开展相关的经验研究。本书在 Lemmen et al.(2019)提出的初步框架基础上,开展了中国农村集体建设用地规划管理的概念建模,填补了该领域经验研究的不足。Lemmen et al.(2019)对规划管理提出的初步框架,主要是对规划单元进行概念建模。本书对这个模型框架做了重要补充,把权利人取得的土地利用规划、城乡规划和国土空间规划的空间权利进行了概念建模,对这个领域的研究做出了重要推进,为该领域的研究者提供了重要参考。

(2)深化了 LADM 领域土地价值管理概念模型的研究。Çagdas et al.(2016)识别了 LADM 研究中价值管理概念建模的不足,根据土耳其的国情提出了土地税收和土地估价的初步概念模型。Kara et al.(2017)全面梳理了国际估价标准,提出符合国际标准的土地税收和土地估价概念模型。随后,在土耳其、荷兰和捷克开展了经验研究(Janouskova 和 Sobotovicova,2019;Kara et al.,2019,2018a)。但目前这个领域的研究,估价模型只考虑了小尺度地理估价因素,没有考虑大尺度地理估价因素。税收模型只考虑了保有环节的税收要素,没有考虑流转环节的税收要素。本书弥补了上述不足。在基于农用地和建设用地估价标准(或技术指南)的基础上,把大尺度地理估价因素纳入估价概念模型。在土地增值税和契税的标准表式的基础上,把流转环节的税务登记和税务清算纳入概念模型。本书上述两个方面的努力是对土地税收和土地估价模型研究的重要深化和补充。

(3)深化了 LADM 领域管理过程的动态建模研究。Lemmen et al.(2019)指出目前 LADM 的研究局限在静态模型的分析和设计上,加强动态模型的构建是未来 LADM 研究的重点。未来动态模型的分析,主要采用用例图和活动图分析土地管理的各类活动,区块链技术可以成为动态模型未来重要的实现技术。虽然 Zevenbergen et al.(2007)对瑞典等多个欧洲国家的土地交易过程进行了比较分析,并且用活动图刻画了土地交易的主要行政过程,但动态模型的研究总体上不够充分(Lemmen et al.，2018)。本书对上述研究不足做了重要补充。本书对农村集体建设用地的权属管理、用途管理和价值管理的行政过程，分别使用用例图、活动图、协作图和 BPMN 图进行了系统的分析和展示。本书动态模型的研究是 LADM 动态模型研究方面的重要经验研究，特别是在土地用途和价值管理的动态模型方面，目前国际上没有开展过实地经验研究，本书是这个领域的首次经验研究。

9.1.3 研究存在的不足

(1)实证检验的村庄类型还不够丰富。限于研究开展的时间限制和管理数据的敏感性，本书在浙江省内有重点地选择了一个有代表性的县(杭州市桐庐县)和三个行政村(桐君街道浮桥埠村、江南镇环溪村和百江镇翰坂村)作为实证检验的样本。实证检验表明，本书得出的概念模型可以适用于当地的农村集体建设用地管理的实际需要。虽然实证研究部分的村庄类型覆盖了城中村、近郊村和远郊村，但检验样本数量有限，村庄的类型还不够丰富。所以，本书得出的研究结论虽然有一定的说服力，但在概念模型适用的可重复性检验方面实施得还不够充分，需要在后续研究中予以加强。

(2)土地管理的法律约束尚不稳定。我国农村集体建设用地管理制度正处于改革进行时，许多制度规定正处于修订和未来将被修订(制定)的状态。虽然本书在概念模型的设计中注重了弹性设计的理念，为法律约束的调整预留了空间，但本书的研究成果，仍然需要根据相关法律的修订而适时进行修改完善。

9.1.4 未来研究计划

笔者计划在后续的研究中，在以下几个方面进行深化。

(1)对更多类型的村庄检验概念模型的适用性研究。限于时间紧张和数据敏感，本书的实证检验开展得还不够充分。笔者计划在日后的研究中，更充分地与自然资源主管部门合作，特别是与开展农村土地制度改革的试点地区合作，加强概念模型适用性的检验和进一步改进概念模型。

（2）根据法律法规的制定进程对概念模型进行适时修正。笔者将紧密跟踪农村集体建设用地有关法律法规的修订进程，并根据法律和技术约束的调整情况，修改本书的概念模型。

（3）加强房地一体三维概念模型研究。本书聚焦农村集体建设用地的权利管理，搁置了农村集体建设用地房体一体三维地籍建模方面的研究。无论是从国际 LADM 的学术研究动向来看，还是从主管部门的管理需求来看，农村集体建设用地房体一体三维地籍研究具有较强的学术价值和实务价值。所以，在未来的研究中，笔者将加强此领域的研究。

（4）将概念模型逐步扩展到农村的农业地区和生态地区。在完成农村集体建设用地的概念模型构建之后，笔者将扩大本书概念模型的覆盖范围。近期，将重点梳理乡村农用地和生态用地管理的制度和技术约束，建构农用地和生态用地管理的概念模型。笔者计划通过持续若干年的努力，建构起自然资源管理的统一概念模型。

9.2　政策含义

9.2.1　完善治理体系

（1）在控制社会风险的前提下对农村集体建设用地实行更加充分的放权让利

中国是一个地广人众的巨型国家，历来国家治理采用的是"中央—地方—个体"不完全契约的治理机制。中央政府既是国家大政方针的决策者,也是国家系统风险的承受者。所以,中央政府是制度绩效的最终决定者。中央政府对控制权的配置对于国家功能的运转具有决定性的作用。中央的控制权包括目标决定权、监督检查权、奖励惩罚权和组织人事权等。这些权力如何在中央与地方配置,如何回应民众对于正义和效率的诉求,是治理体系取得成功的关键。农村集体建设用地的制度建设,关键取决于控制权如何在"中央—地方—个体"三层体系中进行有效配置。中央政府应在控制治理风险的前提下,向地方政府和社会个体充分放权。通过土地行政审批体系改革,更充分地将农村集体建设用地管理的监督检查权和奖励惩罚权下沉到基层政府,赋予地方政府对于农村集体建设用地更加完整的权属管理、用途管理和价值管理的职能和责任,提高行政管理体系的效能。在《土地管理法(2019)》对集体经营性建设用地使用权赋予了充分的流转和抵押的权能之后,应在社会风险可控的条件下,进一步推动宅基地三权分置改革,赋予农村宅基地和农村住房更充分的财产权,让农民从土地要素中获得更多的财产性收入。

(2)以"地方试点"的方式推动更有利于乡村振兴的农村集体建设用地制度创新

诱致性制度变迁与强制性制度变迁的良性互动,对于形成促进经济增长的制度安排具有至关重要的作用。将人民群众在实际生活中反复检验有效的智慧创造,逐步上升为党的政策和国家的法律,是改革开放以来制度建设的基本经验。尊重农民的首创精神,运用法律逻辑重新表达非正式制度的逻辑,推动强制性制度变迁和构建正式制度,是我国改革开放以来制度建设的基本经验。其中,"摸着石头过河"的改革试点,一直是我国协调控制社会风险和推进制度改革的关键措施。改革试点作为一种试错机制,既可以将改革的风险限制在局部地区,又可以通过优胜劣汰的机制将广泛适用的制度创新不断向外推广,直至在国家层面将非正式制度上升为正式制度。应在我国的东部、中部和西部地区更加广泛地布局和开展宅基地三权分置改革试点,更加广泛地检验三权分置政策的适用性和改革可能引起的社会风险,积累在全国层面制定宅基地三权分置的法律制度的实践经验。应在我国的东部、中部和西部地区更加广泛地布局和开展村庄规划编制和管理的试点改革,积累制定村庄规划体系法制建设的实践经验。应在东部沿海地区和中西部城郊地区布局和开展农村集体建设用地土地增值税征管的改革试点,积累制定差别化的农村集体建设用地价值管理的制度实施经验。

（3）以"实事求是"为导向营造更为包容、更有利于农村集体建设用地制度创新的社会意识形态

意识形态是节约交易费用的重要社会机制,对于强制性制度变迁的发生和正式制度的形成有着至关重要的作用。开放包容的意识形态有助于促进经济增长的正式制度的形成,而保守僵化的意识形态将不利于有效率的产权制度的生长。思想是行动的先导。在党的十一届三中全会以前,党以"解放思想、实事求是"的思想路线扫清了"两个凡是"对党的事业造成的严重危害。党的十一届三中全会以后,党始终以"解放思想、实事求是"的思想路线引领着改革开放事业。在改革开放的转折点上,党的重要领导反复强调"解放思想、大胆试错"的重要性,为改革开放营造良好的社会氛围。当前,农村集体建设用地制度改革出现了保障社会稳定和保障财产权益两种极化的声音,这种争论不利于改革的深入推进。因此,在新形势下,还是要坚持"解放思想、实事求是"的思想路线,大胆地试、大胆地闯,根据改革试点的实际经验,协调好农村集体建设用地的保障功能和财产功能。在意识形态的引导上,既要坚持农村集体建设用地初始取得的公平与正义,又要坚持继受取得的效率与法治,在保持农村社会稳定的条件下促进农村由传统封闭的熟人社会转向现代开放的法治社会。

9.2.2　改进技术体系

(1)完善农村集体建设用地的不动产登记技术标准

目前,虽然农村集体建设用地权属管理已经有了村庄地籍和农房权属的调查技术规范,也有了不动产登记的操作规范和数据库标准。但是,总体来说农村集体建设用地权属管理技术体系的研究还是不够深入,没有考虑到农村集体建设用地权属的实际需要,不符合农村土地的使用特点。比如说,村庄地籍的调查技术规范参照的是城镇地籍的调查技术规范,农房的权属调查技术规范参照的是城镇商品房的权属调查技术规范,农村集体建设用地的不动产登记操作规范和数据库标准参照的是城市建设用地的不动产登记操作规范和数据库标准。为了深化农村集体建设用地的确权登记,需要根据农村集体建设用地的特点,完善农村集体建设用地的不动产登记技术标准。一是贯彻"经济适用"的原则,根据不同地区的经济发展水平,形成差异化的村庄地籍和农房权属的调查技术规范。权属调查方法的采用,一方面要考虑财产的经济价值,另一方面要考虑调查的经济成本。技术方法的采用要有利于可持续地更新权籍数据,要有利于可持续地支持权属管理系统的正常运行。二是按"人—权—地—事"的理论架构,调整和完善农村集体建设用地登记数据库的技术规范。目前的不动产登记数据库标准,还存在着"人—权—地—事"要素划分混乱的情况。比如,把属于"权"要素的项目划分到"地"要素上去,把属于"人"要素的项目划分到"事"要素上去。因此,需要按照"人—权—地—事"的理论框架,重新整理农村集体建设用地登记数据库的登记事项,形成更为科学合理的数据结构。

(2)建设农村集体建设用地的空间规划用途管制技术标准

目前,农村集体建设用地的用途管理虽然已经有了乡级土地利用规划和村庄规划的编制技术规范,乡级土地利用规划甚至还有了数据库建设的技术规范,但农村集体建设用地用途管理的技术体系重心仍然偏向空间规划的编制,而面向空间规划实施管理的技术体系还十分薄弱,不利于空间用途规划许可的规范管理。为了加强农村集体建设用地用途管理的技术水平,需要根据国土空间规划改革和立法的进程,相应地加强农村集体建设用地的空间规划用途管制技术标准的建设。一是要按照"人—权—地"的理论框架,建设乡村国土空间规划数据库标准,把编制好的土地利用规划、村庄规划和国土空间规划转换成科学规范的空间规划数据库。目前,乡级土地利用规划的数据库规范只片面着重于"地"这个单一要素,忽视了"人"和"权"两个要素的信息以及"人—权—地"的关联信息。在设计新的数据库标准时,应更加注重系统性和协调性。二是要按照"人—权—地—事"的理论框架,建设乡村空间规划许可的数据库标准。发放"农转用批文"和"乡村建设规划许可"是农村集体建设用地用途管理的重要组成内容。但目前的技术管理仍然停留在纸质化时代或数据孤岛时代。应按照"人—权—地—事"的理论框架,对用途管理的数据库结构进行整体性设计,登记和保护相关权利人的合法权益。

(3)完善农村集体建设用地价值管理数据交互的技术标准

虽然税务部门已经建立了比较完善的土地增值税和契税的数据标准,但目前农村集体建设用地的土地增值税和契税管理的技术规范参照的是城镇土地估价和税收核算的技术规范,还没有形成适合农村土地管理需要的技术体系。为规范农村集体建设用地的增值收益调节,需要加强税务部门和不动产登记部门的数据交互。而这种数据互通的技术基础就是建立统一规范的数据标准。因此,本书建议按照"人—权—地—事"的理论框架来设计农村集体建设用地价值管理的数据交互技术标准。税务部门主要负责"人""权"和"事"等要素的数据管理,不动产登记部门负责"人""权"和"地"等要素的数据管理,税务部门和不动产登记部门建立长效性的"人"和"权"的数据校正机制和数据标准。税务部门利用不动产登记部门的"地"的数据来处置税收的"权"的数据,而不动产登记部门利用税务部门的"事"的数据来处置不动产登记的"权"的数据。

参考文献

[1]鲍海君. 城乡征地增值收益分配:农民的反应与均衡路径[J]. 中国土地科学,2009,23(7):32-36.

[2]蔡立东. 宅基地使用权取得的法律结构[J]. 吉林大学社会科学学报,2007(3):141-148.

[3]蔡潇. 中国土地财政转型路径研究[D]. 杭州:浙江大学,2016.

[4]笑辉. 集体建设用地入市模式及其立法选择[J]. 理论探索,2016(2):116-122.

[5]曹昭煜,洪开荣. 基于博弈论的集体建设用地入市联盟利益分配机制研究[J]. 湖南社会科学,2015(05):143-146.

[6]曹正汉. 统治风险与地方分权:关于中国国家治理的三种理论及其比较[J]. 社会,2014,34(6):52-69.

[7]曹正汉. 中国的集权与分权:"风险论"与历史证据[J]. 社会,2017,37(3):1-45.

[8]曹正汉. 中国上下分治的治理体制及其稳定机制[J]. 社会学研究,2011,25(1):1-40.

[9]常鹏翱. 不动产登记法[M]. 北京:社会科学文献出版社,2011.

[10]陈爱雪. 基于博弈视角的农村集体建设用地流转研究[J]. 山西大学学报(哲学社会科学版),2016(6):73-78.

[11]陈柏峰. 农村宅基地限制交易的正当性[J]. 中国土地科学，2007(4):44-48.

[12]陈会广,陈利根,马秀鹏,等. 农村集体建设用地流转模式的多样化创新——基于政府与市场关系的视角[J]. 经济体制改革,2009(1):87-92.

[13]陈利根,成程. 基于农民福利的宅基地流转模式比较与路径选择[J]. 中国土地科学,2012(10):67-74.

[14]陈利根,卢吉勇. 农村集体非农建设用地为什么会发生流转[J]. 南京农业大学学报(社会科学版),2002(3):14-19.

[15]陈美球,蒋仁开,朱美英,等. 乡村振兴背景下农村产业用地政策选择——基于"乡村振兴与农村产业用地政策创新研讨会"的思考[J]. 中国土地科学,2018,32(7):90-96.

[16]陈希勇. 农村土地社会保障功能:困境及其对策分析[J]. 农村经济,2008(8):85-88.

[17]陈霄,鲍家伟. 农村宅基地抵押问题调查研究[J]. 经济纵横,2010(8):88-91.

[18]陈霄. 农民宅基地退出意愿的影响因素——基于重庆市"两翼"地区1012户农户的实证分析[J]. 中国农村观察,2012(3):26-36.

[19]陈小君,蒋省三. 宅基地使用权制度:规范解析、实践挑战及其立法回应[J]. 管理世界,2010(10):1-12.

[20]程啸. 不动产登记法研究[M]. 北京:法律出版社,2011.

[21]程雪阳. 公法视角下的中国农村土地产权制度变迁:1921—2010年[J]. 甘肃行政学院学报,2010(1):112-124.

[22]程雪阳. 土地发展权与土地增值收益的分配[J]. 法学研究,2014(5):76-97.

[23]揣小伟,黄贤金和许益林. 农村集体建设用地基准地价初步研究——以安徽省良玉村为例[J]. 经济地理,2012(2):121-126.

［24］崔建远. 物权法［M］. 北京：中国人民大学出版社，2009.

［25］崔欣. 中国农村集体建设用地使用权制度研究［D］. 北京：中国社会科学院研究生院，2011.

［26］崔宇. 集体建设用地定级估价核心技术问题探讨［J］. 中国土地科学，2013（2）：67-72.

［27］邓宏乾. 公共财政视角下的土地收益分配改革［J］. 江海学刊，2007（3）：64-69.

［28］底亚玲，郝晋珉，朱道林. 基于产权的土地征收增值收益分配探讨［J］. 农村经济，2006（12）：34-36.

［29］刁其怀. 宅基地退出：模式、问题及建议——以四川省成都市为例［J］. 农村经济，2015（12）：30-33.

［30］丁关良. 1949 年以来中国农村宅基地制度的演变［J］. 湖南农业大学学报（社会科学版），2008（4）：9-21.

［31］杜春林，张新文. 乡村公共服务供给：从"碎片化"到"整体性"［J］. 农业经济问题，2015，36（7）：9-19.

［32］杜润生. 杜润生自述：中国农村体制变革重大决策纪实［M］. 北京：人民出版社，2005.

［33］樊帆. 集体经营性建设用地流转收益分配问题研究［D］. 武汉：华中师范大学，2015.

［34］樊纲. 两种改革成本与两种改革方式［J］. 经济研究，1993（1）：3-15.

［35］范建双，虞晓芬. 浙江农村"三权"改革背景下农户宅基地空间置换意愿的影响因素［J］. 经济地理，2016（1）：135-142.

［36］房绍坤. 农民住房抵押之制度设计［J］. 法学家，2015（6）：15-24.

［37］费方域. 企业的产权分析［M］. 上海：格致出版社，上海三联书店，上海人民出版社，2009.

［38］费孝通. 论小城镇及其他［M］. 天津:天津人民出版社,1986.

［39］费孝通. 乡土中国［M］. 北京:北京大学出版社,2016.

［40］丰雷,郑文博,张明辉. 中国农地制度变迁 70 年:中央—地方—个体的互动与共演［J］. 管理世界,2019,35(9):30-48.

［41］封丽霞. 集权与分权:变动中的历史经验——以新中国成立以来的中央与地方关系处理为例［J］. 学术研究,2011(4):35-39.

［42］冯仕政. 中国国家运动的形成与变异:基于政体的整体性解释［J］. 开放时代,2011(1):73-97.

［43］冯双生,张桂文. 宅基地置换中农民权益受损问题及对策研究［J］. 农业经济问题,2013(12):31-39.

［44］弗鲁博顿,芮切特. 新制度经济学:一个交易费用分析范式［M］. 姜建强,罗云远,译. 上海:上海三联出版社,上海人民出版社,2005.

［45］高海燕,谢建良,龚四海,等. 地契 366 年［M］. 北京:法律出版社,2016.

［46］高圣平,刘守英. 集体建设用地进入市场:现实与法律困境［J］. 管理世界,2007a(3):62-72.

［47］高圣平,刘守英. 宅基地使用权初始取得制度研究［J］. 中国土地科学,2007b(2):31-37.

［48］高圣平. 农民住房财产权抵押规则的重构［J］. 政治与法律,2016(1):111-125.

［49］高艳梅,刘小玲,张效军. 农村集体建设用地市场化流转的制度解析［J］. 农村经济,2008(10):13-16.

［50］高迎春,尹君,张贵军,等. 农村集体建设用地流转模式探析［J］. 农村经济,2007(5):34-36.

［51］葛吉琦. 地籍管理［M］. 西安:西安地图出版社,2001.

[52]龚磊,张新长. 时空模型在宗地变更和历史回溯中的研究[J]. 地理信息世界,2008(1):53-57.

[53]谷春德,史彤彪. 西方法律思想史[M]. 北京:中国人民大学出版社,2000.

[54]顾汉龙,冯淑怡,张志林,等. 我国城乡建设用地增减挂钩政策与美国土地发展权转移政策的比较研究[J]. 经济地理,2015,35(6):143-148.

[55]顾湘. 农村集体建设用地流转的博弈分析与制度改进——基于地方政府与农村集体组织关系的视角[J]. 经济体制改革,2013(1):83-87.

[56]桂华,贺雪峰. 宅基地管理与物权法的适用限度[J]. 法学研究,2014(4):26-46.

[57]桂华. 项目制与农村公共品供给体制分析——以农地整治为例[J]. 政治学研究,2014(4):50-62.

[58]桂华. 制度变迁中的宅基地财产权兴起——对当前若干制度创新的评析[J]. 社会科学,2015(10):55-64.

[59]郭仁忠,应申. 三维地籍形态分析与数据表达[J]. 中国土地科学,2010,24(12):45-51.

[60]韩松. 集体建设用地市场配置的法律问题研究[J]. 中国法学,2008(3):65-85.

[61]韩松. 新农村建设中土地流转的现实问题及其对策[J]. 中国法学,2012(1):19-32.

[62]何承斌. 我国农村宅基地使用权抵押贷款的困境与出路[J]. 现代经济探讨,2014(12):70-72.

[63]何江斌. 工作流管理系统研究及其在土地登记中的应用[D]. 南京:河海大学,2004.

[64]何邕健,马健,刘洋,等. 天津小城镇建设的"华明模式"评析

[J]. 城市问题,2011(1):52-56.

[65]贺雪峰. 地权的逻辑Ⅱ:地权变革的真相与谬误[M]. 北京:东方出版社,2013.

[66]胡方芳,蒲春玲,陈前利,等. 欠发达地区农民宅基地流转意愿影响因素[J]. 中国人口·资源与环境,2014(4):116-126.

[67]胡芬,何象章. 宅基地换房利益相关者的博弈均衡分析[J]. 湖北社会科学,2015(3):148-153.

[68]胡峰. 农村宅基地流转驱动力分析[J]. 经济研究导刊,2008(9):39-40.

[69]胡建. 农村宅基地使用权抵押的立法嬗变与制度重构[J]. 南京农业大学学报(社会科学版),2015(3):93-100.

[70]胡小芳,刘凌览,张越,等. 新型城镇化中农村宅基地置换满意度研究——基于湖北省彭墩村的调查[J]. 中国土地科学,2014(12):63-70.

[71]华生. 城市化转型与土地陷阱[M]. 北京:东方出版社,2013.

[72]华生. 破解土地财政,变征地为分地——东亚地区城市化用地制度的启示[J]. 国家行政学院学报,2015(3):13-17.

[73]黄少安. 制度变迁主体角色转换假说及其对中国制度变革的解释——兼评杨瑞龙的"中间扩散型假说"和"三阶段论"[J]. 经济研究,1999(1):68-74.

[74]黄伟. 中国土地登记制度研究[D].武汉:武汉大学,2004.

[75]黄忠华,杜雪君. 农户非农化、利益唤醒与宅基地流转:基于浙江农户问卷调查和有序 Logit 模型[J]. 中国土地科学,2011(8):48-53.

[76]黄祖辉. 准确把握中国乡村振兴战略[J]. 中国农村经济,2018(4):2-12.

[77]惠献波. 农户参与农村宅基地使用权抵押贷款意愿及其影因素分析[J]. 现代经济探讨,2017(5):56-60.

[78]基于农村空心化背景的农村宅基地制度研究课题组. 城镇化过程中农村宅基地的功能重构[J]. 农村经济,2016(4):15-19.

[79]贾文珏,吴明辉,宋唯,等. 不动产登记数据模型研究[J]. 地理信息世界,2016,23(4):59-63.

[80]姜开宏. 集体土地非农流转制度变迁研究[D]. 南京:南京农业大学,2004.

[81]姜开宏,孙文华,陈江龙. 集体建设用地流转制度变迁的经济分析[J]. 中国土地科学,2005(1):34-37.

[82]蒋省三,刘守英. 土地资本化与农村工业化——广东省佛山市南海经济发展调查[J]. 管理世界,2003(11):87-97.

[83]金晓霞,刘秀华,郭岭. 农村集体建设用地流转中土地权属问题的研究[J]. 西南农业大学学报(社会科学版),2006(4):149-151.

[84]靳相木,陈阳. 土地增值收益分配研究路线及其比较[J]. 经济问题探索,2017(10):1-5.

[85]库恩. 科学革命的结构[M]. 李宝恒,纪树立,译. 上海:上海科学技术出版社,1980.

[86]科斯,王宁. 变革中国[M]. 北京:中信出版社,2013.

[87]况海涛,赵岱虹. 统一的不动产登记数据库建设思路研究[J]. 国土资源信息化,2016(2):29-31.

[88]拉坦. 诱致性制度变迁理论[A]. 科斯,等. 财产权利与制度变迁[C]. 上海:格致出版社,上海三联书店,上海人民出版社,2014.

[89]李钢,蔡先娈,尹鹏程. 基于 GIS 的市级国土资源电子政务方案探讨——以徐州市为例[J]. 中国土地科学,2007(4):65-70.

[90]李昊,常鹏翱,叶金强,等. 不动产登记程序的制度建构[M]. 北京:北京大学出版社,2005.

［91］李慧中,李明. 制度供给、财政分权与中国的农村治理［J］. 学术月刊,2011(4):68-76.

［92］李军,苏国中,倪玲. 地籍时空数据模型与宗地变更［J］. 测绘科学,2008(1):221-223.

［93］李铭,沈陈华,朱欣焰,等. 城乡一体化地籍联动变更规则及模型研究［J］. 武汉大学学报(信息科学版),2013,38(10):1253-1256.

［94］李宁,陈利根,龙开胜. 农村宅基地产权制度研究——不完全产权与主体行为关系的分析视角［J］. 公共管理学报,2014(1):39-54.

［95］李文谦,董祚继. 质疑限制农村宅基地流转的正当性——兼论宅基地流转试验的初步构想［J］. 中国土地科学,2009(3):55-59.

［96］李勇,杨晓军. UML 2 软件建模入门与提高［M］. 北京:清华大学出版社,2015.

［97］梁发超. 闽南地区农村宅基地退出的影响因素［J］. 西北农林科技大学学报(社会科学版),2017(1):46-52.

［98］梁慧星,陈华彬. 物权法［M］. 北京:法律出版社,2007.

［99］林超,陈泓冰. 农村宅基地流转制度改革风险评估研究［J］. 经济体制改革,2014(4):90-94.

［100］林超,谭峻. 农村宅基地制度改革研究——基于宅基地功能演变分析的视角［J］. 经济体制改革,2013(5):69-72.

［101］林毅夫,蔡昉,李周. 论中国经济改革的渐进式道路［J］. 经济研究,1993(9):3-11.

［102］林增杰,谭峻,詹长根. 地籍学［M］. 北京:科学出版社,2006.

［103］林增杰,严星,谭峻. 地籍管理［M］. 北京:中国人民大学出版社,2001.

［104］刘灵辉. 提高进城农民购房能力的有效举措——农村宅基

地退出与城市购房相挂钩[J]. 西北农林科技大学学报(社会科学版), 2017(5):1-6.

[105]刘庆乐. 农户宅基地使用权退出价格形成机制探究[J]. 中国人口·资源与环境,2017(2):170-176.

[106]刘守英,熊雪锋. 经济结构变革、村庄转型与宅基地制度变迁——四川省泸县宅基地制度改革案例研究[J]. 中国农村经济,2018(6):2-20.

[107]刘守英. 直面中国土地问题[M]. 北京:中国发展出版社,2014.

[108]刘英博. 集体土地增值收益权归属的分析与重构[J]. 东北师大学报(哲学社会科学版),2014(3):43-46.

[109]刘裕,刘俊俊,李偲偲. 农村大学生宅基地换房意愿及影响因素研究[J]. 农村经济,2017(3):116-121.

[110]刘震宇,张丽洋. 论农村宅基地使用权的取得[J]. 海南大学学报(人文社会科学版),2011(2):47-51.

[111]刘志铭. 企业家发现、知识与制度变迁:奥地利学派的制度变迁理论[J]. 学术研究,2014(12):77-82.

[112]龙开胜. 集体建设用地指标交易能否增加农民收入——一个整体性框架及初步经验证据[J]. 南京农业大学学报(社会科学版),2015(5):87-94.

[113]卢现祥,朱巧玲. 新制度经济学[M]. 北京:北京大学出版社,2012.

[114]卢艳霞,胡银根,林继红,等. 浙江农民宅基地退出模式调研与思考[J]. 中国土地科学,2011(1):3-7.

[115]陆剑. 集体经营性建设用地入市的实证解析与立法回应[J]. 法商研究,2015,32(3):16-25.

[116]吕军书. 论社会保障性物权立法的价值取向及改革走向

［J］．理论与改革，2015(5)：60-65.

［117］吕军书，张文赟．农村宅基地使用权流转的风险防范问题分析［J］．河南师范大学学报(哲学社会科学版)，2013(2)：102-105.

［118］吕萍，支晓娟．集体建设用地流转影响效应及障碍因素分析［J］．农业经济问题，2008(2)：12-18.

［119］罗瑞芳．农村宅基地产权制度变迁的方向和路径分析［J］．农村经济，2011(9)：11-14.

［120］马国辉．农民住房财产权抵押贷款问题探讨［J］．河海大学学报(哲学社会科学版)，2016(5)：40-45.

［121］梅因．古代法［M］．北京：商务出版社，1959.

［122］孟光辉．农户语境下的住房财产权与抵押登记问题［J］．中国土地科学，2016(9)：90-97.

［123］孟勤国．物权法开禁农村宅基地交易之辩［J］．法学评论，2005(4)：25-30.

［124］牛海鹏，李明秋，王宝山．农村集体建设用地直接进入市场模式构建［J］．地域研究与开发，2005(1)：88-91.

［125］欧阳安蛟，蔡锋铭，陈立定．农村宅基地退出机制建立探讨［J］．中国土地科学，2009(10)：26-30.

［126］彭长生，范子英．农户宅基地退出意愿及其影响因素分析——基于安徽省6县1413个农户调查的实证研究［J］．经济社会体制比较，2012(2)：154-162.

［127］彭长生．农民宅基地产权认知状况对其宅基地退出意愿的影响——基于安徽省6个县1413户农户问卷调查的实证分析［J］．中国农村观察，2013(1)：21-33.

［128］蒲方合．宅基地使用权置换中的利益平衡机制研究［J］．经济体制改革，2009(4)：92-96.

［129］祁巍锋．《村庄和集镇规划建设管理条例》实施评估及建议

[J]. 城市规划,2011,35(9):19-25.

[130]钱忠好,马凯. 我国城乡非农建设用地市场:垄断、分割与整合[J]. 管理世界,2007(6):38-44.

[131]邱海泉. 广东省不动产登记审批发证系统的设计与实现[J]. 地理信息世界,2016,23(3):114-118.

[132]曲福田,田光明. 城乡统筹与农村集体土地产权制度改革[J]. 管理世界,2011(6):34-46.

[133]渠敬东. 项目制:一种新的国家治理体制[J]. 中国社会科学,2012(5):113-130.

[134]渠敬东,周飞舟,应星. 从总体支配到技术治理——基于中国 30 年改革经验的社会学分析[J]. 中国社会科学,2009(6):104-127.

[135]上官彩霞,冯淑怡,吕沛璐,等. 交易费用视角下宅基地置换模式的区域差异及其成因[J]. 中国人口·资源与环境,2014(4):107-115.

[136]施正文. 税法要论[M]. 北京:中国税务出版社,2007.

[137]思维,曹渝,齐广旭,等. 宅基地置换进程中村级集体经济组织的行为监管[J]. 统计与决策,2014(18):49-52.

[138]孙阿凡,杨遂全. 集体经营性建设用地入市与地方政府和村集体的博弈[J]. 华南农业大学学报(社会科学版),2016(1):20-27.

[139]孙宪忠. 中国物权法总论[M]. 北京:法律出版社,2009.

[140]孙笑侠,夏立安. 法理学导论[M]. 北京:高等教育出版社,2004.

[141]孙亚琴,闾国年,龚敏霞,等. 国土资源电子政务中 GIS 与工作流的集成应用研究[J]. 测绘科学,2008(3):189-191.

[142]孙永军,付坚强. 论农村宅基地取得纠纷的表现、原因和处理[J]. 中国土地科学,2012(12):16-21.

［143］谭火彬. UML 2 面向对象分析与设计［M］. 北京：清华大学出版社，2019.

［144］谭峻，涂宁静. 农村宅基地取得制度改革探讨［J］. 中国土地科学，2013（3）：43-46.

［145］谭云杰. 大象：Think in UML［M］. 北京：中国水利水电出版社，2012.

［146］汤文平. 宅基地使用权之法理重塑［J］. 兰州学刊，2015（5）：114-119.

［147］唐俐. 社会转型背景下宅基地使用权初始取得制度的完善［J］. 海南大学学报（人文社会科学版），2009（6）：635-640.

［148］汪晖，陶然. 论土地发展权转移与交易的"浙江模式"——制度起源、操作模式及其重要含义［J］. 管理世界，2009（8）：39-52.

［149］汪晓华. 构建城乡统一建设用地市场：法律困境与制度创新［J］. 江西社会科学，2016，36（11）：162-168.

［150］王崇敏. 我国农村宅基地使用权取得制度的现代化构建［J］. 当代法学，2012（5）：81-88.

［151］王菊英. 集体建设用地使用权流转的法律障碍与空间［J］. 政治与法律，2008（3）：84-88.

［152］王利明. 物权法研究［M］. 北京：中国人民大学出版社，2007.

［153］王权典. 农村集体建设用地流转的法律障碍及变革创新［J］. 法学杂志，2008（4）：47-50.

［154］王瑞雪，赵秀红. 应冷静审慎地看待宅基地换房制度［J］. 调研世界，2009（9）：30-32.

［155］王文，洪亚敏，彭文英. 集体建设用地使用权流转收益形成及其分配研究［J］. 中国土地科学，2009（7）：20-23.

［156］王文. 农村集体经营性建设用地使用权权益及其价值研究

[J]. 中国土地科学,2015(7):34-39.

[157]王小映. 论农村集体经营性建设用地入市流转收益的分配[J]. 农村经济,2014(10):3-7.

[158]王兆林,杨庆媛. 重庆市不同类型农户土地退出决策的影响因素分析[J]. 中国土地科学,2014(9):32-38.

[159]韦森. 社会秩序的经济分析导论[M]. 上海:上海三联书店,2001.

[160]魏凤,于丽卫. 基于 Logistic 模型的农户宅基地换房意愿影响因素分析——以天津市宝坻区为例[J]. 经济体制改革,2012(2):90-94.

[161]魏凤,于丽卫. 农户宅基地换房意愿影响因素分析——基于天津市宝坻区 8 个乡镇 24 个自然村的调查[J]. 农业技术经济,2011(12):79-86.

[162]魏凤,于丽卫. 天津市农户宅基地换房意愿影响因素的实证分析——基于 3 个区县 521 户的调查数据[J]. 中国土地科学,2013(7):34-40.

[163]魏洪斌,廖和平. 农村居民点土地集约利用评价研究——以重庆市开县为例[J]. 中国农学通报,2011,27(11):181-186.

[164]魏后凯,刘同山. 农村宅基地退出的政策演变、模式比较及制度安排[J]. 东岳论丛,2016(9):15-23.

[165]温世扬. 集体经营性建设用地"同等入市"的法制革新[J]. 中国法学,2015(4):66-83.

[166]吴次芳,靳相木. 中国土地制度改革三十年[M]. 北京:科学出版社,2009.

[167]吴次芳,叶艳妹,吴宇哲,等. 国土空间规划[M]. 北京:地质出版社,2019.

[168]吴苓. 以宅基地换房——解决大城市近郊区城市化建设中

资源瓶颈的新探索[J]. 宏观经济研究,2007(2):41-43.

[169]吴明场. 集体建设用地使用权及其流转法律问题研究[D]. 武汉:武汉大学,2014.

[170]吴明辉. 不动产登记存量数据整合研究[J]. 国土资源信息化,2016(5):39-42.

[171]吴远来,梅雨. 宅基地置换实践中政府行为偏差分析[J]. 农业经济问题,2014(11):104-108.

[172]徐保根,杨雪锋,陈佳骊. 浙江嘉兴市"两分两换"农村土地整治模式探讨[J]. 中国土地科学,2011,25(1):37-42.

[173]徐勇. 现代国家建构与土地制度变迁——写在《物权法》讨论通过之际[J]. 河北学刊,2007(2):58-63.

[174]徐志红. 基于事件语义的时空数据模型的研究[D].武汉:武汉大学,2005.

[175]徐忠国,李冠,郑红玉,等. 法律地籍领域模型研究动态及对中国地籍概念模型建构的理论启示[J]. 中国土地科学,2019,33(9):19-27.

[176]徐忠国,卓跃飞,吴次芳,等. 农村宅基地三权分置的经济解释与法理演绎[J]. 中国土地科学,2018,32(8):16-22.

[177]许恒周. 基于农户受偿意愿的宅基地退出补偿及影响因素分析——以山东省临清市为例[J]. 中国土地科学,2012(10):75-81.

[178]闫洪磊. Activiti 实战[M]. 北京:机械工业出版社,2015.

[179]杨成林. 天津市"宅基地换房示范小城镇"建设模式的有效性和可行性[J]. 中国土地科学,2013(2):33-38.

[180]杨恩雄. 疯狂工作流讲义:基于 Activiti 6. X 的应用开发[M]. 北京:电子工业出版社,2018.

[181]杨果,陈乙萍. 农村集体建设用地流转价格影响因素的实证研究[J]. 农村经济,2016(6):34-37.

[182]杨惠. 土地用途管制法律制度研究[M]. 北京:法律出版社,2010.

[183]杨继瑞,帅晓林. 农村集体建设用地合理流转的支撑体系:权益分配抑或外部环境[J]. 改革,2009(12):73-78.

[184]杨忍,刘彦随,龙花楼,等. 中国村庄空间分布特征及空间优化重组解析[J]. 地理科学,2016,36(2):170-179.

[185]杨忍,刘彦随,龙花楼,等. 中国乡村转型重构研究进展与展望——逻辑主线与内容框架[J]. 地理科学进展,2015,34(8):1019-1030.

[186]杨瑞龙. 论我国制度变迁方式与制度选择目标的冲突及其协调[J]. 经济研究,1994(5):40-49.

[187]杨瑞龙. 论制度供给[J]. 经济研究,1993(8):45-52.

[188]杨瑞龙. 我国制度变迁方式转换的三阶段论——兼论地方政府的制度创新行为[J]. 经济研究,1998(1):5-12.

[189]杨瑞龙,杨其静. 企业理论:现代观点[M]. 北京:中国人民大学出版社,2005.

[190]杨少垒. 农村集体建设用地自发流转的经济学解释——基于内生交易费用的理论视角[J]. 农村经济,2010(10):91-93.

[191]杨雅婷. 农村集体经营性建设用地流转收益分配机制的法经济学分析[J]. 西北农林科技大学学报(社会科学版),2015(2):15-21.

[192]杨应杰. 农户分化对农村宅基地使用权流转意愿的影响分析——基于结构方程模型(SEM)的估计[J]. 经济经纬,2014(1):38-43.

[193]杨玉珍. 城市内层边缘区农户宅基地腾退影响因素研究——基于河南省 6 地市 33 个自然村的调查[J]. 中国土地科学,2013(9):44-50.

[194]杨玉珍. 农户缘何不愿意进行宅基地的有偿腾退[J]. 经济学家,2015(5):68-77.

[195]叶公强. 地籍管理[M]. 北京:中国农业出版社,2009.

[196]易小燕,陈印军,袁梦. 基于 Shapley 值法的农村宅基地置换成本收益及分配分析——以江苏省万顷良田建设工程 X 项目区为例[J]. 农业经济问题,2017(2):40-47.

[197]尹飞. 物权法·用益物权[M]. 北京:中国法制出版社,2005.

[198]应申,郭仁忠,李霖. 应用 3DGIS 实现三维地籍:实践与挑战[J]. 测绘地理信息,2018,43(2):1-6.

[199]应申,李程鹏,郭仁忠,等. 自然资源全要素概念模型构建[J]. 中国土地科学,2019,33(3):50-58.

[200]喻成林,宋韦剑. 基于 GIS 和工作流的土地登记系统设计[J]. 国土资源科技管理,2012,29(2):91-94.

[201]喻文莉,陈利根. 农村宅基地使用权制度嬗变的历史考察[J]. 中国土地科学,2009(8):46-50.

[202]袁枫朝,燕新程. 集体建设用地流转之三方博弈分析——基于地方政府、农村集体组织与用地企业的角度[J]. 中国土地科学,2009(2):58-63.

[203]曾芳芳,朱朝枝和赖世力. 法理视角下宅基地使用权制度演进及其启示[J]. 福建论坛(人文社会科学版),2014(8):12-16.

[204]张恩碧,徐杰. 宅基地置换对上海市郊农民消费生活的影响分析[J]. 消费经济,2008(4):3-6.

[205]张洪松. 两种集体建设用地使用权流转模式的比较分析——基于成都实验的考察[J]. 理论与改革,2010(5):141-144.

[206]张克俊,付宗平. 基于功能变迁的宅基地制度改革探索[J]. 社会科学研究,2017(6):47-53.

[207]张梦琳. 农村集体建设用地流转的模式绩效与路径选择[J]. 农村经济,2013(1):39-41.

[208]张梦琳. 农村宅基地流转模式演进机理研究[J]. 农村经济,2017a(5):13-18.

[209]张梦琳. 农村宅基地流转前后农户福利差异及其影响因素分析——以河南四市为例[J]. 南京农业大学学报(社会科学版),2017b(2):92-101.

[210]张鹏,张安录. 城市边界土地增值收益之经济学分析——兼论土地征收中的农民利益保护[J]. 中国人口·资源与环境,2008(2):13-17.

[211]张守文. 论税收法定主义[J]. 法学研究,1996(6):57-65.

[212]张曙光. 城市化背景下土地产权的实施和保护[J]. 管理世界,2007(12):31-47.

[213]张文显. 法理学[M]. 北京:法律出版社,1997.

[214]张晓东,陆红,王建国. 基于 GIS 与工作流技术的图文一体化地籍管理信息系统的设计[J]. 吉林大学学报(地球科学版),2004,34(10):169-173.

[215]张雪琴,田萌. 初探农村集体建设用地使用权流转中的产权制约问题[J]. 资源·产业,2006(2):14-18.

[216]张义博. 我国农村宅基地制度变迁研究[J]. 宏观经济研究,2017(4):35-42.

[217]张勇,包婷婷. 农村宅基地退出的驱动力分析——基于推拉理论视角[J]. 农村经济,2017(4):18-23.

[218]张勇,汪应宏. 农民工市民化与农村宅基地退出的互动关系研究[J]. 中州学刊,2016(7):43-48.

[219]张园玉. 基于工作流和 ARCSDE 技术的地籍管理信息系统设计与实现[J]. 中国土地科学,2013,27(1):67-71.

[220]张振勇.农村宅基地制度演化研究[D].泰安:山东农业大学,2013.

[221]张振勇,杨立忠.农户宅基地流转意愿的影响因素分析——基于对山东省481份问卷调查[J].宏观经济研究,2014(6):124-131.

[222]张正峰,王晓莉,郭碧云,等.大城市郊区农村居民点整治效应研究[J].中国土地科学,2015(11):18-24.

[223]张正峰,吴沅箐,杨红.两类农村居民点整治模式下农户整治意愿影响因素比较研究[J].中国土地科学,2013(9):85-91.

[224]张正峰,杨红,吴沅箐,等.上海两类农村居民点整治模式的比较[J].中国人口·资源与环境,2012(12):89-93.

[225]赵国玲,杨钢桥.农户宅基地流转意愿的影响因素分析——基于湖北二县市的农户调查研究[J].长江流域资源与环境,2009(12):1121-1124.

[226]赵树枫.改革农村宅基地制度的理由与思路[J].理论前沿,2009(12):10-12.

[227]赵振宇,陈红霞,赵繁蓉.论集体经营性建设用地增值收益分配——基于博弈论的视角[J].经济体制改革,2017(4):77-83.

[228]折晓叶.合作与非对抗性抵制——弱者的"韧武器"[J].社会学研究,2008(3):1-28.

[229]郑威,陆远权,李晓龙.农村集体经营性建设用地入市流转的法经济学分析[J].经济问题探索,2017(7):175-180.

[230]周诚.关于我国农地转非自然增值分配理论的新思考[J].农业经济问题,2006(12):4-7.

[231]周诚.论土地增值及其政策取向[J].经济研究,1994(11):50-57.

[232]周飞舟.锦标赛体制[J].社会学研究,2009,24(3):54-77.

[233]周洪亮. 户的视角下的农村宅基地使用权的取得研究[J]. 中国农村观察,2007(5):38-43.

[234]周黎安. 行政发包制[J]. 社会,2014,34(6):1-38.

[235]周黎安. 中国地方官员的晋升锦标赛模式研究[J]. 经济研究,2007(7):36-50.

[236]周其仁. 城乡中国(上)[M]. 北京:中信出版社,2013:248.

[237]周其仁. 农地产权与征地制度——中国城市化面临的重大选择[J]. 经济学(季刊),2004,4(1):193-210.

[238]周文,赵方,杨飞,等. 土地流转、户籍制度改革与中国城市化:理论与模拟[J]. 经济研究,2017(6):183-197.

[239]周小平,王情,谷晓坤,等. 基于 Logistic 回归模型的农户宅基地置换效果影响因素研究——以上海市嘉定区外冈镇宅基地置换为例[J]. 资源科学,2015(2):258-264.

[240]周雪光,艾云. 多重逻辑下的制度变迁:一个分析框架[J]. 中国社会科学,2010(4):132-150.

[241]周雪光,练宏. 中国政府的治理模式:一个"控制权"理论[J]. 社会学研究,2012,27(5):69-93.

[242]周雪光. 运动型治理机制:中国国家治理的制度逻辑再思考[J]. 开放时代,2012(9):105-125.

[243]周雪光. 中国国家治理的制度逻辑[M]. 上海:三联书店,2017.

[244]周业安. 中国制度变迁的演进论解释[J]. 经济研究,2000(5):3-11.

[245]朱道林. 试论土地增值[J]. 中国土地科学,1992(6):12-15.

[246]朱列玉. 农村集体所有建设用地流转法律问题[J]. 法学,2009(8):96-105.

[247]朱木斌. 集体非农建设用地流转制度变迁的动力机制[D]. 南京：南京农业大学,2008.

[248]朱新华,柴涛修,陈利根. 宅基地使用权流转制度改革的制度经济学解析[J]. 中国土地科学,2009(4):34-37.

[249]朱新华,陈利根,付坚强. 农村宅基地制度变迁的规律及启示[J]. 中国土地科学,2012(7):39-43.

[250]朱新华. 户籍制度对农户宅基地退出意愿的影响[J]. 中国人口·资源与环境,2014(10):129-134.

[251]朱新华.农村宅基地制度创新与理论解释[D].南京：南京农业大学,2011.

[252]朱一中,曹裕,严诗露. 基于土地租税费的土地增值收益分配研究[J]. 经济地理,2013(11):142-148.

[253]诸培新,马贤磊,李明艳. 农村集体建设用地发展权配置模式分析:委托代理视角[J]. 南京农业大学学报（社会科学版）,2009(4):71-77.

[254]诸培新,曲福田,孙卫东. 农村宅基地使用权流转的公平与效率分析[J]. 中国土地科学,2009(5):26-29.

[255]祝国瑞,黄伟. 土地登记制度的经济分析[J]. 中国土地科学,2004a(6):9-13.

[256]祝国瑞,黄伟. 土地登记制度的理论基础研究[J]. 国土资源科技管理,2004b(6):64-68.

[257]庄开明,黄敏. 农村宅基地自愿退出中的要价博弈均衡分析[J]. 经济体制改革,2017(5):83-87.

[258]邹伟,王子坤,徐博,等. 农户分化对农村宅基地退出行为影响研究——基于江苏省 1456 个农户的调查[J]. 中国土地科学,2017(5):31-37.

[259]邹伟,徐博,王子坤. 农户分化对宅基地使用权抵押融资意

愿的影响——基于江苏省 1532 个样本数据[J]. 农村经济,2017(8)：33-39.

[260] Aien A，Rajabifard A，Kalantari M，et al. Integrating legal and physical dimensions of urban environments [J]. International Journal of Geo－Information，2015，4(3)：1442-1479.

[261] Alattas A，Van Oosterom P，Zlatanova S，et al. Developing a database for the LADM－IndoorGML model [A]. 6th International FIG 3D Cadastre Workshop [C]. Delft，The Netherlands，2018：261-278.

[262] Alattas A，Zlatanova S，Van Oosterom P，et al. Supporting indoor navigation using access rights to spaces based on combined use of IndoorGML and LADM models[J]. International Journal of Geo-Information，2017，6(12)：32.

[263] Alchian A，Demsetz H. Production，information costs and economic organization[J]. Amer Econ Rev，1972，62(5)：777-795.

[264] Alkan M，Polat Z A. Design and development of LADM-based infrastructure for Turkey[J]. Survey Review，2017，49(6)：370-385.

[265] Amado M，Poggi F，Martins A，et al. Transforming cape vert informal settlements[J]. Sustainability，2018，10(7)：17.

[266] Arrow K J. The organization of economic activity：Issues pertinent to the choice of market versus non-market allocation [A]. The analysis and evaluation of public expenditure：The PPB system [C]. Washington：Joint Economic Committee of Congress，1969：59-73.

[267] Ary Sucaya I K G. Application and validation of the Land Administration Domain Model in a real life situation (a case study in

Indonesia）[D]. Enschede，The Netherlands：International Institute for Geo-information Science and Earth Observation（ITC），2009.

[268]Atazadeh B, Kalantari M, Rajabifard A, et al. Extending a BIM-based data model to support 3d digital management of complex ownership spaces [J]. International Journal of Geographical Information Science，2017，31(3)：499-522.

[269]Athanasiou K, Sutherland M, Kastrisios C, et al. Toward the development of a marine administration system based on international standards[J]. International Journal of Geo-Information，2017，6(7)：25.

[270]Aydinoglu A C，Bovkir R. Generic land registry and cadastre data model supporting interoperability based on international standards for Turkey[J]. Land Use Policy，2017，68(11)：59-71.

[271]Becker G. The economic approach to human behavior [M]. Chicago：University of Chicage Press，1976.

[272] Bennett R. Property rights, restrictions and responsibilities：Their nature, design and management [D]. Melbourne：The University of Melbourne，2007.

[273]Bydlosz J. The application of the Land Administration Domain Model in building a country profile for the Polish cadastre [J]. Land Use Policy，2015，49(12)：598-605.

[274]Çağdas V, Stubkjaer E. Design research for cadastral systems[J]. Computers, Environment and Urban Systems，2011，35(1)：77-87.

[275]Çağdas V, Stubkjaer E. A SKOS vocabulary for linked land administration：Cadastre and land administration thesaurus[J]. Land Use Policy，2015，49(11)：668-679.

［276］Çağdas V，Kara A，Van Oosterom P，et al. An initial design of ISO 19152：2012 LADM based valuation and taxation data model［A］. ISPRS Annals of Photogrammetry，Remote Sensing and Spatial Information Sciences［C］. Athens，Greece，2016：145-154.

［277］Çağdas V. An application domain extension to CityGML for immovable property taxation：A Turkish case study［J］. International Journal of Applied Earth Observation and Geoinformation，2013，21(1)：545-555.

［278］Coase R. The nature of the firm［J］. Economica，1937，4(16)：386-405.

［279］Coase R. The problem of social cost［J］. J Law Econ，1960，3(1)：1-44.

［280］Coruhlu Y E，Yildiz O. Geographical database for object-oriented land division modelling in Turkey［J］. Land Use Policy，2017，68(08)：212-221.

［281］Dale P F，McLaughlin J D. Land information management：An introduction with special reference to cadastral problems in third world countries［M］. Oxford：Oxford University Press，1988.

［282］Dale P F，Mclaughlin J D. Land administration［M］. Oxford：Oxford University Press，1999.

［283］Deininger K. Land policies for growth and poverty reduction［M］. Washington，U. S. A：Oxford University Press，2003.

［284］Deininger K，Augustinus C，Munro-Faure，et al. Innovations in land rights recognition，administration，and governance［M］. Washington，U. S. A.：World Bank，2010.

［285］Demsetz H. Towards a theory of property rights［J］. Amer Econ Rev, 1967, 57: 347-359.

［286］Dimopoulou E, Elia E. Towards common basis for 3D cadastres from legal perspective［J］. Survey Review, 2013, 45(11): 410-418.

［287］Elia E A, Zevenbergen J A, Lemmen C H J, et al. The Land Administration Domain Model (LADM) as the reference model for the Cyprus land information system (C)LIS［J］. Survey Review, 2013, 45(3): 100-110.

［288］Enemark S, Bell K C, Lemmen C, et al. Fit-for-purpose land administration［M］. Copenhagen: FIG Office, 2014.

［289］Felus Y, Barzani S, Caine A, et al. Steps towards 3D cadastre and ISO 19152 (LADM) in Israel［A］. 4th International Workshop on 3D Cadastres ［C］. Dubai, United Arab Emirates, 2014.

［290］Gkeli M, Potsiou C, Ioannidis C. A technical solution for 3D crowdsourced cadastral surveys［J］. Land Use Policy, 2019, (12): 1-14.

［291］Gogolou C, Dimopoulou E. Land administration standardization for the integration of cultural heritage in land use policies［J］. Land Use Policy, 2015, 49(11): 617-625.

［292］Gozdz K J, Van Oosterom P J M. Developing the information infrastructure based on LADM——The case of Poland［J］. Survey Review, 2016, 48(5): 168-180.

［293］Griffith-Charles C. The application of the Social Tenure Domain Model (STDM) to family land in Trinidad and Tobago［J］. Land Use Policy, 2011, 28(3): 514-522.

[294]Griffith-Charles C，Mohammed A，Lalloo S，et al. Key challenges and outcomes of piloting the STDM in the Caribbean[J]. Land Use Policy，2015，49(11)：577-586.

[295]Gross S，Hart O. The costs and benefits of ownership：A theory of vertical and lateral ownership[J]. Journal of Political Economy，1986，94(4)：691-719.

[296]Guo R，Lin L，Shen Y，et al. Developing a 3d cadastre for the administration of urban land use：A case study of Shenzhen，China[J]. Computers，Environment and Urban Systems，2013，40(3)：46-55.

[297]Guspriadi T. Modelling customary land tenure within the national land administration using the Social Tenure Domain Model：Case study Ulayat Land in Minangkabau community，West Sumatra，Indonesia[D]. Enschede：University of Twente，2011.

[298]Harsono S. Opening speech by the minister of lands[A]. United Nations Inter-Regional Meeting of Cadastral Experts (of Asia and the Pacific)[C]. Bogor，1996.

[299]Hart O. Firms，contracts and financial structrue[M]. New York：Oxford University Press，1995.

[300]Hart O，Moore J. Incomplete contracts and renegotiation[J]. Econometrica，1988，56(4)：755-785.

[301]Henssen J L G. Basic principles of the main cadastral systems in the world[A]. Proceedings of the One Day Seminar Held during the Annual Meeting of Commission 7，Cadastre and Rural Land Management[C]. Delft，The Netherlands，1995.

[302]Hespanha J P. Development methodology for an integrated legal cadastre[D]. Delft，the Netherlands：Delft University of

Technology，2012.

［303］Ho P. Institutions in transition: Land ownership，property rights，social conflicts in China［M］. New York，U. S. A. : Oxford University Press，2005.

［304］Janecka K，Soucek P. A country profile of the Czech Republic Based on an LADM for the development of a 3D cadastre ［J］. International Journal of Geo-Information，2017，6(5): 19.

［305］Janouskova J，Sobotovicova S. Fiscal autonomy of municipalities in the context of land taxation in the Czech Republic ［J］. Land Use Policy，2019，82: 30-36.

［306］Kalantari M，Dinsmore K，Urban-Karr J，et al. A roadmap to adopt the Land Administration Domain Model in cadastral information systems［J］. Land Use Policy，2015，49(11): 552-564.

［307］Kara A，Çağdas V，Isikdag Ü，et al. Towards an international data standard for immovable property valuation［A］. FIG Working Week 2017，Surveying the world of tomorrow—From digitalisation to augmented reality［C］. Helsinki，Finland，2017.

［308］Kara A，IşikdağÜ，Çağdaş V，et al. A database implementation of LADM valuation information model in Turkish case study ［A］. Proceedings 7th LADM Workshop［C］. Zagreb，Croatia，2018: 19-34.

［309］Kara A，Çağdaş V，Işikdağ Ü，et al. Towards Turkish LADM valuation information model country profile ［A］. Proceedings FIG Working Week 2018［C］. Istanbul，Turkey，2018a.

［310］Kara A，Çağdaş V，Işikdağ Ü，et al. The LADM valuation module based on INTERLIS ［A］. Proceedings 7th LADM Workshop［C］. Zagreb，Croatia，2018b: 285-302.

[311]Kara A, Kathmann R, Van Oosterom P, et al. Towards the Netherlands LADM valuation information model country profile [A]. FIG Working Week 2019 Geospatial Information for a Smarter Life and Environmental Resilience[C]. Hanoi, Vietnam, 2019.

[312]Kaufmann J, Steudler D. Cadastre 2014: A vision for a future cadastral system[A]. FIG XXI International Congress[C]. Brighton, United Kingdom, 1998.

[313] Kaufmann J. Cadastre 2014: A vision for a future cadastral system[A]. 1st Congress on Cadastre in the European Union: Cadastre 2014[C]. Granada, Spain, 2001: 51.

[314]Kim S, Heo J. Development of 3D underground cadastral data model in Korea: Based on Land Administration Domain Model [J]. Land Use Policy, 2017, 60(1): 123-138.

[315] Kitsakis D, Apostolou C, Dimopoulou E. Three-dimensional cadastre modelling of customary real property rights[J]. Survey Review, 2018, 50(11): 107-121.

[316]Knight F. Risk, uncertainty and profit[J]. Social Science Electronic Publishing, 1921(4): 682-690.

[317]Kobasa M, Shavrov S, Batura O. ISO 19152 standard: Role of LA _ ExtValuation Class for land administration [A]. Proceedings FIG Working Week 2018[C]. Istanbul, Turkey, 2018.

[318]Larsson G. Land registration and cadastral systems: Tools for land information and management [M]. New York: Wiley, 1991.

[319]Lee B M, Kim T J, Kwak B Y, et al. Improvement of the Korean LADM country profile to build a 3D cadastre model[J]. Land Use Policy, 2015, 49(12): 660-667.

[320]Lemmen C, Van der Molen P, Van Oosterom P, et al. A

modular standard for the cadastral domain ［A］. The 3rd International Symposium on Digital Earth［C］. Brno，2003：399-419.

［321］Lemmen C，Van Oosterom P. Version 1. 0 of the FIG Core Cadastral Domain Model［A］. XXIII FIG Congress［C］. Munich，Germany，2006.

［322］Lemmen C，Van Oosterom P，Uitermark H，et al. Transforming the Land Administration Domain Model（LADM）into an ISO Standard（ISO 19152）［A］. Proceedings of the FIG Working Week：Surveyors Key Role in Accelerated Development［C］. Eilat，2009：1-24.

［323］Lemmen C，Unger E，Van Oosterom P，et al. Exploring options for standardisation of processes and transactions in land administration ［A］. Annual World Bank Conference on Land and Poverty［C］. Washington DC，2018.

［324］Lemmen C，Van Oosterom P，Kalantari M. Towards a new working item proposal for edition II of LADM ［A］. 7th International FIG Workshop on the Land Administration Domain Model［C］. Zagreb，Croatia，2018.

［325］Lemmen C，Van Oosterom P，Unger E，et al. Exploring options for standardisation of processes and transactions in land administration ［A］. Proceedings 7th LADM Workshop［C］. Zagreb，Croatia，2018：141-150.

［326］Lemmen C，Van Oosterom P，Kara A，et al. The scope of LADM revision is shaping-up［A］. 8th International FIG Workshop on the Land Administration Domain Model［C］. Kuala Lumpur，Malaysia，2019.

［327］Lemmen C，Van Oosterom P. Towards a Core Cadastral

Domain Model［J］. GIM International，2003，17(5)：12-15.

［328］Lemmen C，Van Oosterom P. Cadastral systems IV［J］. Computers，Environment and Urban Systems，2006，30（5）：523-528.

［329］Lemmen C，Van Oosterom P，Bennett R. The Land Administration Domain Model［J］. Land Use Policy，2015，49(12)：535-545.

［330］Lemmen C，Van Oosterom P，Bennett R. The Land Administration Domain Model（LADM）：Motivation，standardisation，application and further development［J］. Land Use Policy，2015，49(12)：527-534.

［331］Lemmen C. A domain model for land administration［D］. Amstertam，the Netherlands：University of Twente，Delft University of Technology，2012.

［332］Lemmen C H J，Van Oosterom P J M，Uitermark H T，et al. Interoperable domain models：The ISO Land Administration Domain Model（LADM）and its external classes［M］. Gottingen：Copernicus Gesellschaft Mbh，2011：31-39.

［333］Li L，Wu J D，Zhu H H，et al. 3D modeling of the ownership structure of condominium units［J］. Computers Environment and Urban Systems，2016，59(9)：50-63.

［334］Lin J Y. An economic theory of institutional change：Induced and imposed change［J］. Cato Journal，1989，9(1)：1-33.

［335］Lin Q，Kalantari M，Rajabifard A，et al. A path dependence perspective on the Chinese cadastral system［J］. Land Use Policy，2015，45(5)：8-17.

［336］Long H，Li Y，Liu Y，et al. Accelerated restructuring in

rural China fueled by 'increasing vs. decreasing balance' land-use policy for dealing with hollowed villages[J]. Land Use Policy, 2012, 29(1): 11-22.

[337]Lyons D K, Cottrell E C, Davies K J. On the efficiency of property rights administration in Queensland [M]. Brisbane, Australia: Department of Natural Resources and Mines, Queensland Government, 2002.

[338]Lyons D K, Cottrell E C, Davies K J. A summary of the paper "on the efficiency of property rights administration"[M]. Brisbane: Department of Natural Resources and Mines, Queensland Government, 2004.

[339]Mader M, Vucic N, Vranic S, et al. Initial 3D cadastre registration in the republic of Croatia by cadastral resurvey [A]. 6th International FIG 3D Cadastre Workshop [C]. Delft, The Netherlands, 2018: 57-74.

[340]Mader M, Matijevic H, Roic M. Analysis of possibilities for linking land registers and other official registers in the Republic of Croatia based on LADM[J]. Land Use Policy, 2015, 49 (12): 606-616.

[341] North D C. Structure and change in economic history [M]. New York: Norton, 1981.

[342]North D C. Institutions, institutional change and economic performance[M]. Cambridge: Cambridge University Press, 1990.

[343]Oldfield J, Bergs R, Van Oosterom P, et al. 3D cadastral lifecycle: An information delivery manual ISO 29481 for 3D data extraction from the building permit application process [A]. Proceedings 7th LADM Workshop[C]. Zagreb, Croatia, 2018:

153-170.

[344]Oyetayo B S, Liat C T, Alias A, et al. An analysis of 3D situation as a prospect for Land Administration Domain Model (LADM) In Nigeria: A Malaysian initiative [J]. Jurnal Teknologi, 2015, 77(14): 7-13.

[345]Paasch J. Legal Cadastral Domain Model——An object oriented approach[J]. Nordic Journal of Surveying and Real Estate Research, 2005, 2(1): 117-136.

[346]Paasch J. Standardization within the legal domain: A terminological approach[J]. Euras Yearbook of Standardization, 2008, 6(1): 105-130.

[347]Paasch J. Classification of real property rights——A comparative study of real property rights in Germany, Ireland, the Netherlands and Sweden[M]. Stockholm, Sweden: KTH Royal Institute of Technology, 2011.

[348]Paasch J. Standardization of real property rights and public regulations[D]. Stockholm, Sweden: Royal Institute of Technology (KTH), 2012.

[349]Paixao S, Hespanha J P, Ghawana T, et al. Modeling indigenous tribes' land rights with ISO 19152 LADM: A case from Brazil[J]. Land Use Policy, 2015, 49(12): 587-597.

[350]Paulsson J, Paasch J. The Land Administration Domain Model——A literature survey[J]. Land Use Policy, 2015, 49(12): 546-551.

[351]Paulsson J. 3D property rights——An analysis of key factors based on international experience[D]. Stockholm, Sweden: Royal Institute of Technology (KTH), 2007.

［352］Polat Z A，Alkan M. Design and implementation of a LADM-based external archive data model for land registry and cadastre transactions in Turkey：A case study of municipality［J］. Land Use Policy，2018，77(5)：249-266.

［353］Pouliot J，Vasseur M，Boubehrezh A. How the ISO 19152 Land Administration Domain Model performs in the comparison of cadastral systems：A case study of condominium/co-ownership in Quebec（Canada）and Alsace Moselle（France）［J］. Computers Environment and Urban Systems，2013，40(7)：68-78.

［354］Qian Y，Weingast B R. China's transition to markets：Market-preserving federalism，Chinese style［J］. Journal of Economic Policy Reform，1996，1(2)：149-185.

［355］Qian Y，Weingast B R. Federalism as a commitment to perserving market incentives［J］. Journal of Economic Perspectives，1997，11(4)：83-92.

［356］Radulovic A，Sladic D，Govedarica M. Towards 3D cadastre in Serbia：Development of Serbian Cadastral Domain Model［J］. International Journal of Geo-Information，2017，6(10)：21.

［357］Riekkinen K，Toivonen S，Krigsholm P，et al. Future themes in the operational environment of the Finnish cadastral system［J］. Land Use Policy，2016，57(11)：702-708.

［358］Schmuller J. UML 基础、案例与应用［M］. 北京:人民邮电出版社,2002.

［359］Schultz T W. Institutions and the rising economic value of man［J］. Amer J of Agr Econ，1968，50(5)：1113-1122.

［360］Simon H. Rationality in psychology and economics［J］. The Journal of Business，1986，59(1)：209-224.

［361］Simpson S R. Land law and registration［M］. Cambridge：Cambridge University Press，1976.

［362］Siriba D N，Dalyot S. Adoption of volunteered geographic information into the formal land administration system in Kenya［J］. Land Use Policy，2017，63(01)：279-287.

［363］Stoter J，Ploeger H，Van Oosterom P. 3D cadastre in the Netherlands：Developments and international applicability［J］. Computers Environment and Urban Systems，2013，40(7)：56-67.

［364］Stoter J，Ploeger H，Roes R，et al. Registration of multi-level property rights in 3D in The Netherlands：Two cases and next steps in further implementation［J］. International Journal of Geo-Information，2017，6(6)：18.

［365］Stoter J E. 3D cadastre［D］. Delft：Delft University of Technology，2004.

［366］Sylla O，Antonio D，Gitau J. The Social Tenure Domain Model［J］. Gim International-the Worldwide Magazine for Geomatics，2018，32(3)：27-29.

［367］Tekavec J，Ferlan M，Lisec A. A review of research on 3D real property cadastre［J］. Geodetski Vestnik，2018，62（2）：249-265.

［368］Thompson R J. A model for the creation and progressive improvement of a digital cadastral database［J］. Land Use Policy，2015，49(11)：565-576.

［369］Ting L，Williamson I P，Parker I，et al. Cadastral trends：A synthesis［J］. Australian Surveyor，1998，4(1)：46-54.

［370］Tomić H，MastelićIvić S，Roić M，et al. Are Croatian official registers complying with the LADM fiscal/valuation extension? [A]. Proceedings 7th LADM Workshop [C]. Zagreb, Croatia, 2018: 1-18.

[371] Van der Molen P. The future cadastres——Cadastres after 2014 [A]. FIG Working Week 2003 [C]. Paris, France, 2003.

[372] Van Oosterom P, Kara A, Kalogianni E, et al. Joint ISO/TC211 and OGC revision of the LADM: Valuation information, spatial planning information, SDG land indicators, refined survey model, links to BIM, support of LA processes, technical encodings, and much more on their way! [A]. FIG Working Week 2019, Geospatial Information for a Smarter Life and Environmental Resilience [C]. Hanoi, Vietnam, 2019.

[373] Van Oosterom P, Lemmen C. Impact analysis of recent Geo-ICT developments on cadastral systems [M]. Washington D. C. , USA: FIG, 2002b.

[374] Van Oosterom P, Lemmen C. Cadastral systems II [J]. Computers, Environment and Urban Systems, 2002a, 26 (9): 355-360.

[375] Van Oosterom P, Lemmen C, Ingvarsson T, et al. The Core Cadastral Domain Model [J]. Computers Environment and Urban Systems, 2006, 30(5): 627-660.

[376] Van Oosterom P, Groothedde A, Lemmen C, et al. Land administration as a cornerstone in the global spatial information infrastructure [J]. International Journal of Spatial Data Infrastructures Research, 2009, 4(4): 111-145.

[377] Van Oosterom P. Research and development in 3D cadastres [J]. Computers, Environment and Urban Systems, 2013, 40(7): 1-6.

［378］Van Oosterom P，Lemmen C. Trends in spatial domain standards——Development of a second edition of the Land Administration Domain Model［J］. GIM International，2015，29 (12)：24-27.

［379］Van Oosterom P J M，Lemmen C H J. Cadastral system ［J］. Computers，Environment and Urban Systems，2001，25(2)：319-324.

［380］Vranić S，Matijević H，Roić M. Application of workflow management system to the modelling of processes in land administration systems［A］. 7th International FIG Workshop on the Land Administration Domain Model［C］. Zagreb，Croatia，2018：125-140.

［381］Walls C. Spring in action ［M］. Greenwich：Manning，2015.

［382］Walls C. Spring boot in action［M］. Westampton：Manning，2016.

［383］Williamson I，Enemark S，Wallace J，et al. Land administration for sustainable development ［M］. Redlands，California，U. S. A. ：ESRI Press，2010.

［384］Williamson O E. The economic institutions of capitalism：Firms，markets，relational contracting［M］. New York：Free Press，1985.

［385］Xu Z，Zhuo Y，Li G，et al. Towards a valuation and taxation information model for Chinese rural collective construction land［J］. Sustainability，2019，11(23)：1-21.

［386］Xu Z，Zhuo Y，Liao R，et al. LADM-based model for natural resource administration in China［J］. International Journal of

Geo-Information，2019，8（10）：1-25.

［387］Ying S，Guo R，Li L. An uniform real-estate registration model for China［A］. 6th International FIG 3D Cadastre Workshop ［C］. Delft，The Netherlands，2018：421-448.

［388］Yu C B，Li L，He B，et al. LADM-based modeling of the unified registration of immovable property in China［J］. Land Use Policy，2017，64（5）：292-306.

［389］Zevenbergen J，Frank A，Stukkjær E. Real property transactions：Procedures，transaction costs and models ［M］. Amsterdam，The Netherlands：IOS Press，2007.

［390］Zevenbergen J. Systems of land registration：Aspects and effects［D］. Amestertam，the Netherlands：Delft University of Technology，2002.

［391］Zhuo Y，Ma Z，Lemmen C. Integration of land and housing in China：First analysis of legal requirements for LADM compliance ［A］. Proceedings 5th LADM Workshop［C］. Kuala Lumpur，2013：53-70.

［392］Zhuo Y，Xu Z，Li G，et al. LADM-based profile for farmland tripartite entitlement system in China［J］. Land Use Policy，2020，92：104459.

［393］Zhuo Y F，Ma Z M，Lemmen C，et al. Application of LADM for the integration of land and housing information in China：The legal dimension［J］. Land Use Policy，2015，49（11）：634-648.

［394］Zulkifli N A，Rahman A A，Van Oosterom P，et al. The importance of Malaysian Land Administration Domain Model country profile in land policy［J］. Land Use Policy，2015，49（11）：649-659.

后　记

　　土地资源管理是一门响应社会需求而兴起的应用学科,管理实践是学科发展的第一推动力,土地资源的可持续利用是学科发展的逻辑起点,管理的核心手段包括组织、制度和技术等方面。由于土地资源的自然和社会复合特性,土地资源管理是一门交叉复合性学科,"自然科学＋社会科学＋工程技术"是这门学科的典型特征。从国际学术发展史看,"土地法律＋土地信息"组合一直是学科发展的核心。因此,本书将农村集体建设用地的管理制度和管理系统作为研究对象,揭示农村集体建设用地管理制度的逻辑结构,并用土地信息模型对此进行精确表达,这种研究方法切实践行了借助高新科技改造传统文科的新文科建设路径,也响应了新时代公共管理"管理制度＋信息技术"实现整体智治的社会需求。国内外的土地资源管理,都将学科的核心内容界定为地权(Land Tenure)、地用(Land Use)和地价(Land Value)。因此,本书将农村集体建设用地管理的研究内容也聚焦于这三部分。黄仁宇在《中国大历史》一书中综观历史指出,传统中国重视道德和文化,轻视法制和技术,缺乏数目字管理,这是导致国家治理低效、难以实现现代化的根本原因。本书是推进土地数目字管理的具体实践,助推农村土地管理从价值理性的总体支配转轨到工具理性的技术治理。

　　本书的部分工作是笔者在浙江大学攻读博士学位时完成,此次出版在原有成果的基础上进行了重大修改。感谢我的博士导师吴次芳先生对本书的悉心指导,研究的选题、实施和成稿凝聚了先生无尽的心血！感谢浙江大学土地管理系各位老师对笔者科研的大力帮助,他们是:刘卫东教授、叶艳妹教授、吴宇哲教授、谭荣教授、岳文泽教授、靳相木教授、谭永忠教授、李艳教授和曹宇教授等。感谢博士阶段一起攀登学术高峰的同路人,他们是:尕让卓玛、张舟、王利平、沈孝强、姚岚、王梦婧、赵嵩年、李冠、卓跃飞、郑红玉、俞振宁、李光宇、方婷婷、张群、施昊坤、丁庆龙、陈莎、陈阳、廖蓉、黄雪飞、张洪武、傅婷婷、苏浩、吕悦风和谷玮等。最后,感谢家人们无条件的支持! 感谢父母的养育之恩,无论什么时候总是给我无穷无尽的关爱。感谢姐姐和姐夫对父母的细心照顾,承担了本属于我的义务,我才有时间静下心来从事此项研究。感谢妻子罗建美女士,你为家庭放弃了很多,也付出了很多,对你的感激无以言表。谢谢我的两个孩子徐睿堃和徐睿浩,你们一直是爸爸坚定前行的强大动力。

徐忠国

宁波大学包玉书楼

2024 年 3 月 29 日